In Erinnerung an einen
sehr schönen Abend im
August 2009

Anne-Rose

Schriftenreihe

Schriften zur pädagogischen Psychologie

Band 2

ISSN 1610-0743

Verlag Dr. Kovač

Anne-Rose Barth

Handeln wider (besseres) Wissen?

*Denken und Handeln von Lehrkräften
während des Gruppenunterrichts*

Verlag Dr. Kovač

VERLAG DR. KOVAČ

Arnoldstraße 49   ·   22763 Hamburg   ·   Tel. 040 - 39 88 80-0   ·   Fax 040 - 39 88 80-55

E-mail vdk@debitel.net   ·   Internet www.verlagdrkovac.de

Die Deutsche Bibliothek - CIP-Einheitsaufnahme

Barth, Anne-Rose:
Handeln wider (besseres) Wissen? : Denken und Handeln
von Lehrkräften während des Gruppenunterrichts /
Anne-Rose Barth. – Hamburg : Kovač, 2002
    (Schriften zur pädagogischen Psychologie ; Bd. 2)
    Zugl.: Erlangen, Nürnberg, Univ., Habil.-Schr., 2001

ISSN   1610-0743
ISBN   3-8300-0650-0

© VERLAG DR. KOVAČ in Hamburg 2002

Inhaltsverzeichnis

Einleitung

Vorliegende Arbeit entstand im Rahmen des von 1992 bis 1999 von der DFG geförderten Projekts 'Unterrichtskommunikation: Zusammenhang zwischen Subjektiven Theorien von Lehrkräften und unterrichtlicher Kommunikation im Gruppenunterricht'. Das interdisziplinär angelegte Projekt wurde von den Nürnberger Lehrstühlen Psychologie (Prof. Dr. H.-D. Dann) und Deutschdidaktik (Prof. Dr. Th. Diegritz) sowie vom Lehrstuhl Schulpädagogik in Bamberg (Prof. Dr. H.S. Rosenbusch) geleitet.

Drei Punkte an diesem Projekt faszinierten mich von Anfang an:

- Die Widersprüche zwischen Denken (Einsicht) einerseits und tatsächlichem Handeln andererseits, die oft im Alltag beobachtet werden können: Wieso handeln Menschen manchmal entgegen ihrem besseren Wissen?

- Gruppenarbeit ist eine Form des Unterrichts, bei dem die Lehrkraft im Grunde nicht weiß, was genau in den Gruppen vor sich geht, obwohl sie sich darüber natürlich Gedanken macht und Theorien im Hinterkopf hat. Wenn sie zu einer Gruppe geht, ist die Gruppenarbeit streng genommen unterbrochen: Die Schüler konzentrieren sich auf die Lehrkraft und kommunizieren nicht mehr miteinander. So ist die Lehrkraft weitgehend auf das Beobachten aus der Ferne und auf Vermutungen angewiesen.

- Die Interdisziplinarität des Projekts: Der Blickwinkel geht über psychologische Fragestellungen hinaus, linguistische und didaktische Fragestellungen werden einbezogen, es ergeben sich neue Ideen und Möglichkeiten.

Fragestellung der Arbeit

Die Rolle der Lehrkraft im Gruppenunterricht ist eine andere als im Frontalunterricht (Hertz-Lazarowitz & Shachar, 1990), im Frontalunterricht werden 20% der Unterrichtszeit für die Disziplinierung der Klasse verwendet, während im Gruppenunterricht der gleiche Anteil für Lob und Ermutigung eingesetzt wird. Auch die Redeanteile der Lehrkräfte und Schüler verändern sich von Frontalunterricht zu Gruppenunterricht grundlegend.

Im Rahmen des Forschungsprogramms Subjektive Theorien (Groeben, Wahl, Schlee & Scheele, 1988) geht man davon aus, dass das Denken und somit das Wissen das Handeln der jeweiligen Person weitgehend bestimmt. Das schließt aber nicht aus, dass Personen auch entgegen ihrem Wissen handeln oder dass sie in bestimmten Fällen handeln (müssen) ohne profundes zugrundeliegendes Wissen.

Aus diesen Überlegungen ergeben sich die zwei Aspekte der Arbeit:

Erstens soll anhand der explanativen Validierung der Nachweis erbracht werden, dass die Subjektiven Theorien handlungsleitend sind. Dabei stehen die Subjektiven Theorien der Lehrkräfte über Gruppenunterricht im Mittelpunkt, die im Unterrichtsalltag überprüft werden. Die Frage nach dem Verhältnis zwischen Denken und Handeln, die in der Psychologie schon lange und mittels unterschiedlicher Ansätze gestellt wird, wird damit auf eine neue und vielversprechende Art zu beantworten versucht.

Da immer von gewissen Inkonsistenzen zwischen Denken und Handeln auszugehen ist, werden diese Stellen in einem zweiten Schritt näher untersucht: Es handelt sich dabei um besonders interessante und erklärungsbedürftige Stellen, die keinesfalls gleich negativ zu sehen sind, sondern die im Gegenteil auch Entwicklungspotentiale beinhalten können.

Die Fragestellung der Arbeit kann also kurz so formuliert werden:

> *In welchem Ausmaß hängen Denken und Handeln der Lehrkräfte während des Gruppenunterrichts zusammen und welche psychologische Bedeutung haben die Inkonsistenzen zwischen Denken und Handeln?*

Aufbau der Arbeit

„Die Einstellungsforschung ist neben der Kleingruppenforschung das klassische Thema der soziologischen und psychologischen Sozialpsychologie" (Witte, 1994, S. 361). Die vorliegende Arbeit, die den Zusammenhang zwischen Denken und Handeln von Lehrkräften während ihres Gruppenunterrichts untersucht, verknüpft somit die beiden klassischen Themen der Sozialpsychologie: Die Einstellungsforschung als Beziehung zwischen Einstellung und Verhalten – oder um den handlungstheoretischen Rahmen schon vorweg zu nehmen, als Relation zwischen Denken und Handeln – und die Kleingruppenforschung am Beispiel des schulischen Gruppenunterrichts.

In Teil I der Arbeit werden die theoretischen Grundannahmen und der bisherige Forschungsstand präsentiert: Im 1. Kapitel wird auf die Einstellungsforschung und hier besonders auf die Relation zwischen Einstellung und Verhalten eingegangen (wobei zwischen Verhalten und Handeln oft nicht unterschieden wird). Anregungen aus dem Forschungsgebiet werden aufgenommen und für die vorliegende Arbeit fruchtbar gemacht. Das 2. Kapitel befasst sich mit der Kleingruppenforschung, speziell dem schulischen Gruppenunterricht, als dem zweiten Hauptthema der Sozialpsychologie, ein Phasen-Modell des Gruppenunterrichts wird vorgestellt. Das 3. Kapitel geht auf Ansätze der Unterrichtsforschung und das professionelle Wissen von Lehrkräften ein.

Im 4. Kapitel wird die Diskussion um die Einstellungs-Verhaltens-Relation im handlungstheoretischen Rahmen und unter der Menschenbildannahme des reflexiven Subjekts fortgeführt. Das Forschungsprogramm Subjektive Theorien mit seinem zweiphasigen Forschungsprozess der Rekonstruktions- (kommunikative Validierung) und Realitätsadäquanz (explanative Validierung) wird als ein geeigneter Rahmen vorgestellt.

Der Ansatz Subjektive Theorien ist nicht nur ein methodisches Forschungsprogramm, Subjektive Theorien treffen gleichzeitig inhaltliche Aussagen über Forschungsgegenstände. Deshalb werden in Kapitel 5 sechs verschiedene Struktur-Lege-Verfahren zur Erfassung kognitiver Inhalte vorgestellt, ein siebtes Verfahren (Interview- und Legetechnik zur Rekonstruktion kognitiver Handlungsstrukturen ILKHA), das für unser Projekt weiterentwickelt wurde, wird später (Kap. 9.2) genauer dargestellt.

Kapitel 6 gibt einen Überblick über bisherige Untersuchungen zu Subjektiven Theorien, der über allgemeinpsychologische Denkinhalte, den klinischen Bereich, die Erziehung und das Handeln und Verhalten von Lehrpersonen reicht. In einem separaten Kapitel (Kap. 6.5) werden dann diejenigen Studien vorgestellt, die den kompletten zweiphasigen Forschungsprozess realisieren. Die Inhalte der Subjektiven Theorien sind zwar breit gefächert, jedoch ist die Vorgehensweise ähnlich der in unserem Projekt, weil diesen Arbeiten die enge Variante der Subjektiven Theorien zugrunde liegt und die Realitätsadäquanz überprüft wird. Das 7. Kapitel beschäftigt sich mit den Konsistenzen und den Inkonsistenzen zwischen Subjektiven Theorien und beobachtbarem Unterrichtshandeln und leitet über zu dem Projekt 'Unterrichtskommunikation'.

In einem II. Teil, der zwischen dem theoretischen und dem empirischen Teil steht, wird das Projekt 'Unterrichtskommunikation' vorgestellt. Zunächst werden die Ziele des Projekts (Kap. 8) vorangestellt. In Kapitel 9 wird die Außen- und die Innenperspektive des Gruppenunterrichts vorgestellt. Nach der Darstellung der beiden Komponenten kann nun der Vergleich zwischen Außen- und Innensicht dargestellt werden. Zuerst wird die detaillierte Vorgehensweise beim Vergleich (Kap. 10.1) beschrieben, die Grundauswertung der vorliegenden Arbeit. Zwei Projektmitarbeiter beschäftigten sich ebenfalls mit den Vergleichsdaten, deren Ergebnisse über Imperativverletzungskonflikte (Kap. 10.2.1) und über die Qualität des Lehrerhandelns und Lehrerwissens (Kap. 10.2.2) anschließend kurz vorgestellt werden.

Im 11. Kapitel werden die drei Arten der Nicht-Übereinstimmungen als Abweichungen, Sprünge und Blindstellen definiert. Schließlich werden die Fragestellungen der Untersuchung vorgestellt und theoretisch fundiert Hypothesen generiert (Kap. 12).

Kap. 13 geht auf die psychologische Bedeutung der Inkonsistenzen zwischen Denken und Handeln ein und enthält das Kategoriensystem der Gründe für die Abweichungen, Sprünge und Blindstellen. Dabei handelt es sich um inhaltliche als auch um methodologische Gründe.

Zumindest einige Kapitel des II. Teils zeigen schon die eigene empirische Vorgehensweise oder stellen sogar eigene Zwischenergebnisse dar. Da das ganze Projekt sehr komplex angelegt ist und die Mitarbeiter gegenseitig auf die Ergebnisse der anderen aufbauen, wurde der Darstellung des Projekts ein eigener Teil II gewidmet.

Der empirische Teil III beinhaltet die eigenen Ergebnisse. In Kapitel 14 geht es um die deskriptive Auswertung. Zuerst wird die Auswertung eines Falles beschrieben, was Informationen über eine ausgewählte Lehrkraft und ihre Klasse einschließt, dann wird die Innenperspektive dieser Lehrkraft präsentiert, dann wird ein Vergleich zwischen der Subjektiven Theorie (Innenperspektive) und eine der vier Gruppenunterrichtssequenzen (Außenperspektive) der Lehrkraft exemplarisch gebracht und schließlich wird auf die Gemeinsamkeiten und Nicht-Übereinstimmungen bei diesem Vergleich eingegangen. Nach der detaillierten Darstellung eines Vergleichs werden die Basisdaten aller 38 Vergleiche (Kap. 14.5) präsentiert.

Kap. 15 befasst sich mit der Verlässlichkeitsprüfung der Instrumente, das die Auswahl adäquater Gütekriterien für Struktur-Lege-Verfahren voraus setzt. Es werden Aussagen zur Objektivität, zur Reliabilität und Validität der Verfahren gemacht. Schließlich wird die hohe Realitätsadäquanz der Subjektiven Theorien kritisch hinterfragt und begründet und damit das erste Hauptergebnis der Arbeit vorgestellt.

Die nächsten drei Kapitel sind der inhaltlichen Auswertung gewidmet. Zuerst (Kap. 16) geht es um die Gründe für die Inkonsistenzen zwischen Subjektiven Theorien und beobachtbarem Handeln, getrennt nach den drei Arten der Nicht-Übereinstimmungen (Abweichungen, Sprünge und Blindstellen), das zweite Hauptergebnis der Arbeit. Dann geht es um die Beantwortung der Hypothesen, die sich auf Unterschiede zwischen den drei Phasen des Gruppenunterrichts (Kap. 17) beziehen und in Kapitel 18 geht es um weitere Fragen, die sich im Laufe der Projektarbeit ergeben haben.

Der IV. Teil enthält eine kritische Zusammenfassung, auf der Basis einer Rückschau wird schließlich ein Ausblick vorgenommen.

1 Das Konsistenzproblem in der Einstellungsforschung und einige Folgerungen

Mit der Einstellungsforschung wird eine Grundfrage der Psychologie angesprochen: Das Verhältnis von Sagen und Tun, von Denken und Handeln, von Kognition und Verhalten. „In der Sozialpsychologie wird die Konsistenz zwischen Einstellung und konkretem Handeln als die zentrale Prüfinstanz für die Brauchbarkeit des Einstellungskonzepts angesehen. Man hat nun vielfach feststellen müssen, dass das spezifische Verhalten keineswegs direkt aus der Kenntnis der Einstellungen vorhersagbar ist" (Witte, 1994, S. 381)[1]. Beim Konsistenzproblem handelt es sich um eine Fragestellung, die in der Psychologie schon lange virulent ist und die auch im Zentrum dieser Arbeit steht.

1.1 Zum Begriff der Einstellung

Die Verwendung des Begriffs Einstellung ist sehr uneinheitlich, bereits 1972 zählen Fishbein und Ajzen (1972) an die 500 operationale Definitionen. „Angesichts der Tatsache, dass der Begriff der Einstellung (a) sowohl umgangssprachlich wie in der sozialpsychologischen Nomenklatur verwendet wird, dass er (b) nicht nur einer einzigen historisch-psychologischen Tradition verpflichtet ist, dass er (c) als multifunktionales Erklärungskonzept z.B. sowohl zur Kennzeichnung individueller Dispositionen als auch zur Kennzeichnung kulturell vermittelter Muster verwendet wird, und nicht zuletzt, dass es (d) inzwischen an die 100 Einstellungstheorien gibt, lässt sich auch bei nur minimaler Kenntnis sozialwissenschaftlicher Usancen im Umgang mit Begriffen nicht erwarten, dass auch nur annähernd ein Konsens bei der Definition des Einstellungskonzepts gefunden worden wäre" (Six, 1988, S. 18). Er schlägt deshalb vor, sowohl auf globale Einstellungskonzepte wie auch auf globale Einstellungstheorien zu verzichten und je nachdem, ob Einstellungen geändert werden sollen, ob sie in ihrer Verankerung mit Werten, in ihrer Beziehung zu Verhalten, in ihrer Funktion zur Eindrucksbildung oder in ihrer Genese und Entwicklung untersucht werden sollen, entsprechende Konzepte und Theorien zu generieren.

Diesem Vorschlag folgend soll hier nicht weiter auf die Vielfalt und Vielzahl der Einstellungsdefinitionen eingegangen werden, sondern es werden zwei Umschreibungen ausgewählt, die für die vorliegende Fragestellung, der „Beziehung zu Verhalten", relevant sind:

---

[1] Wie schon aus diesem Zitat erkennbar, wird in der Einstellungsforschung meist nicht zwischen Verhalten und Handeln unterschieden, die Begriffe werden oft synonym gebraucht

„Eine Einstellung ist eine mit Emotionen verbundene Vorstellung, die eine Klasse von Handlungen in einer besonderen Klasse sozialer Situationen aktiviert" (Triandis, 1975, S. 35) und „Das Gesamtkonzept der sozialen Einstellungen umfasst relativ überdauernde Wahrnehmungs-, Bewertungs- und Verhaltenstendenzen gegenüber sozialen Objekten" (A. Mummendey, 1979, S. 14).

Diese Umschreibungen beziehen sich auf den *Dreikomponenten-Ansatz* der Einstellung, d.h. die Unterscheidung einer kognitiven, affektiven und konativen oder Verhaltenskomponente. Damit ist oft kein konkretes Verhalten, sondern nur eine Verhaltensabsicht gemeint. Da Ansätze ohne eine Verhaltenskomponente für die vorliegende Arbeit irrelevant sind, kommen hier nur dreidimensionale Ansätze in Frage, die eine auch auf der Handlungsebene vorstrukturierte Handlungstendenz berücksichtigen.

Six (1998, S. 208) listet 21 ausgewählte Theorien der Einstellungs-Verhaltens-Vorhersage und der Einstellungs-Verhaltens-Relation auf. Er bezeichnet das Fishbein-Ajzen-Modell (1975) als Prototyp der wesentlich zahlreicheren Prädiktor-Modelle, das Modell von Fazio (1995) als Prototyp der Einstellungs-Verhaltens-Relations-Modelle. Ohne Ausnahme besteht das Defizit dieser theoretischen Ansätze darin, dass das Verhaltenskonstrukt und auch das Konstrukt der Verhaltensintention nur eine minimale konzeptuelle Beachtung erfahren haben.

1.2 Die Konsistenz von Einstellung und Verhalten

Die Einstellungsforschung erforscht die Bedingungen, gemäß denen aus Einstellungen (verbalem Verhalten, Verhaltensdispositionen) Verhaltensweisen (offenes Verhalten, Handlungen) vorhergesagt werden können, allerdings ist auch die umgekehrte Richtung denkbar, der Schluss von beobachtbaren Verhaltensweisen auf zugrundeliegende Einstellungen, was jedoch forschungspraktisch eher vernachlässigt wurde. Die Einstellungsforschung befasste sich von Anfang an mit praktischen sozialen Problemen, z.B. waren Thomas und Znaniecki (1918) auf der Suche nach Lösungen des Problems der Eingliederung polnischer Einwanderer in die USA.

In der klassischen Untersuchung von LaPiere (1934) besuchte ein Weißer zusammen mit einem gut gekleideten chinesischen Ehepaar Hotels und Restaurants in den USA. Nur in 0.5% der Fälle wurde das Ehepaar abgewiesen, allerdings antworteten im nachhinein 92% der Gastronome auf eine direkte Frage, dass sie Chinesen nicht bedienen würden. Ganz offensichtlich stimmt hier die Einstellung nicht mit dem Verhalten überein. In einer Replikationsstudie von Kutner, Wilkins und Yarrow (1952) ging es um die Einstellung gegenüber Schwarzen. Auch hier wurde eine schwarze Dame in Begleitung zweier Weißer in elf vor-

16

nehmen Restaurants nicht abgewiesen. Dagegen war es zu einem späteren Zeitpunkt nicht möglich, telefonisch eine Tischbestellung für eine rassisch gemischte Gruppe zu erhalten, während zur selben Zeit eine weiße Gruppe einen Tisch erhielt.

Minard (1952) berichtet ähnliche Inkonsistenzen von Arbeitern in Kohlengruben, wo Weiße und Schwarze während der Arbeitszeit kooperieren, nach Feierabend jedoch streng getrennt waren. Die negative Einstellung der Weißen gegenüber den Schwarzen wirkt sich in der Freizeit stärker aus als in der Arbeitssituation.

Der traditionelle Themenkatalog der Einstellungsforschung bezieht sich auf ethnische Minderheiten (z.B. Schwarze, Juden), Rollen (z.B. Männer, Frauen), soziale Erscheinungen (z.B. Alkohol, Drogen, Abtreibung, Waldsterben), Werte (z.B. Religion, Gerechtigkeit, Freiheit). In neuerer Zeit ist der große Bereich der Wahlprognosen und der der Marktforschung dazugekommen.

Die beiden zentralen Fragen der Einstellungs-Verhaltens-Forschung lauten:

1. Unter welchen Bedingungen gibt es besonders enge Beziehungen zwischen Einstellungen und Verhalten?

2. Wie lässt sich mit Hilfe der Einstellungen und unter Berücksichtigung anderer relevanter Variablen Verhalten vorhersagen?

In der Literatur zur Einstellungs-Verhaltens-Forschung werden immer wieder zwei traumatisch wirkende Ereignisse genannt: Zum einen die Untersuchung von LaPiere (1934), zum anderen das Sammelreferat von Wicker (1969, S. 69), der zu dem Resultat kommt: „Nur selten können 10% der Varianz der gemessenen offenen Verhaltensweisen durch die Einstellungswerte aufgeklärt werden" und nahe legt, die Einstellungsforschung ganz aufzugeben. Allerdings ist das „Trauma" nicht ganz nachzuvollziehen, wenn man bedenkt, mit welchen globalen Instrumenten die Einstellungen erhoben wurden und welche Schwierigkeiten dann bei der Bestimmung des konkreten Verhaltens aufgetreten sind. Deshalb wurden die Bemühungen auch nicht aufgegeben, vielmehr wurden Konsequenzen gezogen, die darin lagen, a) dass komplexere Modelle zur Vorhersage von Verhalten aus Einstellungen entwickelt wurden, b) dass Moderatorvariablen, die die Konsistenz von Einstellung und Verhalten steuern, eingeführt wurden und c) dass man sich um eine komplexere Erfassung der Verhaltensseite bemühte.

1.2.1 Die Entwicklung von komplexeren Modellen zur Vorhersage von Verhalten

Beispielhaft soll hier auf drei Modelle eingegangen werden, für eine umfassendere Zusammenstellung wird auf einschlägige Werke (z.B. Witte, 1994; Roth, 1984) verwiesen.

Die *Zwei-Komponenten-Theorie* von Rokeach (1968) unterscheidet zwischen der Einstellung dem Objekt gegenüber und der Einstellung gegenüber der Situation, wobei die relative Bedeutung der beiden Einstellungen für das Individuum erfasst wird. Aus diesen beiden Einstellungen wird das Verhalten vorhergesagt. Es werden interne Haltungen und externe Bedingungen zur Handlungsprognose herangezogen, weil durch die Situation Rahmenbedingungen festgelegt werden, die das Handeln modifizieren. Die empirische Überprüfung dieses Ansatzes ergab auch etwas höhere Werte als den in früheren Untersuchungen üblichen Zusammenhang zwischen Einstellung und Verhalten.

Die *Drei-Komponenten-Theorie* von Triandis (1977, 1980) beschreibt die Wahrscheinlichkeit, mit der eine Handlung ausgeführt wird, durch ein (gewichtetes) Gewohnheitspotential und eine (gewichtete) Verhaltensabsicht, in die eine Sozialnorm (Kulturkomponente), eine affektive Komponente und die erwarteten Konsequenzen des Verhaltens (kognitive Komponente) eingehen; schließlich spielen noch die physiologische Erregung und der Aufforderungsgehalt der Situation eine Rolle.

Die *Theorie der überlegten Handlungen* von Fishbein (1967) und Ajzen und Fishbein (1980) bestimmt Verhalten durch die Verhaltensintention, die sich zusammen setzt aus der Bewertung der Handlung (affektive Komponente), der Norm für dieses Handeln und ihre Bedeutung für das Individuum. Die multiplen Korrelationen zwischen der Verhaltensintention und der affektiv-kognitiven Komponente fallen in verschiedenen Studien sehr hoch aus, werden jedoch vielfach kritisiert, weil die Variablen beide auf sprachlicher Ebene erhoben werden und somit mit einer hohen Konsistenz zwischen affektivem und konativem Subsystem zu rechnen ist, da man in der Regel das, was man tun wird, auch als gut bezeichnet, jedenfalls solange keine anderen Zwänge herrschen. Die Güte der Vorhersage beruht darauf, dass die Variablen sprachlich erhoben und zudem ähnliche Aussagen formuliert werden, so dass es sich bei diesem Modell eher um eine interne Konsistenzprüfung zwischen den drei Subsystemen handelt. Bei wirklichen Verhaltensvorhersagen sinken die multiplen Korrelationen stark ab.

So ist die bessere Prognose mit Hilfe dieses Modells zum Teil nur Schein, weil die Überprüfung einen internen Konsistenztest darstellt, der wenig über Verhaltensintentionen und noch weniger über das Verhalten selber aussagt. In der Erweiterung der Theorie zu einer Theorie der geplanten Handlungen (Ajzen, 1987) wird die wahrgenommene Verhaltenskontrolle als weitere Variable hinzugenommen.

1.2.2 Die Einführung von Moderatorvariablen

Es geht darum, solche Bedingungen ausfindig zu machen, die eine möglichst enge Beziehung zwischen Einstellungen und Verhalten herstellen. Aus der Vielzahl der untersuchten Variablen werden einige wichtige Variablen ausgewählt, die Anregungen für die vorliegende Arbeit geben können.

Als Moderatorvariablen der kognitiven Komponente wurden u.a. die Differenziertheit und die Integriertheit der kognitiven Repräsentationen untersucht. Schlegel und DiTecco (1982) konnten in ihrer Untersuchung zur Einstellung gegenüber Marihuana feststellen, dass die Verhaltensvorhersage bei einer komplexeren kognitiven Struktur besser ausfällt als bei einer einfacheren. Die Arbeit von Brown (1974) zeigt, dass durch eine stärkere kognitive Beschäftigung der Zusammenhang zwischen Einstellung und Verhalten steigt.

Als Moderatorvariable der affektiven Komponente wurde u.a. die Zentralität untersucht, d.h. die Bedeutung für das Individuum. Die Annahme, je zentraler das Einstellungsobjekt für eine Person ist, desto besser ist die Verhaltensvorhersage aus der Einstellung, konnte bestätigt werden, sowohl in dem Feldexperiment von Regan und Fazio (1977), die die Einstellung gegenüber dem Wohnungsmangel von Studenten untersuchten als auch in den beiden Feldexperimenten von Sivacek und Crano (1982), die die Frage der Heraufsetzung des Alters zur Alkoholabgabe an Jugendliche und die Einstellung zur Einführung eines speziellen Hochschulaufnahmetests untersuchten.

Für die konative Komponente wird als eine Moderatorvariable der Handlungsspielraum näher untersucht, der in verschiedenen Situationen unterschiedlich groß sein kann. Die Ergebnisse der Experimente von Salancik (1982) bestätigen die Annahme, dass die Verhaltensvorhersage um so besser ist, je größer der individuelle Handlungsspielraum einer Person ist. Aber auch die Erfahrung mit sozialen Situationen kann den Handlungsspielraum vergrößern (Fazio & Zanna, 1978; Zanna & Fazio, 1982). Kritisch bemerkt Witte (1994, S. 388) hierzu: „Um die Variablen „Größe des individuellen Handlungsspielraums" angemessen untersuchen zu können, müssten ideologiekritische und hermeneutische Studien durchgeführt werden, die eine direkte Messung dieser Variablen erlauben. Die hier skizzierten Experimente und Feldbeobachtungen müssen sich auf die nachträgliche Interpretation der sozialen Situation stützen, ohne diese wirklich untersucht zu haben". Soziale Zwänge können den Handlungsspielraum einer Person einengen, ohne dass dies einem außenstehenden Beobachter ersichtlich wird.

Im Rahmen der kognitiv-affektiven Wechselwirkung werden als Moderatorvariablen Persönlichkeitsmerkmale eingeführt. Dabei interessieren v.a. Persönlichkeitsmerkmale, die Personen nach ihrer Orientierung an internen Standards und nach sozialen Einflüssen differenzieren, z.B. hohe versus geringe Selbstüberwachung (Snyder, 1979; 1987; Nowack & Kammer, 1987), Selbstbewusstsein (Janis & Field, 1959), internale versus externale Kontrolle (Rotter, 1966) und Verdrängung versus Sensibilisierung (Epstein & Frenz, 1967). Zanna und Olson (1982) untersuchten Bereiche wie Religiosität und Kirchenbesuch oder Einstellung gegenüber Alkohol und Trinkverhalten und konnten zeigen, dass die Einstellungs-Verhaltens-Konsistenz bei intern orientierten Personen signifikant höher als bei extern orientierten Personen ist.

Naheliegend ist es, den Handlungsspielraum mit dem Persönlichkeitstyp zu kombinieren, wie es Snyder und Kendziersky (1982) in ihrer Untersuchung taten. Dabei stellte sich heraus, dass der Persönlichkeitstyp sich umso stärker auf die Einstellungs-Verhaltens-Konsistenz auswirkt, je weniger der Handlungsspielraum durch soziale Einflüsse determiniert ist.

Als weitere Moderatorvariable wird die Konsistenz zwischen kognitivem und affektivem Subsystem untersucht. Es ist fraglich, ob sich überhaupt eine bestimmte Einstellung herausbilden kann, wenn keine Konsistenz zwischen affektiven und kognitiven Anteilen besteht. Norman (1975) konnte in einer Serie von drei Studien die Annahme bestätigen, dass die Einstellungs-Verhaltens-Konsistenz bei intern gesteuerten Handlungen umso größer ist, je größer die kognitiv-affektive Konsistenz ist.

1.2.3 Die komplexere Erfassung des Verhaltens

Wenn man die Einstellungs-Verhaltens-Konsistenz erhöhen will, liegt es nahe, die Erfassung des Verhaltens den jeweiligen Einstellungen anzupassen. Spezifisches Verhalten lässt sich durch spezifische Einstellungen und generelles Verhalten durch generelle Einstellungen besser voraussagen, wie Weigel und Newman (1976) in ihrer empirischen Studie zu Umweltproblemen feststellten.

Das Prinzip der Kompatibilität (Ajzen & Fishbein, 1977; Ajzen, 1988, S. 96) ist eines der ersten theoretisch fundierten Moderatorenkonzepte: „Zwei Indikatoren einer gegebenen Disposition sind in dem Maße untereinander kompatibel, in dem ihre Ziel-, Handlungs-, Kontext- und Zeit-Elemente auf identischen Generalitäts- oder Spezifitätsniveaus erfasst werden". Je ähnlicher nun diese beiden Dispositionen in bezug auf die vier Kompatibilitätselemente sind, desto größer sollte auch die korrelative Übereinstimmung sein.

Ajzen und Fishbein (1977, S. 913) kommen nach der Analyse von 142 Untersuchungen zu dem Ergebnis: „Um Verhalten aus Einstellungen vorherzusagen, muss der Untersucher eine hohe Korrespondenz mindestens zwischen den Handlungs- und Zielelementen der verwendeten Messinstrumente sicherstellen".

Verhalten kann dann besser aus Einstellungen vorhergesagt werden, wenn Einstellungen und Verhalten auf der gleichen Spezifitätsebene, also auf dem gleichen Abstraktions- oder Konkretheitsgrad erhoben werden.

1.3 Die Relation von Einstellung und Verhalten in Abhängigkeit vom Verhaltensbereich

Die Annahme, dass der Einstellungsinhalt von unterschiedlichen externen und internen Größen beeinflusst wird, wurde bisher nicht systematisch untersucht, jedoch ist es sehr plausibel, dass der Einstellungsinhalt die Konsistenz zwischen Einstellung und Verhalten beeinflusst, worauf Meta-Analysen verschiedener Studien zur Einstellungs-Verhaltens-Relation hinweisen. In der umfangreichen Meta-Analyse von Six und Eckes (1996), die auf 768 Zeitschriftenartikeln, Buchkapiteln oder Büchern mit insgesamt 887 Einzelstudien basiert, werden 17 Verhaltenskategorien (und eine Restkategorie) gebildet (z.b. Wahlverhalten, Gesundheitsverhalten oder Sicherheitsverhalten im Straßenverkehr). Dabei fällt die unterschiedliche Höhe der Einstellungs-Verhaltens-Relationen je nach Verhaltensbereich auf. Die Frage, die sich Six (1998) angesichts der variierenden Korrelationskoeffizienten stellt, lautet: Warum sind für bestimmte Verhaltensbereiche die Einstellungs-Verhaltens-Beziehungen in ihrem Ausprägungsgrad unterschiedlich bzw. ähnlich? Er nimmt an, dass die Ursachen für diese Unterschiede primär in den Merkmalen des beobachteten Verhaltens zu suchen sind.

Die drei Dimensionen, anhand derer er die Verhaltensweisen in dichotomer Weise zuordnet, sind: 1. das Ausmaß subjektiver Kontrolle über das jeweilige Verhalten (hohe versus niedrige Verhaltenskontrolle), 2. die mit dem Verhalten verknüpften individuellen Konsequenzen (hohe versus gering eingeschätzte Verhaltenskonsequenzen) und 3. die Variabilität des Verhaltens als Maß für die mögliche Vielfalt des Verhaltens, die in einem Verhaltensbereich auftreten kann (hohe versus geringe Verhaltensvariabilität). Durch Kombination der drei dichotomen Merkmale ergeben sich acht Verhaltenskategorien. Six (1998) postuliert ein domainspezifisches Kontingenzmodell der Einstellungs-Verhaltens-Relation mit den Annahmen: Es sind höhere Einstellungs-Verhaltens-Korrelationen zu erwarten bei hoher individueller Kontrolle, bei gering eingeschätzten Konsequenzen und bei niedriger Verhaltensvariabilität. Six ordnet die 17 Verhaltensbereiche den acht Verhaltenskategorien zu. Die Ergebnisse des Sortierversuchs (absteigende Höhe der mittleren Korrelationskoeffizienten) bestätigen seine Annahmen weitgehend, allerdings gibt es Ausreißer und Zuordnungsprobleme. Six weist damit auf eine vorläufige handlungstheoretische Erklärung der Einstellungs-Verhaltens-Relation hin, die in der vorliegenden Arbeit aufgegriffen wird. Es erscheint ihm sinnvoll, die Einstellungsforschung in ihrer globalisierten Form zugunsten einer domain-spezifischen Forschung aufzugeben.

1.4 Folgerungen aus der bisherigen Einstellungsforschung

Über den Erklärungswert des Einstellungsbegriffs für Verhalten ist in den letzten Jahren sehr grundsätzlich debattiert worden. Die Frage nach den Steuerungsmechanismen des Verhalten wird von Fazio und Zanna (1981, S. 165) prägnant formuliert: „Unter welchen Bedingungen sagen welche Arten von Einstellungen bei welchen Kategorien von Personen welche Verhaltensweisen vorher?" Verschiedene Konzepte wurden hierzu untersucht und als Antworten angegeben: Situative Einflüsse, normative Zwänge, verschiedene Persönlichkeitsmerkmale, die Konsistenz zwischen affektiver und kognitiver Komponente, das Ausmaß an „Sicherheit" oder „Überzeugung", mit der an einer Einstellung festgehalten wird, aber auch die Korrespondenz hinsichtlich Generalität oder Spezifität von Einstellung und Verhalten.

Deutlich geworden sein dürfte die generelle Bedeutung des Einstellungskonzepts trotz teilweise mangelnder Einstellungs-Verhaltens-Konsistenz. Menschen entwickeln komplexe kognitiv–affektive Strukturen, die in Verbindung mit konativen Elementen stehen. Das individuelle Verhalten wird durch diese Strukturen geprägt. Eine Zwischenbilanz der bisherigen Ausführungen ergibt verschiedene Konsequenzen auf methodischer und konzeptueller Ebene.

Es müssen differenzierte Methoden zur Erfassung der kognitiven und konativen Ebene eingesetzt werden. Es reicht nicht, lediglich Verhaltensintentionen durch Fragebogen oder verbale Berichte zu erfassen, es muss das tatsächliche Verhalten in konkreten Situationen beobachtet werden. Ebenso geht es um eine möglichst komplexe Erfassung der kognitiven Strukturen. Dem Prinzip der Kompatibilität gerecht werdend, ist auf die gleiche Spezifitätsebene (Ajzen & Fishbein, 1977) (hier Konkretheitsgrad) in der Erfassung der Kognitionen und des Verhaltens zu achten. Für unseren Fall bedeutet das die Erfassung möglichst spezifischer kognitiver Strukturen und spezifischen Verhaltens.

Eine Einstellung kann nicht als eine im Individuum vorhandene Disposition, die durchgehend über viele verschiedene Situationen hinweg das individuelle Verhalten beeinflusst, aufgefasst werden, sondern es müssen die jeweiligen, potentiell höchst unterschiedlichen Situationen, in denen sich ein Individuum verhalten kann oder muss, berücksichtigt werden. Kurt Lewin drückt das in seiner Formel V=f(P,U) aus: Verhalten ist zu jeder Zeit als Funktion von Person und Umwelt zu verstehen, mit anderen Worten als Funktion der Gesamtsituation, d.h. des Zustandes sowohl der Person als auch der Umwelt. Die Berücksichtigung der Gesamtsituation oder der Kontextabhängigkeit erfordert dann folgerichtig eine hermeneutische Herangehensweise, die die direkte Erfassung des individuellen Handlungsspielraums (bestimmte Zwänge, individuelle Situationseinschätzungen) erlaubt. Damit ist, wieder folgerichtig, eine Unterscheidung von Verhalten und Handeln notwendig, das ein handlungstheoretisches Rahmenmodell erforderlich macht.

Nun noch einige Anmerkungen, die den Forschungsgegenstand, das Denken und Handeln von Lehrkräften während des Gruppenunterrichts, betreffen: Das professionelle und vorbereitete, somit geplante Handeln von Lehrkräften während ihres Gruppenunterrichts kann mit den drei Merkmalen von Six (1998) folgendermaßen klassifiziert werden: 1. Der Forschungsgegenstand ist durch das Merkmal „hohe Verhaltenskontrolle" gekennzeichnet, 2. die Konsequenzen für die Lehrkraft sind „wenig kostenintensiv" und 3. handelt es sich um einen Bereich mit eher „geringer Verhaltensvariabilität". Somit handelt es sich um die Verhaltenskategorie, von der Six annimmt, dass sie die größte Übereinstimmung zwischen Denken und Handeln besitzt.

Auf dem Hintergrund dieser Überlegungen werden in dieser Arbeit Methoden entwickelt und eingesetzt, die einen möglichst engen Zusammenhang zwischen Denken und Handeln im Gruppenunterricht erwarten lassen. Die Arbeit hat also eine weitgehende methodische und methodologische Ausrichtung. Darüber hinaus werden die Inkonsistenzen zwischen Denken und Handeln (welchen Anteil sie auch haben werden) näher betrachtet, um auf diese Weise zu einer Klärung des „Konsistenzproblems" einen Beitrag zu leisten.

2 Das Thema Gruppenunterricht

2.1 Was ist Gruppenunterricht?

Der inhaltliche Bereich, um den es in dieser Arbeit geht, ist das Denken und Handeln von Lehrkräften während ihres Gruppenunterrichts. Gruppenunterricht stellt eine Sozialform des Unterrichts dar, neben den Sozialformen des Frontalunterrichts, der Einzelarbeit und der Partnerarbeit. Bei Frontalunterricht agiert die Lehrkraft als zentrale Person, die die formale und inhaltliche Interaktion in der Klasse steuert; die Schüleräußerungen orientieren sich generell an der Initiative der Lehrkraft oder der Reaktion der Lehrkraft auf die vorhergehende Schüleräußerung (vgl. Diegritz & Rosenbusch, 1977, S. 129). Bei der Einzelarbeit findet während der Arbeitsphase keine Kommunikation und somit kein Austausch statt, so dass zwar selbständige und individuelle Problemlösungen möglich sind, jedoch ohne eine Wissensergänzung im sozialen Umgang. Partnerarbeit wird oft als Hinführung zum Gruppenunterricht verstanden: „Partnerarbeit ist schon mit Schulanfängern durchzuführen. Darüber hinaus eignet sich die Kooperation zwischen Paaren von Schülern gut für die Einführung des kooperativen Lernens in größeren Gruppen" (Huber, 1991, S.167). Manche Autoren definieren die Dyade als die kleinst mögliche Gruppe und zählen sie zur Gruppenarbeit, wegen ihrer Besonderheit sollte Partnerarbeit jedoch eigenen Stellenwert besitzen.

Gruppenunterricht wird in der Fachliteratur unter den verschiedensten Begriffen wie Kooperatives Lernen, Lernen in Gruppen, Projektunterricht oder auch Gruppenarbeit diskutiert (vgl. Überblick in Fürst, 1996, S. 13f). In älteren Veröffentlichungen werden diese Begriffe teilweise synonym verwendet, heute bezeichnen sie sehr unterschiedliche Modelle von Sozialformen, wobei zwischen traditionellem Gruppenunterricht und neuen Formen des Kooperativen Lernens unterschieden wird (vgl. Sharan, 1990; Huber, 1991; Rotering-Steinberg, 1992). In dieser Arbeit geht es um traditionellen Gruppenunterricht, wie er in unserem Schulalltag zu beobachten ist, für den im folgenden drei Definitionen angeführt werden.

„Unter Gruppenunterricht bzw. (Klein)Gruppenarbeit wird eine „Sozialform" des Unterrichts verstanden, in der eine Schulklasse (Stammgruppe) in eine Reihe von kleinen „Teilgruppen" ... mit einer Mitgliederzahl von drei bis sechs Personen aufgeteilt wird, die selbständig oder mit Hilfe von schriftlichen Anleitungen verschiedenen Detaillierungsgrades Aufgaben gemeinsam zu lösen bzw. Ziele gemeinsam zu erreichen versuchen" (Bürger, 1978, S. 12).

„*Gruppenunterricht* ist eine Sozialform des Unterrichts, bei der durch die zeitlich begrenzte Teilung des Klassenverbandes in mehrere Abteilungen arbeitsfähige Kleingruppen entstehen, die gemeinsam an der von der Lehrerin gestellten oder selbst erarbeiteten Themenstellung arbeiten und deren Arbeitsergebnisse in späteren Unterrichtsphasen für den Klassenverband nutzbar gemacht werden können. *Gruppenarbeit* ist die in dieser Sozialform von den Schülerinnen und der Lehrerin geleistete zielgerichtete Arbeit, soziale Interaktion und sprachliche Verständigung" (H. Meyer, 1991, S. 242).

„Gruppenunterricht ist eine Sozialform des Unterrichts, bei der durch die zeitlich begrenzte Teilung des Klassenverbandes in mehrere Abteilungen arbeitsfähige Kleingruppen entstehen, die gemeinsam an der von der Lehrerin/dem Lehrer gestellten oder zwischen LehrerIn und SchülerInnen vereinbarten Themenstellungen arbeiten und deren Arbeitsergebnisse - zumindest dem Anspruch nach - in späteren Unterrichtsphasen für den Klassenverband nutzbar gemacht werden" (Greving, Meyer & Paradies, 1996, S. 6).

In der Definition von Meyer (1991) wird zwischen Gruppenunterricht und Gruppenarbeit unterschieden. Auch in dieser Arbeit wird zwischen Gruppenunterricht und Gruppenarbeit differenziert, wobei Gruppenarbeit eine Teilphase des umfassenderen Gruppenunterrichts darstellt (vgl. Kap. 2.3).

2.2 Das Paradoxon des Gruppenunterrichts

Forschungsergebnisse zu neueren Formen des kooperativen Lernens stammen v.a. aus dem angloamerikanischen Raum (vgl. umfassender Überblick bei Haag, 1998, S. 14ff), traditioneller Gruppenunterricht ist weitaus seltener Gegenstand empirischer Forschung (Diegritz & Rosenbusch, 1977; Brunner & Huber, 1989; Meyer & Winkel, 1991; Mulryan, 1992, 1994; Renkl, 1996a), meist handelt es sich bei den Veröffentlichungen hierzu um Empfehlungen, die aus der praktischen Arbeit der Autoren resultieren (Glöckel, 1990; Gudjons, 1993a, b; Huber, 1991; Meyer, E., 1983; Meyer, H., 1991).

Haag (1998, S. 20ff) geht sehr ausführlich auf die Bildungs- und Erziehungspotentiale von Gruppenunterricht ein, die in Leistungssteigerung, Personalisation, Sozialisation und Enkulturation begründet liegen. Auch Rosenbusch, Dann und Diegritz (1991) beschreiben unter dem Stichwort „Das Paradoxon des Gruppenunterrichts" die verheißungsvollen Potentiale des Gruppenunterrichts (vgl. auch Gudjons, 1993b, S. 42f) - und gleichzeitig weisen sie auf den erstaunlich geringen Einsatz von Gruppenunterricht in der schulischen Alltagspraxis hin. H. Meyer (1991) kommt bei einer Sichtung entsprechender Untersuchungen auf einen Anteil von 5-7% Gruppenunterricht im Vergleich zur Gesamtunterrichtszeit. Anspruch und Wirklichkeit, m.a.W. theoretisches Wissen und Realisation in der Schulpraxis klaffen hier wohl besonders weit auseinander. Rosenbusch, Dann und Diegritz (1991) vermuten, dass dies auf die zu weit vom Schulalltag entfernte pädagogische Theorie zurückzuführen ist; erst in neuerer Zeit werden abwägende Darstellungen geliefert (Glöckel, 1990, S. 78ff).

Gruppenunterricht ist die störanfälligste der Sozialformen. Seine erfolgreiche Praxis setzt die Erziehungsziele der Selbständigkeit, der Selbstverantwortlichkeit (bzw. Gruppenverantwortlichkeit), der Solidarität, der Kenntnis von Regeln im kommunikativen Prozess, die durch den Gruppenunterricht angestrebt werden, gleichzeitig auch schon voraus. Auch die Rolle der Lehrkraft im Gruppenunterricht ist eine andere als im sonst vorherrschenden Frontalunterricht. Sie ist nicht mehr diejenige, die alle Fäden in der Hand hat, die die Kontrolle hat und die aktiv ist, sondern sie muss sich zurücknehmen, abwarten, Material vorbereiten und organisieren - und die Schüler arbeiten lassen (Huber, Eppler & Winter, 1986; Überblick dazu bei v.Hanffstengel, 1997, S. 41f). Dabei stellt sich die berechtigte Frage, ob eine Lehrkraft dazu so ohne weiteres in der Lage ist. Muss sie nicht während des Gruppenunterrichts immer damit rechnen, die Kontrolle zu verlieren?

Abb. 1: Ungewöhnliche und gute versus übliche und falsche Gruppenarbeit (aus Mähler & Schröder, 1991, S. 42)

In der Karikatur in Abbildung 1 werden gleich zwei Dilemmata des Lehrers deutlich: Kann er mit gutem Gewissen Pause machen, während die Gruppen arbeiten? Verliert er die Kontrolle, wenn er nicht zu den Gruppen geht? Im Rahmen unseres Projekts wird dieser Teilaspekt unter dem Titel „Innere Konflikte von Lehrkräften im Gruppenunterricht" näher von v. Hanffstengel (1997) bearbeitet.

2.3 Ein Phasen-Modell des Gruppenunterrichts

Das folgende, an der Praxis orientierte Phasen-Modell von Gruppenunterricht wurde aufgrund der Analyse unseres vorliegenden Unterrichtsmaterials entworfen (Abb. 2). Gruppenunterricht lässt sich in die drei grundlegenden Phasen der Erteilung des Arbeitsauftrags, der Gruppenarbeit und der Auswertungsphase unterteilen. Diese drei Phasen sind wiederum durch zwei kritische Schnittstellen miteinander verbunden, die die Bezeichnungen Verständnissicherung und Beendigungsphase tragen (Haag, 1998, S. 39). Dabei sind die Grenzen zwischen diesen Schnittstellen fließend.

Abb. 2: Die drei Phasen des Gruppenunterrichts mit ihren zwei Schnittstellen

In jedem dieser fünf Abschnitte ist die Lehrkraft auf eine ganz spezifische Art gefordert. Bereits bei der Unterrichtsplanung muss sich die Lehrkraft überlegen, an welcher Stelle des Unterrichtsprozesses sie Gruppenunterricht einsetzen will, eventuell muss sie auch Material dafür vorbereiten. Schließlich wird der Arbeitsauftrag gestellt, der den Kriterien Verständlichkeit und Präzision entsprechen soll (Fürst, 1996).

Vor Beginn der eigentlichen Gruppenarbeit stellt die Lehrkraft (im Idealfall) sicher, dass alle Gruppenmitglieder die Instruktion verstanden haben.

In der Phase der Gruppenarbeit zieht sich die Lehrkraft weitgehend zurück, denn nun arbeiten die Gruppen! Was tut der Lehrer in dieser Zeit? Er kann die Auswertung oder auch späteren Unterricht vorbereiten, er kann sich kurz erholen, er muss aber auch die Gruppen beobachten und eventuell in das Intragruppengeschehen eingreifen, sei es, weil er selber es für nötig hält oder weil er zu bestimmten Gruppen gerufen wird (invasive und responsive Lehrerinterventionen, vgl. Fürst, 1996).

In der Beendigungsphase geht es um das geschickte Beenden der Gruppenarbeit. Manche Gruppen langweilen sich schon und müssen noch einige Zeit beschäftigt werden, andere sind noch mitten in ihrer Arbeit. Zu einem gewissen Zeitpunkt wird die Lehrkraft die Gruppenarbeit beenden und die Auswertung einläuten.

Die Darstellung der Gruppenergebnisse und ihre Integration in den Unterrichtskontext sind die Aufgaben der Auswertungsphase. Wie die Lehrkraft diese Aufgaben bewerkstelligen soll, dazu liegen allerdings keine empirischen Belege vor, wie Haag (1998, S. 41) resümiert.

Die drei Hauptphasen des Gruppenunterrichts werden auch deutlich bei der Betrachtung der Subjektiven Theorien über Gruppenunterricht (Anhang A). Die beiden Schnittstellen sind aus der Perspektive der Außensicht hervorgegangen (Fürst, 1996), in den Subjektiven Theorien erscheinen sie als „Bausteine" an den Übergängen der drei Phasen.

2.4 Synopse

Die Vielfalt an Gruppenunterrichts-Formen verbietet es, von *dem* Gruppenunterricht zu sprechen, die jeweilige Art ist genau anzugeben. Die Forschungslage zum Gruppenunterricht zeigt, dass dem komplexen Gegenstand einfache Designs nicht gerecht werden, sondern dass er mit entsprechender Methodik aufgeschlossen werden muss. Es muss auch das interaktive Geschehen miterfasst werden, das die Prozesse abbildet, die während der Gruppenarbeit ablaufen, und zwar sowohl innerhalb der Gruppen, also zwischen den Gruppenmitgliedern, als auch zwischen der Lehrkraft und den einzelnen Gruppen. Um die Absichten und Handlungen der Lehrkraft angemessen interpretieren zu können, genügt es nicht, nur die Außenperspektive zu betrachten, sondern es muss dazu auch die Innenperspektive der Lehrkräfte, die kognitiven Repräsentationen über den Gruppenunterricht, berücksichtigt werden. Über etliche Aspekte des Gruppenunterrichts liegen keine oder nur wenige gesicherte Ergebnisse vor, obwohl die vielfältigen positiven Wirkungen des Gruppenunterrichts als gesichert gelten (Haag, 1998, S. 43): „Auffallend, ja erschreckend wenige empirische Befunde liegen über die Durchführung von traditionellem Gruppenunterricht vor, über den in Deutschland doch sehr viel Ratgeberliteratur zu finden ist. Einigkeit herrscht, *dass* der Lehrkraft eine zentrale Rolle zukommt, doch *wie* sie diese Rolle konkret ausfüllen soll, worauf sie in der Praxis zu achten hat, schließlich auf *welche Qualitätsmerkmale* es dabei ankommt, darüber liegen keine Befunde vor".

Die Kombination der Außenperspektive von Gruppenunterricht mit dem Denken und den Absichten der Lehrkräfte stellt einen vielversprechenden Ansatz dar.

3 Ansätze der Unterrichtsforschung

Da es in dieser Arbeit um das Denken und Handeln von Lehrkräften geht, beschränkt sich die Auswahl der in diesem Kapitel dargestellten Ansätze auf diejenigen, die das unterrichtliche Handeln der Lehrkräfte als ein Teilgebiet der Unterrichtsforschung thematisieren, darunter fallen die Stichpunkte Lehrerpersönlichkeit, Lehrerverhaltensweisen im Sinne effektiver Fertigkeiten und der Expertenansatz; das umfangreiche Gebiet der Lehrer-Schüler-Beziehung wird damit ausgeklammert.

Dem Konzept der *Lehrerpersönlichkeit* und damit verbunden der Suche nach dem ‚guten Lehrer' versuchte man, von zwei Seiten näher zu kommen, einem eher phänomenologisch geisteswissenschaftlichen und einem empirischen Weg. Den Ansätzen der geisteswissenschaftlich orientierten Pädagogik ist gemeinsam, dass sie Tugendkataloge aufstellten (z.B. Döring, 1925; Kerschensteiner, 1921), die den ‚guten Lehrer' charakterisieren, ungeklärt blieb jedoch, ob es sich dabei um hinreichende Bedingungen für die erfolgreiche Lehrertätigkeit handelte. Mit dem Begriff des Unterrichtsstils wurden die Personeneigenschaften von Lehrkräften empirisch untersucht (Flanders, 1970; Tausch & Tausch, 1979), jedoch erwiesen sich Konzepte eines globalen Unterrichtsstils als zu begrenzt, um die intraindividuelle Variabilität und Kontextabhängigkeit des Lehrerverhaltens zu erklären. Neuere Untersuchungen beziehen verschiedene Lehrervariablen theoretisch aufeinander und beschreiben und überprüfen damit ein ganzes System von Lehrervariablen, z.B. die Arbeit zur Bezugsnorm-Orientierung von Lehrkräften von Rheinberg (1980).

Die Untersuchung von *Lehrerverhaltensweisen im Sinne effektiver Fertigkeiten* (Lehrereffektivitätsforschung) folgte dem Bemühen, systematisch das Lehrer- und Schülerverhalten im Sinne einer engen Wenn-Dann-Beziehung zu erfassen. Im Sinne des Prozess-Produkt-Paradigma (Borich & Klinzing, 1987; Bromme, 1997; Dick, 1994; Doyle, 1977; Shulman, 1986) werden eng umgrenzte Lehrerfertigkeiten als Prozesse und ihre Auswirkungen auf Schülerseite als Produkte (Anderson, Evertson & Brophy, 1979) untersucht. Daraus ergaben sich Trainingsprogramme für Lehrkräfte, die allerdings die teilweise hoch gesteckten Erwartungen und Ziele nicht einlösen konnten, u.a. deshalb, weil eine theoriegeleitete Vorgehensweise vernachlässigt wurde.

In kritischer Auseinandersetzung mit dem Behaviorismus seit den 60er Jahren erfolgte ein Umbruch, der häufig als ‚kognitive Wende' bezeichnet wird, Wahl (1988b, S. 254) spricht sogar von ‚mehreren kognitiven Wenden'. In der Wissenspsychologie entstand der Informationsverarbeitungsansatz, aus dem sich der *Expertenansatz* entwickelte. Der kognitionspsychologische Ansatz rückte v.a. die Lehrerkognitionen in den Mittelpunkt: Weil Unterschiede im Unterrichtserfolg nicht alleine durch Beobachtung des Lehrerverhaltens erklärbar sind, werden die Überlegungen der Lehrkraft vor, während und nach Handlungen und Entscheidungen zum Gegenstand empirischer Forschung und zu Erklärungsvariablen für Handlungen (Hofer, 1986). Der Expertenansatz von Bromme (1992, S. 2) berücksichtigt, „dass das Handeln von Lehrern wesentlich davon abhängig ist, wie sie ihre schulische Umwelt interpretieren, welche Ziele sie verfolgen und wie sie die Informationen nutzen und bewerten, die ihnen zur Verfügung stehen". Damit ist das Wissen über die Gestaltung von Lerngelegenheiten angesprochen. Auf die beiden in der Lehrerkognitionsforschung dominierenden Ansätze, den entscheidungstheoretischen und den problemlösenden (auch Experten-) Ansatz geht Haag (1998, S. 58-78) ausführlich ein, auf diesen ausgezeichneten Überblick sei an dieser Stelle verwiesen.

Die Ansätze der Unterrichtsforschung verfolgen konsequenterweise das Ziel, den ‚guten Lehrer' zu identifizieren und das Verhältnis von Wissen und erfolgreichem Handeln, also das Verhältnis von Wissen und Können zu beleuchten. Bevor jedoch die Frage nach der Beziehung von Wissen und erfolgreichem Handeln (Wissen und Können) angegangen werden kann, ist es wichtig, die Beziehung zwischen Wissen und Handeln zu klären. In der vorliegenden Arbeit geht es um diese grundlegende Frage. Am Ende der Arbeit (Kap. 18.4) werde ich auch auf ‚erfolgreiche Lehrkräfte' eingehen, jedoch ist diese sehr interessante und praxisnahe Fragestellung in unserem Projekt das Thema der Arbeit von Haag (1998). Was jetzt bleibt, ist das professionelle Wissen von Lehrkräften näher zu beleuchten.

3.1 Das professionelle Wissen von Lehrkräften

Bei der Untersuchung des professionellen Wissens von Lehrkräften kann eine theoretische Aufgliederung der inhaltlichen Bereiche, eine Art Typologie des professionellen Wissens hilfreich sein. Bromme (1997, S. 196-197) unterscheidet zwischen folgenden Inhaltsbereichen:

a) *Fachliches Wissen*, z.B. über Germanistik als Wissenschaftsdisziplin.

b) *Curriculares Wissen*: Die Lerninhalte des Deutschunterrichts sind nicht nur eine „einfache" Germanistik, sondern sie stellen einen eigenen Wissenskanon dar. Die Bedeutung der unterrichteten Begriffe ist nicht allein aus der Logik der wissenschaftlichen Fachdisziplin zu erklären, es fließen auch Zielvorstellungen der Schule, der Gesellschaft, der Lehrkraft mit ein.

30

c) *Philosophie des Schulfaches*: Damit ist die bewertende Perspektive auf den Inhalt des Unterrichts gemeint.

d) *Allgemeines pädagogisches Wissen*: Der Bereich des Wissens, der relativ unabhängig von den Fächern gültig ist, z.b. wie man die für den Unterrichtsablauf notwendigen Verhaltensmuster in einer Klasse einführt oder den Umgang mit Unterrichtsstörungen.

e) *Fachspezifisch pädagogisches Wissen* ist notwendig, um geeignete Formen der Darstellung des Stoffes zu finden, um die zeitliche Abfolge der Behandlung von Themen zu bestimmen und um zu gewichten, welche Stoffe intensiver behandelt werden sollen. Es handelt sich dabei um integriertes Wissen.

Die Verschmelzung von Kenntnissen unterschiedlicher Herkunft ist das Besondere des professionellen Wissen von Lehrkräften. Bei der Auswahl und Abfolge von Inhalten des Deutschunterrichts zum Beispiel werden pädagogische und psychologische Fragen des Unterrichtsgestaltung von den Lehrkräften bei der Planung mitbedacht und in die Entscheidung über die Inhalte einbezogen. Wenn Aufgaben bezüglich ihrer Schwierigkeit, ihrer Motivation für die Schüler, zur Demonstration komplexer Sachverhalte oder zur Übung ausgewählt werden, werden alle Wissensbestände aktiviert.

Es wird angenommen, dass die in der Typologie beschriebenen Inhaltsbereiche des professionellen Wissens von Lehrkräften auf unterschiedliche Weise kognitiv repräsentiert sind, und so werden sie in der psychologischen Forschung zu Lehrerkognitionen auch mit recht unterschiedlichen Konstrukten beschrieben. Bei dem fachlichen und curricularen Bereich handelt es sich überwiegend um deklaratives und prozedurales Wissen. Fachliches Wissen kann als semantisches Netzwerk (z.B. Leinhardt, 1989) dargestellt werden, auch allgemeines pädagogisches und fachspezifisch pädagogisches Wissen lassen sich so erfassen. Ein anderes kognitionspsychologisches Konstrukt, das sich hier als fruchtbar erwiesen hat, ist das der Subjektiven Theorien, die in Befragungen zu rekonstruieren sind (vgl. Kap. 4). Bei der Fachphilosophie werden v.a. die bewertenden Aspekte betont („Überzeugungen", z.B. Pajares, 1992). In der Forschung zu situationsübergreifenden Wertvorstellungen oder auch Lehrereinstellungen geht es v.a. um die interindividuellen Gemeinsamkeiten von Einstellungsmustern, z.B. wurde die eher progressive oder eher konservative Einstellung von Lehrkräften zu ihrer Rolle untersucht (Müller-Fohrbrodt, Cloetta & Dann, 1978). Bei den Untersuchungen im englischen Sprachraum zu den persönlichen Konstrukten von Lehrkräften, die mit der von Kelly (1955) entwickelten Grid-Methode erhoben wurden (z.B. Ben-Peretz, 1984), stehen die individuellen Ausprägungen im Mittelpunkt. Eine weitere Variante ist die theoretische Deutung des professionellen Wissens als Teil der Kultur des Berufsstandes (Dewe & Radtke, 1993; Feiman-Nemser & Floden, 1986). Während bei diesem Ansatz die kognitive Struktur des Wissens unaufgeklärt bleibt, versucht Lehmann-Grube (1998, 1999) über das Konstrukt der Sozialen Repräsentationen eine Struktur der überindividuellen (sozialen) Wissensbestände zu erhalten und leistet auch eine Abgrenzung zu den individuellen Kognitionen. Ein weiterer Ansatz, der die Struktur und die Wirkungsweise des professionellen Wissens untersucht, ist der Expertenansatz (Bromme, 1992), auf den sich Haag (1998, 1999) bei der Untersuchung des Zusammenhangs zwischen der Qualität des Lehrerhandelns und des Lehrerwissens stützt.

Die Vielfalt der Modellvorstellungen über die Struktur der Wissensbereiche ist sowohl das Ergebnis der Pluralität unterschiedlicher Forschungstraditionen als auch eine Dokumentation dafür, dass sich die handlungsleitende Funktion des professionellen Wissens nicht immer als direkte Wirkung einzelner Wissenskomponenten auf einzelne Lehrerhandlungen nachweisen lässt, so dass immer wieder andere Modellvorstellungen oder Verfahren zum Einsatz kommen. Hier enthält das schon erwähnte und im folgenden Kapitel 4 ausführlich dargestellte Forschungsprogramm Subjektive Theorien vielversprechende Möglichkeiten, aufgrund seiner differenzierten Methodologie (Überblick über Instrumente, vgl. Kap. 5) und der hermeneutischen Vorgehensweise Fragen über die Struktur als auch über die handlungsleitende Funktion von Wissensbeständen detailliert zu beantworten.

Bei dem Themenbereich Gruppenunterricht geht es um individuelle Wissensbestände, die alle Bereiche der vorgestellten Typologie betreffen, seinen Schwerpunkt jedoch in den allgemeinen und fachspezifischen pädagogischen Wissensbeständen hat.

3.2 Die Erforschung der Lehrerkognitionen

Zu Anfang der 70er Jahre hat die Erforschung der Lehrerkognitionen einen großen Aufschwung erlebt (Bromme, 1992; Clark & Peterson, 1986, Dann, 1989, Hofer, 1981). Einfluss darauf nahmen u.a. Studien zum Problemlöse- und Entscheidungsverhalten, Konzepte der Handlungstheorie und das Forschungsprogramm zu den Subjektiven Theorien. Inzwischen ist man von der Vorstellung abgerückt, dass durch eine bloße Anhäufung von unterrichtswissenschaftlichen Erkenntnissen tatsächlich eine Effektivierung der Arbeit in den Schulen erreichbar ist und untersucht das Handlungsfeld der Lehrkraft, indem die kognitiven Prozesse unterrichtlichen Handelns einbezogen werden.

Für einen ausführlichen Überblick über Forschungsarbeiten zu Lehrerkognitionen wird auf die Kapitel 6.4 und 6.5 verwiesen, so dass an dieser Stelle nur einige Anmerkungen nötig sind. Die Forschung zum Lehrerhandeln zeigt sich somit als Analyse der Denkprozesse beim Unterrichten.

Dabei ist es unumgänglich, dass alltäglicher Unterricht an Schulen aufgesucht und beobachtet wird. Laborexperimente oder gar Befragungen über Unterricht können keine wissenschaftlich kontrollierten Primärinformationen über den alltäglichen Unterrichtsprozess liefern. Die Realität sieht allerdings (noch) anders aus. Nach der Durchsicht von ca. 1000 empirischen Originalarbeiten zu SchülerInnen, Lehrkräften und Unterricht an allgemeinen Schulen in deutschsprachigen Zeitschriften von 1970 bis 1990 kommen Ingenkamp, Jäger, Petillon und Wolf (1992) zu dem Ergebnis, dass in nur 2% der Arbeiten auch Unterricht beobachtet wurde.

Will man nicht beobachtbare Prozesse (Kognitionen) und Beobachtungsdaten zusammen bringen, muss Methodenvielfalt angestrebt werden, neue Methoden müssen entwickelt und eingesetzt werden, qualitative und quantitative Zugangsweisen sollten sich ergänzen und nicht ausschließen.

Damit ist auch das eigene empirische Vorgehen skizziert und begründet. Das im nächsten Kapitel vorgestellte Forschungsprogramm Subjektive Theorien bildet den geeigneten Rahmen dafür.

4 Das Forschungsprogramm Subjektive Theorien

In der 50er Jahren formulierten Sozialwissenschaftler (v.a. Heider, 1958; Kelly, 1955; Schütz, 1953/54) die These, dass Menschen an ihre Alltagsaufgaben in qualitativ gleicher Weise wie Wissenschaftler an ihre Aufgaben herangehen: Beide verfügen über (mehr oder weniger) differenzierte mentale Konzeptsysteme und benutzen sie in ihrem Handeln. Der von Kelly (1955, 'man the scientist') beklagte Widerspruch, wonach Sozialwissenschaftler für das Verhalten anderer Menschen Erklärungen konstruieren, die sie für sich selbst nicht akzeptieren, wurde damit überwunden, die Alltagstheorien oder Subjektiven Theorien wissenschaftlich ernst genommen. In Deutschland hat Laucken (1974) den Theorierahmen der 'Naiven Verhaltenstheorie' entwickelt und seitdem wurde intensiv auf diesem Gebiet geforscht. Dabei geht es um das Zusammenwirken von individuellen Überzeugungen, subjektiven Interpretationen, naiven Schlussfolgerungen, persönlichen Handlungsmöglichkeiten und Gewohnheiten in der Auseinandersetzung mit Alltagssituationen. Diesen kognitiven Systemen wurden die verschiedensten Bezeichnungen gegeben: common-sense-Psychologie, Laientheorie, naive Verhaltenstheorie, implizite Persönlichkeitstheorie, Alltagstheorie und Subjektive Theorie. Mit dem Konstrukt der 'Subjektiven Theorie' ist jedoch ein spezifisches Menschenbild verbunden, das einen Methodenwechsel zu dialog-hermeneutischen Verfahren nahe legt. Groeben, Wahl, Schlee und Scheele (1988) begründen ein 'Forschungsprogramm Subjektive Theorien' (FST), das sich auf das 'Reflexive Subjekt' (Groeben & Scheele, 1977) stützt.

4.1 Die Menschenbildannahme des reflexiven Subjekts

Die Kernannahme der Strukturparallelität zwischen subjektiven und objektiven (wissenschaftlichen) Theorien impliziert auch die Parallelität zwischen den Menschenbildern: Die Merkmale, die dem Wissenschaftler in seinem Weltbild selbstverständlich sind, werden auch dem Menschen als Erkenntnisgegenstand, dem zu Erforschenden, zugestanden. Das sind die Charakteristika Sprach- und Kommunikationskompetenz, Reflexivität, potentielle Rationalität sowie Handlungsfähigkeit, die die Autoren in der Bezeichnung 'epistemologisches Subjektmodell' zusammenfassen.

Subjektive Theorien versuchen, menschliche Phänomene auf der Ebene des Handelns zu beschreiben und zu erklären, und erst im Misserfolgsfall wird auf Beschreibungs- und Erklärungsaspekte im Bereich des Tuns bzw. danach in einem potentiellen letzten Schritt auf

Theoriemodelle des Verhaltens zurückgegriffen. „Denn nur mit einer solchen Sequenzstruktur der Forschung kann man der Reflexivität des Erkenntnis-Objekts in der Psychologie gerecht werden und dessen potentielle Rationalität für die psychologische Forschung optimal nutzen, anstatt sie zu verschenken oder - schlimmer noch - verzerrend zu verfehlen ..." (Scheele & Groeben, 1988a, S. 18).

Handlungen manifestieren sich zwar in Verhaltensweisen ('äußerer' Aspekt des Handelns), ihre wesentlichen Bestimmungsmerkmale lassen sich jedoch nicht wie das manifeste Verhalten direkt beobachten. Denn das Zuschreiben von Bedeutungen, das Konstruieren von Sinn, das Verfolgen von Absichten lässt sich nicht einfach erkennen, diese Innenaspekte des Handelns müssen interpretativ erschlossen oder im Dialog zwischen dem Handelnden und einem Forscher rekonstruiert werden. „Das Subjektmodell des handlungsfähigen Menschen enthält daher Merkmale wie Intentionalität, Entscheidungsfähigkeit zwischen Handlungsalternativen, Planung von Handlungsabläufen, Sprach- und Kommunikationsfähigkeit nicht nur als Beschreibungs- und Zieldimension des Erkenntnisgegenstandes, sondern versucht, diese Merkmale auch im Forschungsprozess zu realisieren, das heißt die Sprach- und Kommunikationsfähigkeit des menschlichen Erkenntnis-Objekts in der Psychologie ... als Ausgangspunkt und Grundlage der Forschungsstruktur einzuführen" (Schlee, 1988, S. 15).

Im epistemologischen Subjektmodell wird die Fähigkeit des Menschen zur Reflexivität und zur sprachlichen Kommunikation betont. Es „wird hervorgehoben, daß das Erkenntnis-'Objekt' in der Psychologie in der Lage ist, sich von seiner Umwelt zu distanzieren und unabhängig zu machen, indem es sie mit Hilfe selbst konstruierter Kategorien beschreibt, erklärt und mit Bedeutung versieht. Er stellt Fragen, entwirft und überprüft Hypothesen, gewinnt Erkenntnisse und bildet sich Vorstellungen, die zu seinen Orientierungsgrundlagen werden. In seinem Planen und Handeln hat der Mensch Wahlmöglichkeiten, weshalb er für seine Entscheidungen, Unterlassungen und Handlungen die Verantwortung trägt. Über seine internen Prozesse, über seine Sinn- und Bedeutungsstrukturen kann er Auskunft geben und sich verständigen" (Schlee, 1988, S. 16).

4.2 Der handlungstheoretische Rahmen

Die Unterscheidung zwischen Handeln und Verhalten stellt somit ein zentrales Merkmal dar, denn Subjektive Theorien beschreiben das Handeln und die zugrunde liegenden Wissensstrukturen aus der Sicht des Handelnden. Im Unterschied zu Verhalten, das als abhängige Reaktion des Menschen auf (äußere) Reize oder Bedingungskonstellationen aufgefasst wird, sind Handlungen menschliche Aktivitäten, denen Absicht und Sinnhaftigkeit zugrunde liegt und die vom Ausführenden geplant und als Mittel zur Erreichung von Zielen eingesetzt werden (Werbik, 1978), sie sind also auf Resultate ausgerichtet und folgen Motiven und Interessen. Handlungen können unterschiedlich konkret bzw. abstrakt sein und es lassen sich mehrere konkrete Handlungen zu einer abstrakteren (übergeordneten) Handlung zusammenfassen, als deren Teilhandlungen sie dann zu begreifen sind. Handlungen besitzen also auch ein hierarchisch geordnetes Gefüge.

Die Ausführungen zum Handlungsbegriff sind sehr umfangreich und würden hier den Rahmen sprengen, doch soll auf die umfassende Analyse des Handlungsbegriffs von Kröll (1989) und die Diskussion des Handlungsbegriffs bei Wahl (1991) hingewiesen werden. Die Sinngebung für Handlungen kann durch einen außenstehenden Beobachter geleistet werden oder durch den Handelnden selber; dann wird seine Selbst-Interpretation in den Forschungsprozess miteinbezogen. Da Handlungen auf einem Erfahrungs- und Wissenssystem beruhen, das sich dem Forscher nicht durch einfache Beobachtung erschließt - im Gegensatz zum Verhalten - werden Handlungen innerhalb des Forschungsprogramms Subjektive Theorien zunehmend im Dialog-Konsens erfasst (Groeben, 1986). Die Menschenbildannahme des reflexiven Subjekts begründet die Fähigkeiten des Handelnden, über sich Auskunft geben zu können und die Unverzichtbarkeit dieser Informationsquelle.

Als theoretischer Rahmen für das vorliegende Projekt erscheint die Berner Handlungstheorie am geeignetsten, wie sie von der Forschergruppe um M. von Cranach seit Beginn der 80er Jahre in einer größeren Zahl von Publikationen entwickelt wurde (z.B. v.Cranach, Mächler & Steiner, 1983; Thommen, Amman & v.Cranach, 1988; v.Cranach, 1992; 1994). Im Zentrum der Berner Handlungstheorie steht das zielgerichtete Handeln (als weitere prototypische Handlungsformen gelten bedeutungsorientiertes, prozessorientiertes, emotional-intuitives, Affekt- und mentales Handeln), also das bewusste, zielgerichtete, geplante und beabsichtigte Verhalten eines Akteurs, das sozial gesteuert und kontrolliert wird. Im konkreten Fall sind dies einzelne Handlungen, d.h. sozial definierte Einheiten des Handelns, die durch ein Handlungsziel gekennzeichnet sind. Einzelne der genannten Merkmale des Handelns können bei konkreten Handlungen weniger ausgeprägt oder gar nicht auffindbar sein, z.B. sind die für Routinehandlungen notwendigen Prozesse weniger bewusst. Von besonderer Bedeutung für die Theorie sind interaktive Handlungen, die in der Zielsetzung und/oder der Ausführung andere Personen mit berücksichtigen. Das zentrale Handlungstheorem der Theorie besagt: Im Handeln wird manifestes Verhalten durch (teilweise bewusste) Prozesse gesteuert, die ihrerseits (teilweise) sozialen Ursprungs sind. Grundlage für die während einer Handlung ablaufenden Prozesse ist die Wissensstruktur des Handelnden. Wissen hat sogar primär die Funktion der Handlungssteuerung. Im Verlauf handlungsbezogener kognitiver Prozesse wird Wissen aktualisiert und zur Handlungsregulation eingesetzt; dabei wird das Wissen selbst stabilisiert oder inhaltlich verändert (Dann, Diegritz & Rosenbusch, 1999a).

4.3 Das Konstrukt der Subjektiven Theorie und ihre Funktionen

Aus den bisherigen Ausführungen wird deutlich, dass im Mittelpunkt des Interesses die Theorien der handelnden Menschen selbst stehen, die sich die Welt und ihr eigenes Handeln erklären. Diese 'Subjektiven Theorien' werden von den Autoren des Forschungsprogramms Subjektive Theorien in einer engeren und einer weiteren begrifflichen Variante unterschieden. Die engere Variante, die für diese Arbeit relevant ist, wird folgendermaßen definiert (vgl. Groeben, 1988a, S. 22):

1. Bei Subjektiven Theorien handelt es sich um Kognitionen der Selbst- und Weltsicht.
2. Sie lassen sich im Dialog-Konsens aktualisieren und rekonstruieren.
3. Subjektive Theorien stellen eine komplexe Form der Wissensorganisation dar (im Gegensatz zu Einzelkognitionen oder isolierten Wissenselementen) und haben eine zumindest implizite Argumentationsstruktur.
4. Subjektive Theorien erfüllen parallele Funktionen wie wissenschaftliche (objektive) Theorien, nämlich die Funktionen der Erklärung und Vorhersage von Ereignissen sowie die Bereitstellung von Handlungsentwürfen (Erklärung, Prognose, Technologie).
5. Subjektive Theorien sind daraufhin zu überprüfen, ob sie objektiv richtig sind, d.h. ob sie als objektive Erkenntnis zu übernehmen sind.

Die weitere Begriffsexplikation der Subjektiven Theorien verzichtet auf die Aktualisier- und Rekonstruierbarkeit im Dialog-Konsens (Punkt 2) und die Überprüfung der Übernahme als objektive Erkenntnis (Punkt 5), um die Fülle der Forschungsansätze, die Integrationskraft dieses Forschungsprogramms nicht vorschnell zu verschenken. In der vorliegenden Arbeit geht es aber gerade um die Entwicklung eines Dialog-Konsens-Verfahren (Dann & Barth, 1995) und um die Überprüfung der Subjektiven Theorie in der Realität (Überprüfung der Realitätsadäquanz der Subjektiven Theorien durch explanative Validierung), so dass hier die engere Variante im Vordergrund steht.

Die Funktionen, die Subjektive Theorien für ihren Träger besitzen, werden in Anlehnung an Dann (1983, S. 82f; 1994, S. 166) folgendermaßen beschrieben.

- Situationsdefinition: Subjektive Theorien befähigen den Alltagsmenschen, sich seine Lebenswelt zu gliedern und zu ordnen, also Realität in einer ganz bestimmten Weise überhaupt erst wahrzunehmen, sie verhelfen ihm damit zur Orientierung im Alltag.

- Erklärung von eingetretenen Ereignissen: Subjektive Theorien gestatten es dem Alltagsmenschen, eingetretene Ereignisse nachträglich zu erklären, sie in einem Entstehungszusammenhang zu sehen.

- Vorhersage künftiger Ereignisse: Ereignisse werden in einem zeitlichen Ablauf auch in die Zukunft gerichtet gesehen. Es bilden sich Erwartungen, das weitere Geschehen kann prognostiziert werden.

- Handlungsempfehlung bzw. Begründung von Zielen, Normen, Werten: Subjektive Theorien eignen sich zur Generierung von Handlungsempfehlungen, auch werden mit ihnen Sollensanforderungen, Zielsetzungen, Normen und Werturteile begründet oder kritisiert.

- Handlungssteuerung: In diese Funktion gehen die bisher genannten Funktionen ein. Subjektive Theorien wirken sich auf das Handeln aus, steuern das Handeln. Diese Funktion kommt objektiven Theorien in der Regel nicht zu.

- Als allen anderen Funktionen übergeordnete Funktionen stellen sich die Selbstwerterhaltung bzw. -optimierung und die Vermittlung von Verhaltenssicherheit dar.

Die Funktion der Handlungssteuerung (in der Literatur werden auch die Begriffe Handlungsleitung, Handlungsregulation oder Handlungswirksamkeit verwendet) stellt das Kernstück des Forschungsprogramms Subjektiver Theorien dar und begründet Untersuchungen zur Realitätsadäquanz von Subjektiven Theorien. Insbesondere Subjektive Theorien in Form von Situations-Handlungs-Ergebnis-Folge-Erwartungen (Herstellungswissen) stellen die Wissensbasis für konkrete Handlungen dar und spielen eine Rolle bei der Situations- und Handlungsauffassung sowie bei der Handlungsausführung und Handlungsbewertung.

4.4 Der zweiphasige Forschungsprozess: Rekonstruktions- und Realitätsadäquanz

Um Subjektive Theorien angemessen erforschen zu können, wurde innerhalb des Forschungsprogramms Subjektiver Theorien ein zweiphasiger Forschungsprozess entwickelt. In einem ersten Schritt werden durch Verfahren der dialogischen Hermeneutik (Dialog-Konsens) die Subjektiven Theorien rekonstruierend erhoben. Das Erkenntnis-Objekt beobachtet sich selbst, berichtet die introspektiv gewonnenen Ergebnisse dem Forscher und rekonstruiert zusammen mit ihm die Innensicht. Im Dialog-Konsens wird die Subjektive Theorie damit kommunikativ validiert. Dann hat der zweite Schritt zu folgen, nämlich die falsifikationstheoretische, beobachtungsfundierte Überprüfung der Erklärungskraft dieser Subjektiven Theorien, d.h. die explanative Validierung der Subjektiven Theorie. „Dahinter steht, um auch diesen Ausgangspunkt noch einmal kurz zu benennen, unter anderem das Bestreben, die potentielle Rationalität des Erkenntnis-'Objekts' zu nutzen, d.h. alles, was der Subjektive Theoretiker an rationaler, realitätsadäquater (Selbst-)Erklärung bzw. -Erkenntnis zu bieten hat, für die wissenschaftliche Erklärung nutzbar zu machen. Unter dieser Zielperspektive besteht die Idealvorstellung im Forschungsprogramm Subjektive Theorien darin, dass das reflexive Subjekt Mensch auch in seinen Subjektiven Theorien so rational und realitätsadäquat ist, dass diese Subjektiven Theorien als 'objektive' wissenschaftliche (Teil-) Theorien bzw. Erklärungen übernommen werden können" (Groeben, 1988b, S. 70).

In der ersten (zeitlich vor- und geltungstheoretisch untergeordneten) Phase wird die Innensicht rekonstruiert und durch Dialog-Hermeneutik auf ihre Rekonstruktionsangemessenheit hin überprüft. In der zweiten (zeitlich nach- und geltungstheoretisch übergeordneten) Phase wird durch kontrollierte Beobachtung (außenfundierte Methodik) überprüft, ob die rekonstruierten Subjektiven Theorien realitätsangemessen sind (vgl. Abb. 3).

Die Realitätsadäquanz der Subjektiven Theorien wird dadurch überprüft, dass die subjektiv-theoretische Konstruktion mit der Realität konfrontiert wird; dafür wurden bisher drei Wege herausgearbeitet (vgl. Wahl, 1988a, S. 184f):

a) Korrelationsstudien: Innensicht und Außensicht werden zum gleichen Zeitpunkt erfasst. Die Elemente der rekonstruierten Subjektiven Theorie werden mit den Beobachtungsdaten korreliert.

b) Prognosen und Retrognosen: Aufgrund der zu einem ersten Zeitpunkt rekonstruierten Subjektiven Theorien wird für einen späteren Zeitpunkt vorhergesagt, wie sich das Erkenntnis-Objekt verhalten wird. Bei Retrognosen wird zeitlich umgekehrt vorgegangen. Für die Vorhersagen bzw. Retrognosen wird oft ein sogenannter „Doppelgänger" eingesetzt.

c) Modifikationsstudien: Die zu einem ersten Zeitpunkt rekonstruierte Subjektive Theorie wird zu einem zweiten Zeitpunkt gezielt modifiziert. Für einen weiteren, dritten Zeitpunkt wird dann vorhergesagt, wie sich das Erkenntnis-Objekt entsprechend der veränderten Subjektiven Theorie verhalten müsste.

39

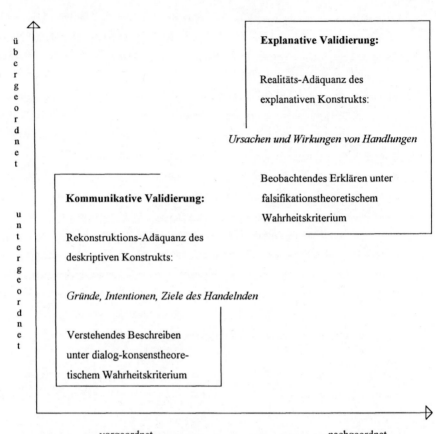

Abb. 3: Darstellung der zwei Forschungsphasen zur Verbindung von Innensicht und Außensicht, kommunikativer und explanativer Validierung (nach Groeben, 1986, S. 326)

Auf Schwierigkeiten bei der Erstellung von Prognosen oder Retrognosen sowohl in Bezug auf die Festlegung des Kriteriums, d.h. des Ereignisses, das prognostiziert bzw. retrognosti-ziert werden soll, als auch in Bezug auf die Festlegung der Wenn-Komponente, weist Wahl (1988a, S. 195f) hin. Bei der Festlegung der Situations- und Handlungsklassen durch den Forscher besteht ein gewisser Interpretations-Spielraum, der dann zu unzutreffenden Vor-hersagen bzw. Retrognosen führen kann. Eine gute Strategie, dieses Problem zu entschärfen besteht darin, hermeneutische und empirische Methodologie zu verzahnen: Bei Interpretations-Unsicherheit des Forschers kann das Erkenntnis-Objekt weitere Auskünfte geben, wobei dessen Tendenz zur Handlungsrechtfertigung mit zu berücksichtigen ist.

Die Übergänge zwischen den beiden Forschungsphasen sind also fließend. Darüber hinaus erfordert es erhebliche zusätzliche Anstrengungen, wenn man innerhalb der explanativen Validierung Formen kommunikativer Validierung einbezieht.

In dieser Arbeit geht es um die Überprüfung der Handlungsleitung von Subjektiven Theorien über „Gruppenunterricht". Die Untersuchung folgt den oben dargestellten zwei Phasen: In der ersten Phase geschieht die Rekonstruktion der Subjektiven Theorien, die in zwei Schritte unterteilt ist: (a) die Erhebung der Subjektiven Theorien mit einem halbstandardisierten Interviewleitfaden und (b) die Rekonstruktion der Theoriestruktur mittels eines Systems formaler Relationen und deren grafische Veranschaulichung. Die zweite Phase stellt die Überprüfung der Handlungsleitung der erhobenen Subjektiven Theorien anhand der Videoaufnahmen und Transkripte von Gruppenunterricht dar.

Die Überprüfung der Handlungsleitung der Subjektiven Theorien geschieht aufgrund von Retrognosen, d.h. das Handeln auf der Grundlage der Subjektiven Theorie wird für eine Situation 'rückgesagt' (bei Prognosen wird 'vorhergesagt'). Es wird also ein Verhalten beobachtet, das zeitlich vor der Rekonstruktion der entsprechenden Subjektiven Theorie liegt, Phase 2 liegt somit zeitlich vor Phase 1. Es wird geprüft, ob und in welchem Ausmaß das aus der Subjektiven Theorie retrognostizierbare Handeln mit den Handlungen in der Realität des Gruppenunterrichts übereinstimmt (zur Begründung der Retrognosen vgl. Kap. 15).

Abbildung 4 dient der Verdeutlichung der dargestellten Sachverhalte.

Mit diesem Untersuchungsaufbau wird die vollständige Zwei-Phasen-Struktur, wie sie als methodologische Konsequenz aus der Konzeption des Konstrukts der Subjektiven Theorie expliziert worden ist (Groeben, 1986, S. 328f), verwirklicht.

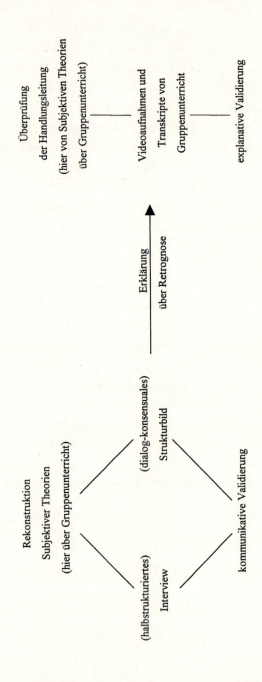

Abb. 4: Veranschaulichung des zwei-phasigen Untersuchungsaufbaus

4.5 Subjektive Theorien: Programm, Methode und inhaltliche Aussage

Subjektive Theorien sind in dreierlei Hinsicht zu verstehen: Zum einen treffen sie *inhaltliche Aussagen* über Forschungsgegenstände (siehe dazu die Beispiele der drei Subjektiven Theorien über Gruppenunterricht in Anhang A), zum zweiten stellen sie eine *Methode* dar, eine bestimmte grafische Darstellungsform zur Rekonstruktion von Subjektiven Theorien (Überblick über Struktur-Lege-Verfahren in Kap. 5 und 9.2) und schließlich ist damit ein *Programm* angesprochen, mit dem die Dichotomie von Hermeneutik und Empirismus bzw. von Verstehen und Erklären überwunden werden soll. Das dialog-hermeneutische Verfahren der ersten Forschungs- und Validierungsphase dient der Beschreibung und dem Verstehen der Handlung. Die Beobachtung entsprechend des Falsifikationskriteriums in der zweiten Phase dient der Erklärung. Ziel des Ansatzes ist es, durch Verstehen zu Erklärungen zu kommen. Das Forschungs*programm* Subjektive Theorien war das Thema dieses Kapitels, im nächsten Kapitel geht es um *Methoden* zur Rekonstruktion der Subjektiven Theorien.

5 Struktur-Lege-Verfahren zur Rekonstruktion von Subjektiven Theorien

Frühere Ansätze zur Erforschung von Wissensstrukturen bedienen sich klassischer Erhebungsinstrumente (Fragebogen, Schätzskalen, Semantische Differentiale). Dieses Vorgehen hat sich aber auf dem Hintergrund des Forschungsprogramms Subjektive Theorien und des damit verbundenen Menschenbilds zur Erfassung der Innenperspektive von handelnden Menschen als weniger geeignet erwiesen, so dass nun qualitative Verfahren im Vordergrund stehen. Zur Erfassung der Subjektiven Theorien werden folgende Methoden eingesetzt (König, 1995):

- Methode der freien Beschreibung (als freies Assoziieren, in Form narrativer Interviews oder in Form einer schriftlichen freien Befragung)
- Leitfadeninterviews
- Grid-Verfahren
- Methode des lauten Denkens (gleichzeitig oder nachträglich).

Struktur-Lege-Verfahren stellen nun den zweiten Schritt im Anschluss an die verbale Erfassung der Subjektiven Theorien durch Interviews dar, die - im Gegensatz zu inhaltsanalytischen Vorgehensweisen - nicht nur die Inhalte, sondern auch die *strukturelle Beschaffenheit* der Subjektiven Theorien in *grafischer Form* herausarbeiten.

Nach Dann (1992, S. 38) können Struktur-Lege-Verfahren durch folgende Merkmale beschrieben werden:

"a. Die Struktur-Lege-Verfahren werden im Rahmen einer dialogischen Hermeneutik als methodische Hilfsmittel zur Rekonstruktion und Darstellung Subjektiver Theorien eingesetzt.

b. Struktur-Lege-Verfahren erleichtern die Strukturierung vorab erhobener inhaltlicher Konzepte der Subjektiven Theorien durch die Erstellung von Schaubildern: Alle inhaltlichen Konzepte werden zu diesem Zweck auf Kärtchen geschrieben und - entsprechend einem normierten Regelwerk - auf einer Unterlage angeordnet und durch Relationen miteinander verbunden.

c. Innerhalb der Strukturierungsphase findet der für die kommunikative Validierung der Subjektiven Theorien ausschlaggebende Dialog-Konsens zwischen UntersucherIn (Erkenntnis-Subjekt) und UntersuchungspartnerIn (Upt) (Erkenntnis-Objekt) über die Angemessenheit der Rekonstruktion statt".

Wenn man von diesen strengen Kriterien für Methoden zur Erfassung von Subjektiven Theorien ausgeht, so entspricht das "Regelsystem zur Strukturierung und Verknüpfung von Subjektiven Hypothesen" (RSVS) von Mutzeck (1988) diesen Anforderungen nicht, da dieses Verfahren ohne Konzeptkarten und Schaubilder auskommt, denn die Subjektiven Theorien werden nicht grafisch dargestellt. Aus diesem Grund wird auf das Verfahren im folgenden auch nicht näher eingegangen.

Struktur-Lege-Verfahren sind also grafische Verfahren, mit deren Hilfe Schaubilder der Subjektiven Theorie erstellt werden können. Hierdurch wird die Strukturierung der Subjektiven Theorie erleichtert und wesentlich vom subjektiven Theoretiker bestimmt, im Gegensatz zu inhaltsanalytischen oder statistischen Verfahren (Regressionsanalysen, Clusteranalysen, Pfadanalysen, Faktorenanalysen), in denen der Wissenschaftler oder sogar die Methode die Struktur festlegt. Die Schaubilder bestehen aus inhaltlichen und formalen Komponenten, wobei die inhaltlichen Konzepte durch formale Relationen verknüpft sind. Die inhaltlichen Konzepte werden in Interviews gewonnen, ihre Formulierung wird auf Kärtchen geschrieben und vorläufig auf einer Unterlage angeordnet. Im weiteren Verlauf der Gespräche ergeben sich dann weitere inhaltliche Konzeptionen, die immer wieder umorganisiert und in die Relation gebracht werden, die der subjektive Theoretiker berichtet, bis sie schließlich nach Beendigung des Verfahrens fixiert werden. Wegen der vielfältigen Untersuchungsbereiche und der unterschiedlichen Kompetenzen der Untersuchungspartner sind verschiedene Verfahren entwickelt worden, die je nach Bedarf ausgewählt und eingesetzt werden können. Ein kurzer, zusammenfassender Überblick über die aus der Literatur bekannten Verfahren wird im Folgenden geleistet (ausführlicher Überblick siehe Dann, 1992; Dann & Barth, 1995).

5.1 Die Methode zur Erfassung der Alltagstheorien von Professionellen (MEAP)

Ausgehend von dem Unbehagen, dass Kausalstrukturen durch mathematisch-statistische Verfahren indirekt bestimmt werden, entwickelte Feldmann (1979) seine noch relativ einfache Methode. Die inhaltlichen Konzepte werden dabei nicht mit der jeweiligen Versuchsperson individuell erhoben, sondern sie erhält ein in Voruntersuchungen entwickeltes "Basisvokabular", das sie dann ihren Bedürfnissen anpassen kann. Das Regelsystem dieser Methode erlaubt es lediglich, einfache Kausalbeziehungen oder wechselseitige Wirkungen in unterschiedlicher Stärke (dreifache Abstufung) abzubilden. Feldmann (1979) rekonstruierte Kausaldiagramme von Lehrkräften zu Disziplinproblemen und Außenseiterrollen in Schulklassen (Beispiel in Dann, 1992, S. 12).

Die Methode MEAP stellt an die Kompetenz der Untersuchungspartner relativ geringe Anforderungen, gleichwohl berichtet Feldmann (1979) von Schwierigkeiten. Langfeldt und Langfeldt-Nagel (1990) haben die Methode weiter vereinfacht, indem sie auf die dreifache Abstufung der Gewichtung der Kausalbeziehungen verzichteten und es im Rahmen einer schriftlichen Befragung über Subjektive Theorien aggressiven Verhaltens einsetzten.

Die MEAP erfasst das subjektiv-theoretische Funktionswissen (Laucken, 1982) einer Person als einfache Ursache-Wirkungs-Strukturen, die Strukturen repräsentieren die subjektiven Erklärungen bestimmter Phänomene und die subjektiven Folgen dieser Phänomene. Sie ist zur Darstellung von Subjektiven Theorien geringer Reichweite geeignet.

5.2 Die Heidelberger Struktur-Lege-Technik (SLT)

Dieses Verfahren wurde explizit als Dialog-Konsens-Methode entwickelt und wissenschaftstheoretisch im Rahmen des Forschungsprogramms Subjektive Theorien begründet (Scheele & Groeben, 1984, 1988a). Es wird die kommunikative Validierung unter dialogkonsenstheoretischem Wahrheitskriterium zur Sicherung der Rekonstruktionsadäquanz und die explanative Validierung zur Sicherung der Realitätsadäquanz, also sowohl die Sinn- als auch die Geltungsprüfung gefordert (Groeben, 1986).

Die Inhalte der Subjektiven Theorie werden durch ein halbstandardisiertes Interview erhoben, anschließend erfolgt die Rekonstruktion. Das Regelsystem orientiert sich an den üblichen wissenschaftstheoretischen Definitionsregeln und an den Methoden zur Überprüfung und Auswertung empirischer Relationen zwischen Variablen in den empirischen Sozialwissenschaften. Es erlaubt definitorische Festlegungen, die Darstellung abhängiger und kurvilinearer Beziehungen, Wechselwirkungen, Gewichtungen und Über- und Unterordnungen. Scheele und Groeben (1988a, S. 74) haben die Methode z.B. in einer größeren Untersuchung zur Produktion und Rezeption von *Ironie* eingesetzt. An die Kompetenz der Untersuchungspartner werden hohe Anforderungen gestellt, es werden zahlreiche Schwierigkeiten berichtet, jedoch erlaubt die Methode die Darstellung einer differenzierten Sichtweise. Es müssen nicht alle Relationen in einer konkreten Struktur Verwendung finden, auch können in Abstimmung auf den jeweiligen Inhalt oder die Untersuchungspartner vereinfachte Leitfäden entwickelt werden, wie es Just (1991) für ihre Untersuchung von Subjektiven Theorien des Wohlbefindens gezeigt hat.

Die SLT erfasst das subjektiv-theoretische Funktionswissen (Laucken, 1982) einer Person und ist zur Darstellung Subjektiver Theorien mittlerer Reichweite geeignet.

5.3 Die Weingartener Appraisal Legetechnik (WAL)

Diese Methode (Wahl, Schlee, Krauth & Mureck, 1983; Wahl, 1991) geht unmittelbar von konkreten Handlungen aus, die Rekonstruktion der Subjektiven Theorien geschieht postaktional, d.h. ein strukturierter Dialog schließt sich direkt an reale Unterrichtssituationen an. Bei der anschließenden Theorierekonstruktion, die sich auf die Verbalprotokolle des strukturierten Dialogs stützt, werden Klassen von Situationsauffassungen (*primary appraisal* nach Lazarus, 1966) und Klassen von Handlungsauffassungen (*secondary appraisal*) durch Zusammenfassung ähnlicher Situationen und Handlungen gebildet, und zwar zunächst von UntersucherIn und Untersuchungspartner unabhängig voneinander und anschließend in einem Dialog-Konsens-Verfahren kommunikativ validiert. Nach der relativ aufwendigen Erhebungs- und Rekonstruktionsphase ist die Darstellung der Subjektiven Theorie einfach: Die Verknüpfungen zwischen einer oder mehreren Situations- und Handlungsklassen stellen dar, dass in einer bestimmten Situation (oder in mehreren Situationen) normalerweise ein damit verknüpftes Handlungsprogramm (oder mehrere Handlungsprogramme) aktiviert wird (werden). Diese Situations-Handlungs-Verknüpfungen werden in einer Form dargestellt, dass Prognosen über das Handeln in zukünftigen ähnlichen Situationen aufgestellt und am beobachtbaren Handeln überprüft werden können.

Wahl et al. (1983) haben auffällige Schülerleistungen und Störungssituationen im Unterricht untersucht (Wahl 1991, S. 158-160), das Reagieren von Lehrkräften in auffälligen Unterrichtssituationen, das "Handeln unter Druck". Auch dieses Verfahren, v.a. das Erhebungsverfahren, wurde vereinfacht, so dass es im Rahmen von praktischen Veränderungsmaßnahmen vom Handelnden selbst angewendet werden kann (Schlottke & Wahl, 1983).

Das Verfahren ist zur Rekonstruktion des subjektiv-theoretischen Herstellungswissens (Laucken, 1982) bestimmt, also von Wissen darüber, was in bestimmten Situationen zu tun ist, um ein bestimmtes Ziel zu erreichen. Es wird zur Ausführung von Handlungen benötigt, stellt also die Wissensbasis für konkrete Handlungen dar und wird auch als *Handlungswissen* bezeichnet. Es ist für die Darstellung Subjektiven Theorien kürzerer Reichweite geeignet.

5.4 Die Flussdiagramm-Darstellung

Die Methode von Scheele und Groeben (1988a, S. 122ff) wurde zur Darstellung von alltäglichen Handlungen in ihrer zeitlichen Abfolge entwickelt; es werden Handlungs(teil)schritte, Handlungsalternativen und Entscheidungsalternativen berücksichtigt. Das Regelwerk lehnt sich an die vom Deutschen Institut für Normierung festgelegten Flussdiagramm-Zeichen für die Veranschaulichung von Computerprogrammen an und ist relativ einfach. Entscheidungsbedingungen führen über sog. Verlaufslinien zu einer oder mehreren Handlungen, wobei Handlungsalternativen nebeneinander stehen ohne Angabe, welche Alternative unter welchen Bedingungen angesteuert wird. Auch Unterabläufe können dargestellt werden, kausale Wirkungszusammenhänge jedoch nicht.

Die Flussdiagramm-Darstellung wurde nicht im Rahmen eines Forschungsprogramms entwickelt, so dass Scheele und Groeben (1988a) probeweise mit einem Untersuchungspartner einen Rekonstruktionsversuch über das Problem der Reaktionsmöglichkeiten auf Ironie durchgeführt haben (Scheele & Groeben, 1988a, S. 147).

Mit der Flussdiagramm-Darstellung wird der Strukturaspekt von Handlungsabläufen bei Alltagsproblemen als Herstellungswissen abgebildet. Es können damit Subjektive Theorien über Herstellungswissen kürzerer bis mittlerer Reichweite dargestellt werden.

5.5 Die Ziel-Mittel-Argumentation (ZMA)

Mit den bisher beschriebenen Struktur-Lege-Verfahren lassen sich Inhalte auf deskriptiver Ebene darstellen. Um auch die präskriptive Ebene (Explikation, Begründung und Rechtfertigung von Werten, Zielen, Normen, Vorschriften und Aufforderungen) rekonstruieren und darstellen zu können, entwickelten Scheele und Groeben (1988a, S. 83ff) die Ziel-Mittel-Argumentation. In aufsteigender Reihenfolge werden Begründungen für Präskriptionen bis hin zu einer Oberprämisse aufgestellt, die nicht mehr begründet werden kann, sondern einen Wert an sich darstellt (Begründungs- oder Rechtfertigungsperspektive). In analoger absteigender Reihenfolge geschieht die Suche nach den zur Realisierung von Zielen, Werten usw. führenden Handlungen (Mittelperspektive). Neben diesen zweckrationalen Begründungen werden auch wertrationale Aspekte einbezogen, z.B. durch die Berücksichtigung von nicht-intendierten Nebenfolgen und Nebenbedingungen.

Im Rahmen einer Seminararbeit wurde hiermit die Bewertung von Selbstironie vorgenommen (Nüse, 1987, zitiert nach Scheele & Groeben, 1988a, S. 112-115).

Die ZMA ergänzt die bisherigen Struktur-Lege-Verfahren, indem sie die Begründungs- und Rechtfertigungsstruktur von Werten, Zielen Normen usw. im Dialog-Konsens-Verfahren darzustellen ermöglicht, wobei der definitorisch-deskriptive Bereich beschränkt ist.

5.6 Das Alltagssprachliche Struktur-Lege-Spiel als Flexibilisierungsversion

Das alltagssprachliche Struktur-Lege-Spiel (Scheele, Groeben & Christmann, 1992) stellt eine individualisierende Modifikation von drei eingeführten Methoden dar, der Heidelberger Struktur-Lege-Technik (SLT, Kap. 5.2), der Flussdiagramm-Darstellung (Kap. 5.4) und der Ziel-Mittel-Argumentation (ZMA, Kap. 5.5). Diese individualisierende Adaptation wurde entwickelt, um verschiedene Personenvoraussetzungen (Personen unterschiedlichen Alters, Personen unterschiedlicher verbaler oder wissenschaftlicher Kompetenzen) und verschiedene Inhalte der Subjektiven Theorien zu berücksichtigen. Dabei wurde das zu entwickelnde Instrument an die Alltagssprache angenähert und flexibel in der Auswahl der Formalrelationen gestaltet. Ziel ist, eine weitgehende Annäherung an die Alltagssprache mit einem unverzichtbaren Mindestmaß an formaler Eindeutigkeit und Präzision zu erreichen. Die drei zugrundeliegenden Dialog-Konsens-Verfahren decken vier Bereiche von Formalrelationen ab: Die Flussdiagramm-Darstellung (5.4) enthält v.a. Relationen zur subjektiv-theoretischen Beschreibung und Erklärung von Handlungsabfolgen, -entscheidungen und -konsequenzen. Die Ziel-Mittel-Argumentation (5.5) enthält Formalrelationen zur subjektiv-theoretischen Strukturierung präskriptiv-deskriptiv gemischter Satzsysteme. Die Struktur-Lege-Technik (5.2) enthält Relationen zur subjektiv-theoretischen Strukturierung deskriptiver Satzsysteme, zum einen aus dem Bereich des Definierens, zum anderen aus dem Bereich der empirischen Hypothesen-Gesetzmäßigkeiten. Für alle vier Bereiche (deskriptives Definieren und Erklären, Präskription sowie Handlungsanalyse) wurden vereinfachte Relationsexplikationen entwickelt.

Dabei entstand ein Kernpool (18 Relationen) von alltagssprachlich vereinfachten Formalrelationen der vier Gegenstandsbezugsperspektiven sowie ein Ergänzungspool (16 Relationen) von ebenfalls noch alltagssprachlich formulierten, aber komplizierteren Relationsexplikationen, die bei Bedarf zusätzlich angeboten werden können. Als Beispiel, mit dem das Regelsystem erläutert wird, dient das "Zähneputzen", da es für alle vier Bereiche ergiebig und sowohl für Kinder als auch Erwachsene verständlich ist. Die Flexibilisierungsversion ist nach einem Bausteinprinzip aufgebaut. Mit der Flexibilisierungsversion wurden die Subjektiven Theorien über Argumentieren und Argumentationsintegrität sowohl von JuristInnen als auch von Laien erhoben (Christmann & Groeben, 1991; Christmann & Scheele, 1995).

5.7 Die Interview- und Legetechnik zur Rekonstruktion kognitiver Handlungsstrukturen (ILKHA)

Als letztes Struktur-Lege-Verfahren ist in diesem Überblick die Interview- und Legetechnik zur Rekonstruktion kognitiver Handlungsstrukturen ILKHA (Krause & Dann, 1986; Dann & Barth, 1995) anzuführen. Es handelt sich hier um ein post-aktionales Verfahren, das Herstellungswissen kürzerer bis hin zu mittlerer Reichweite erfasst. Das Verfahren wurde speziell für dieses Projekt weiterentwickelt und dem Gegenstandsbereich Gruppenunterricht angepasst. Die Rekonstruktion geschieht auf einem sehr konkreten Niveau, außerdem wird die zeitliche Dimension abgebildet. Es stellt ein wesentliches Instrument der vorliegenden Untersuchung dar und wird deshalb nicht an dieser Stelle, sondern in Teil II bei der Darstellung des Projekts 'Unterrichtskommnikation' (Kap. 9.2) genau und ausführlich beschrieben.

6 Überblick über bisherige Untersuchungen zu Subjektiven Theorien

Was ist an Forschungsarbeiten in den letzten 20 Jahren, also seit dem Erscheinen der "Argumente für eine Psychologie des reflexiven Subjekts" (Groeben & Scheele, 1977) veröffentlicht worden, das sich dem Forschungsprogramm Subjektive Theorien (FST) in der weiten bzw. engen Variante zuordnen lässt? Wie ist der Stand der Forschung auf dem Gebiet der Subjektiven Theorien (ST)?

Es existiert eine Vielzahl von Veröffentlichungen, die sich in ihrem Titel oder als Schlüsselwort auf den Begriff "Subjektive Theorien" beziehen. Allerdings handelt es sich dabei sehr oft um Arbeiten aus der Attributionsforschung und der Impliziten-Persönlichkeits-Theorie-Forschung (IPT). Dies gilt v.a. für englische oder amerikanische Veröffentlichungen. Diese Arbeiten können zwar unter der weiteren Fassung des Forschungsprogramms Subjektive Theorien eingeordnet werden, stellen aber nicht den Kernbereich dar.

Die im folgenden aufgeführten Arbeiten sind vorwiegend der weiten Variante des Forschungsprogramms Subjektive Theorien zuzuordnen, nur der kleinere Teil erfüllt die Kriterien der engen Variante. In Kap. 6.5 werden dann gesondert diejenigen Arbeiten aufgeführt, die den kompletten zweiphasigen Prozess des Forschungsprogramms Subjektive Theorien mit kommunikativer und explanativer Validierung durchlaufen. Trotz sorgfältiger Recherche beansprucht dieser Überblick keine Vollständigkeit.

Betrachtet man die inhaltlichen Bereiche, fällt auf, dass sich der überwiegende Teil der Forschungsarbeiten mit dem Handeln oder Verhalten von LehrerInnen und SchülerInnen bzw. HochschullehrerInnen und StudentInnen befasst, der sich auch am weitesten dem Kernbereich des Forschungsprogramm Subjektive Theorien nähert. Ein zweiter inhaltlicher Bereich befasst sich mit Erziehung, vorwiegend mit dem Alltagswissen und dem Erziehungsverständnis von Müttern, aber auch von Heim-ErzieherInnen. Ein dritter inhaltlicher Bereich handelt über Subjektive Theorien im klinischen Bereich und ein vierter Bereich, der die größte Themenvielfalt aufweist, befasst sich mit allgemeinpsychologischen Denkinhalten.

6.1 Allgemeinpsychologische Denkinhalte

In einem Überblicksartikel stellt Dann (1991) Arbeiten über Subjektive Theorien zum Wohlbefinden, zu Glückserlebnissen und Gesundheit vor. Er nennt die Arbeiten von Hoffmann (1984), die das sprachliche Repräsentationssystem von Glück bei StudentInnen und DozentInnen untersucht und die Arbeit von Abele (1990), die im Rahmen von Untersuchungen zum Einfluss von Emotionen auf kognitive Prozesse an der Erinnerung an positive und negative Erlebnisse bei StudentInnen ansetzt. Weiter berichtet Dann (1991) über folgende Arbeiten: Franke (1989) erhebt Subjektive Gesundheitstheorien gesunder Frauen mittels ausführlicher Interviews, Pill (1988) berichtet über Interviewstudien mit Müttern aus der Arbeiterklasse über deren Auffassung von Gesundheit, und speziell nach einen positiven Gesundheitsbegriff von Laien fragen Clarke und Lowe (1989). Mittels einer Interviewfrage (Was bedeutet es für Dich, gesund zu sein?) ermitteln Millstein und Irwin (1987) bei SchülerInnen im Jugendalter sieben Bereiche von Gesundheit. Zu einer differenzierteren Klassifikation (zehn Oberkategorien) subjektiver Gesundheitsdefinition gelangen d'Houtaud und Field (1984) durch Inhaltsanalyse der Interviewdaten erwachsener Teilnehmer an französischen regionalen Gesundheitsuntersuchungen. Hunt und Macleod (1987) untersuchen die persönliche Sichtweise von Personen, die es versucht oder geschafft haben, ihr gesundheitsbezogenes Verhalten zu ändern. Pierret (1988) weist einen Zusammenhang zwischen gesundheits- und krankheitsbezogenen Interpretationen und der Art der beruflichen Tätigkeit nach. Deneke, Ahrens, Bühring, Haag, Lamparter, Richter und Stuhr (1987) untersuchen mittels halbstrukturierter Interviews (und Fragebogen), wie sich seelisch gesunde Laien die erfolgreiche Bewältigung von Lebenskrisen vorstellen.

Bei allen diesen Arbeiten war das Ziel der Auswertung allerdings nicht darauf gerichtet, individuelle Subjektive Theorien zu erheben, sondern interindividuelle Gefühlsstrukturen zu erhalten, auch wenn zwischen beiden Ähnlichkeiten und Zusammenhänge bestehen.

Darüber hinaus gibt es viele weitere Arbeiten über Subjektive Theorien zu Gesundheit, die sich jedoch lediglich auf Fragebogendaten stützen und ebenfalls auf die Erhebung überindividueller Strukturen abzielen, allerdings stehen sie in weiter Entfernung zum Forschungsprogramm Subjektive Theorien.

Eine Arbeit, in der Subjektive Theorien im Sinne individueller Argumentationsstrukturen erfasst werden, ist die von Brehm (1990). Mittels strukturierter Interviews und einer Struktur-Lege-Technik wird ermittelt, in welcher argumentativen Relation die Begriffe *Gesundheit* und *Wohlbefinden* mit *Sport* und *Schulsport* bei 13-16-jährigen SchülerInnen stehen. Ausgehend von den individuellen Subjektiven Theorien ergeben sich durch Zusammenfassung zwei Typen (Verzicht-Typ und Sport-Typ), an denen sich die SportlehrerInnen orientieren sollten, um die SchülerInnen überhaupt zu erreichen.

In der Arbeit von Wabel (1998) geht es darum, in welcher Weise sportaktive Personen verschiedene Sportarten als Stimmungsmacher im Alltag einsetzen. Über die 39 individuellen

Subjektiven Theorien (die mittels einer modifizierten Version der ILKHA erstellt wurden, vgl. Kap. 9.2) werden sportartspezifische Modalstrukturen gewonnen, die Auskünfte darüber geben, unter welchen Bedingungen unterschiedliche Sportarten zur Stimmungsregulation im Alltag eingesetzt werden und mit welchen Wirkungen dies geschieht.

In der Arbeit von Just (1991) werden mittels halbstrukturierter Interviews und einer für das Vorhaben adaptierten Struktur-Lege-Technik individuelle Subjektive Theorien über das Wohlbefinden erhoben, hier geschieht durch einen Dialog-Konsens auch eine kommunikative Validierung.

Im Rahmen des Projekts "Kognitive Kontrolle in Krisensituationen, Arbeitslosigkeit von Lehrern" von Ulich, Haußer, Mayring, Alt, Strehmel und Grünwald (1981; Ulich, Haußer, Mayring, Strehmel, Kandler & Degenhardt, 1985) werden Belastungen, kognitive Kontrolle und Bewältigungsversuche arbeitsloser Lehrer im Längsschnitt analysiert und der Frage nachgegangen, was Subjektive Theorien zur Bewältigung in Krisensituationen beitragen.

Weitere Arbeiten behandeln die Bereiche *Vertrauen* (Brink & Formann, 1981; Brückerhoff, 1982), *Persönlichkeit* (Lohaus & Wortmann, 1983; Semin, Rosch, Krolage & Chassein, 1981), *Partnerschaft* (Heider & Waschkowski, 1982), *Ironie* (Groeben & Scheele, 1986), *Emotion und Vergessen* (Kebeck, 1982) und *Ästhetik* (Scheele & Groeben, 1986). Hierbei sind lediglich die Arbeiten von Brückerhoff (1982) und Groeben und Scheele (1986), die eine kommunikative Validierung aufweisen, der engen Variante des Forschungsprogramms Subjektive Theorien zuzuordnen. Groeben und Scheele (1986; Groeben et al., 1985) erfassen Subjektive Theorien zu Ironie mittels der Struktur-Lege-Technik (SLT), in Weiterführung ihres Forschungsprojekts (Scheele & Groeben, 1988a) werden dann noch Reaktionsmöglichkeiten auf Ironie als Subjektive Theorien mit einer weiteren Struktur-Lege-Technik (Flussdiagramm, vgl. Kap. 5) dargestellt.

Barth (1986) untersucht Subjektive Theorien über das Arbeitsverhalten mit dem Ziel, sie für die Berufsausbildung oder das Studium angemessen zu verändern.

Mit einem aus mehreren Struktur-Lege-Verfahren zusammengestellten modifizierten Instrument, der "Flexibilisierungsversion" (Scheele, Groeben & Christmann, 1992; vgl. Kap. 5.6) werden von Christmann und Groeben (1991; Christmann & Scheele, 1995) Subjektive Theorien über redliches und unredliches Argumentieren im Dialog-Konsens erhoben. Mit dieser Version können Personen mit den unterschiedlichsten Kompetenzvoraussetzungen (10 JuristInnen und 10 weibliche und männliche Laien) untersucht werden. Obliers und Vogel (1992) untersuchen subjektive Autobiografie-Theorien. Mittels eines Struktur-Lege-Verfahrens (SLT) werden autobiografische Selbsttheorien aus vier Perspektiven bei jeweils 24 Personen erfasst: die reale Autobiografie, die erwünschte Autobiografie, die reale erwartete Zukunft und die erhoffte, beeinflusste Zukunft. Schließlich wird eine Verdichtung der vier Mikrostrukturen pro Person in vier Makrostrukturen pro Person durchgeführt und daraus eine Superstruktur gebildet, die den "gemeinsamen Nenner" der vier Mikro- und Makrostrukturen einer Person darstellt. Schmid-Furstoss (1990) untersucht die Subjektiven Theorien über (Un-)Selbständigkeit und soziale Kommunikationsstrukturen bei Seniorinnen in verschiedenen Lebensumwelten.

6.2 Subjektive Theorien im klinischen Bereich

Ein weiterer Teil der Arbeiten über Subjektive Theorien ist im klinischen Bereich angesiedelt, auch hier sind die Themen sehr vielfältig.

Wortmann (1983) untersucht das Konzept der Selbstsicherheit, allerdings stehen hier die praktizierten Durchsetzungsmuster mehr im Vordergrund als die Verbalisation der dahinterstehenden innerpsychischen Prozesse; eine kommunikative Validierung geschieht nicht.

Weitere Arbeiten liegen zu Subjektiven Theorien über Herzneurosen (Bauer & Vahl, 1981), über Depressionen (Faber et al., 1981), Essstörungen (Gädicke & Wambsganß, 1986), Stottern (Wutsch, 1985) und Vertrauen in helfenden Beziehungen (Flick, 1989) vor. Flick (1989) untersucht die Subjektiven Theorien von Psychologen und Sozialarbeitern über Vertrauen in helfenden Beziehungen mittels halbstrukturierter Interviews und einer Struktur-Lege-Technik. Es erfolgt eine dialog-konsensuale Einigung über die Rekonstruktion, also die kommunikative Validierung. Er hält auch die explanative Validierung für notwendig, kann sie aber im Rahmen seiner Arbeit nicht leisten. Paetsch (1985; Paetsch & Birkhan, 1987) untersucht die Verantwortung in helfenden Beziehungen, sowohl bei Therapeuten als auch bei Klienten mittels halbstrukturierter Interviews und der Struktur-Lege-Technik (SLT). Barthels (1991, 1992) erfasst Subjektive Theorien über Alkohol, Alkoholismus und Alkoholismustherapie im Dialog-Konsens und Sohns (1991) untersucht das Rückfallgeschehen von Alkoholabhängigen, auch hier erfolgt eine dialog-konsensuale Einigung über die Rekonstruktion der Subjektiven Theorien, also die kommunikative Validierung.

Obwohl auch das Thema *Gesundheit* (und *Krankheit*) betreffend, gehören die folgenden Arbeiten weniger dem zuvor berichteten allgemeinpsychologischen, sondern eher dem klinischen Bereich an. Dross (1991) untersucht mittels eines Leitfadeninterviews, allerdings ohne kommunikative Validierung, die Subjektiven Theorien von 20 Frauen über ihre eigene seelische Gesundheit, nachdem sie erfolgreich eine Lebenskrise überstanden hatten. Dabei wird ein gegliederter Bewältigungsprozess deutlich.

Schulze und Welters (1991) können in einer offenen schriftlichen Befragung deutliche geschlechts- und altersspezifische Unterschiede Gesunder in ihren Vorstellungen über Gesundheit feststellen. Mattes (1991) stellt in ihrer ländervergleichenden Studie mit Fragebogen Unterschiede in der Einstellung zu Gesundheit und Krankheit gesunder Personen in Großbritannien und (West-) Deutschland fest.

Krankheitsspezifisches Alltagswissen, also Subjektive Theorien über spezifische Krankheiten, untersuchen Angermeyer (1991), Buchholtz (1991), Lucchetti (1991), Ruff (1991), Schwab (1989), Stössel (1989) und Thurke (1991). Mittels Interviews und Checklisten befragt Angermeyer (1991) Patienten mit funktionellen Psychosen und deren Angehörige über deren Vorstellungen über die Ursachen der Krankheit, wobei psychosoziale Faktoren (Stress) bei beiden Gruppen die größte Rolle spielen neben Persönlichkeitsfaktoren, Elternhaus und biologischen Faktoren. Buchholtz (1991) untersucht fünf Angehörige psychisch kranker Personen. Es wird ein Leitfadeninterview durchgeführt und mit einem Struktur-Lege-Verfahren (SLT) die Subjektiven Theorien über die Ätiologie, Definition, Symptomatik und Beeinflussung der psychischen Erkrankung rekonstruiert und anschließend kommunikativ validiert. Schließlich wurden die Subjektiven Theorien mit den wissenschaftlichen Theorien über psychische Krankheiten bezüglich Gemeinsamkeiten und Unterschieden verglichen. Lucchetti (1991) berichtet über zwei Einzelfallstudien, in denen sie die Subjektiven Theorien von Betroffenen über HIV-Infektion und AIDS und deren positive Umgangsstrategien erhebt. Dabei führt sie Leitfadeninterviews und die Rekonstruktion der Subjektiven Theorien mit einem Struktur-Lege-Verfahren (SLT) mit anschließender kommunikativer Validierung durch. Ruff (1991) berichtet über Studien zu Subjektiven Theorien über Gesundheitsgefährdungen durch Umweltbelastungen mittels problemorientierter Interviews, u.a. interviewt er Eltern von Pseudokrupp-Kindern. Schwab (1989) erhebt die Subjektiven Theorien über Krebs von Betroffenen und ihren Ehepartnern und Stössel (1989) die subjektiven Krankheitstheorien von Patienten mit entzündlichen Darmerkrankungen, beide mittels der Struktur-Lege-Technik (SLT) im Dialog-Konsens. Thurke (1991) erhebt in teilstrukturierten Interviews, die inhaltsanalytisch ausgewertet werden, die Vorstellungen acht junger Frauen zu Verursachung und Verlauf ihrer chronischen Rheumaerkrankung; eine kommunikative Validierung findet hier nicht statt.

6.3 Subjektive Theorien über Erziehung

Eckert (1981) untersucht Subjektive Theorien von professionellen ErzieherInnen zum Umgang mit Heimkindern. Meist wird jedoch das Alltagswissen und das Erziehungsverständnis von Müttern erhoben. Bruhn und Höngen (1983) untersuchen Subjektive Theorien zur Überbehütung, Fisch et al. (1982) untersuchen Subjektive Theorien zum Erziehungsverständnis junger Mütter, Fritzsch (1985) Subjektive Theorien von Müttern zur Erklärung eigenen Erzieherhandelns und Ramseier (1979) Subjektive Theorien zu Mutter-Kind-Interaktionen. Er befragt die Mütter zu ihrer Wahrnehmung, Interpretation und Begründung ihrer Mutter-Kind-Interaktionen. Dazu werden an Videoausschnitte anschließende offene Interviews geführt und inhaltsanalytisch ausgewertet. Dietrich (1985) untersucht auf der Grundlage von 280 Interviews die subjektiven Erziehungstheorien von Eltern. Allerdings werden, wie bei den anderen Arbeiten in diesem Bereich auch, keine kommunikativen Validierungen durch Dialog-Konsens und auch keine Handlungsvalidierungen durchgeführt, so dass diese Arbeiten alle der weiten Variante des Forschungsprogramms Subjektive Theorien zuzuordnen sind.

6.4 Forschungsarbeiten über das Handeln und Verhalten von Lehrpersonen und Lernenden

Die meisten der Forschungsarbeiten über Subjektive Theorien sind in dem Bereich der Lehr-Lernforschung angesiedelt, was sicherlich damit zu tun hat, dass es sich hierbei um das Alltagsdenken von Lehrpersonen im Sinne von Subjektiven Berufstheorien handelt. Betrachtet man den *Lehrer als Experten* (Bromme, 1987, 1992), so gibt es hier Überschneidungen zwischen wissenschaftlichen Theorien und Expertenwissen in Form von Subjektiven Theorien. Personen mit wissenschaftlicher Ausbildung können sicherlich besser Auskunft über ihre beruflichen Theorien geben als Laien, denn die kommunikative Validierung stellt hohe Anforderungen an die UntersuchungspartnerInnen. Zudem sei auch auf die hohe Bedeutung der Lehrerforschung für die Lehreraus- und -fortbildung und die Lehrereffektivitätsforschung verwiesen. Einen Überblick über ältere Arbeiten zu Subjektiven Theorien von Lehrern geben Mandl und Huber (1983).

Frühe Untersuchungen von Subjektiven Theorien von Lehrern zur Schülerbeurteilung erfolgen im Rahmen sog. Impliziter Persönlichkeits-Theorien (IPT). Als sozial bedeutsame Erwartungssysteme tragen sie dazu bei, die Vielfalt möglicher Kombinationen von Persönlich-

keitsmerkmalen zu reduzieren; für den Lehrer haben sie Orientierungs- und Erleichterungs-
funktion.

Einige dieser frühen Untersuchungen sollen hier nur kurz genannt werden: Hofer, 1970,
1974; Huber und Mandl, 1979; Kleiter, 1972; Mandl, Lohmöller & Hanke, 1975. In diesen
Untersuchungen werden vorgegebene Fragebogen, Schätzskalen oder Semantische Differentiale eingesetzt und dimensionsanalytisch ausgewertet. Es wird vermutet, dass die Variabilität der individuellen impliziten Persönlichkeitstheorien durch methodische Standardisie-
rungseffekte auf zweierlei Ebenen verdeckt wird: Auf dem primären Niveau der Datenge-
winnung findet bereits durch vorgegebene Fragebogen, Schätzskalen oder Semantische
Differentiale zur Beurteilung von Schülern eine weitgehende Variabilitätsreduktion statt.
Lehrer müssen Persönlichkeitseigenschaften verwenden, ob sie diese Kategorien in Alltags-
prozessen verwenden oder nicht. Auf dem sekundären Niveau der Datenreduktion interfe-
rieren statistische Methoden und Modelle mit der Struktur der IPT-Daten. Gigerenzer
(1978, S. 110) weist darauf hin, dass jedes mathematische System, z.B. eine dimensionsanalytische Methode, bereits durch seine Anwendung auf einen psychologischen Gegenstandsbereich eine psychologische Theorie über diesen Gegenstandsbereich impliziert. Insgesamt
sind diese Arbeiten noch sehr weit entfernt vom Forschungsprogramm Subjektive Theorien.

6.4.1 Subjektive Theorien zur Unterrichtsplanung und -durchführung

Die folgenden Beispiele für den Bereich Unterricht sind der weiten Variante des Forschungsprogramms Subjektive Theorien zuzurechnen: Heymann (1982), Hofer et al. (1979,
1982), Johannsen-Wentzler (1987), Moor (1983). Dolde und Götz (1995) erfassen die
Subjektiven Theorien über Lernformen der betrieblichen Weiterbildung bei Personen eines
großen Wirtschaftsunternehmens während ihrer Weiterbildung mit Hilfe eines Interviews. In
der Arbeit von Rustemeyer, Bentler und König (1995) werden die Subjektiven Theorien
über neue Technologien bei 55 Auszubildenden mit videounterstützten Interviews erfasst
und inhaltsanalytisch ausgewertet.

Bromme (1980, 1981) untersucht Subjektive Theorien von MathematiklehrerInnen zur alltäglichen Unterrichtsvorbereitung mit der Methode des lauten Denkens. Danach sollen die
LehrerInnen mit einer Variante des *stimulated recall* einige ihrer beim lauten Denken ge-
brauchten Begriffe explizieren. Es wird untersucht, welche kognitionspsychologische Theorie zur Untersuchung von Denkprozessen bei der Unterrichtsvorbereitung von LehrerInnen
angemessen ist, welche Inhalte das planende Denken umfasst und was den Denkprozess der

Unterrichtsplanung organisiert. Die Analyse der Protokolle des lauten Denkens erfolgt im Rahmen von Theorien des Problemlösens und Theorien zum semantischen Gedächtnis. In einem weiteren Schritt wird die Beziehung zwischen den einzelnen vom Lehrer im Prozess der Planung explizierten Inhalte in Form einer Netzwerkdarstellung erfasst.

Treiber (1981) untersucht Merkmale subjektiver Unterrichtstheorien von LehrerInnen als Erklärung von Förderungseffekten in Schulklassen. Die Merkmale der Subjektiven Theorien von LehrerInnen wurden durch nachträgliches lautes Denken zu entscheidungsthematischen Situationen des auf Videoband aufgenommenen Unterrichts rekonstruiert. Die Bedeutung für die Elemente der Subjektiven Theorien wird unter Einbeziehung von drei anderen Variableneinheiten (kognitive Schülerleistungen, Schülervorkenntnisse zu Beginn einer Unterrichtseinheit und Unterrichtsverhalten der LehrerInnen) im Rahmen einer Pfadanalyse überprüft. Die Analyse erbringt keine eigenständige Bedeutung der Elemente der Subjektiven Theorien für die Aufklärung der Leistungsunterschiede von SchülerInnen. Allerdings stellt Treiber (1981, S. 634) indirekte Einflüsse fest, die "zugunsten einer möglichen handlungssteuernden Funktion subjektiver Theorie-Elemente" sprechen.

Ziel des Projekts von Wagner und ihren Mitarbeitern (Wagner, Uttendorfer-Marek & Weidle, 1977; Wagner, Maier, Uttendorfer-Marek & Weidle, 1981; Wagner, Barz, Maier-Störmer, Uttendorfer-Marek & Weidle, 1984) ist die Erfassung vielfältiger Unterrichtsstrategien von LehrerInnen und SchülerInnen, insbesondere jener, die in einem eher schülerzentrierten Unterricht zu finden sind. Es geht dabei um die Erfassung von Zielen, Plänen, Regeln, Annahmen, Kognitionen und Emotionen der handelnden Personen im Unterricht, die in Form von Psychogrammen dargestellt werden. Um die Handlungspläne von LehrerInnen und SchülerInnen zu erfassen, wird die Methode des nachträglichen lauten Denkens eingesetzt: Ausgewählte SchülerInnen und die LehrerInnen von sieben Klassen eines 6. Schülerjahrganges verbalisieren, was ihnen zu bestimmten Unterrichtssituationen, die sie noch einmal auf dem Videoband sehen, durch den Kopf geht. Nach Wagner, Maier, Uttendorfer-Marek und Weidle (1980) haben Lehrkräfte subjektive TOTE-Theorien[1] (nach Miller, Galanter & Pribram, 1960) entwickelt. Das Unterrichtshandeln und die sie steuernden Pläne werden häufig gestört und blockiert durch selbstgesetzte Vorschriften ("Imperative"), die sich an spezifischen soziokulturellen Normen für Lehrkräfte orientieren und die mit der Wirklichkeit kollidieren können (konfligierende Handlungsziele) und so zu Dilemmata ("Imperativverletzungskonflikte") führen. Das Interview ist klientenzentriert, die Rekon-

---

[1] TOTE: test – operation – test - exit

struktion erfolgt monologisch, auch die Aufarbeitung, bei der *kognitive Verwirrungen* oder *Knoten* herausgearbeitet werden, erfolgt ohne Kontakt zwischen UntersuchungspartnerIn und UntersucherIn.

Koch-Priewe (1986) untersucht subjektive didaktische Theorien von Lehrern und Rheinberg und Elke (1979) untersuchen, aus welchen naiven Konstrukten das Repertoire besteht, das Lehrkräfte für die Erklärung von Schülerleistungen bereithalten. In freier Beantwortungsform nennen 70 Lehrkräfte 882 Ursachen, die sich 29 Kategorien zuordnen lassen. Die Befunde verweisen auf vielfältige Ursachen, mit denen Lehrkräfte Schülerleistungen in Zusammenhang bringen; außerdem sehen die Lehrkräfte die verschiedenen Faktoren in Ursache-Wirkungs-Beziehungen im Sinne sog. naiver Kausalitätsstammbäume.

Zwischen der engen und weiten Version des Forschungsprogramms Subjektive Theorien liegen die Arbeit von Treutlein et al. (z.B. 1989) und die Arbeit von Bovet (1993).

Bovet (1993) erfasst mit Hilfe eines problemzentrierten Interviews die Subjektiven Theorien von fünf Lehrkräften über guten, machbaren Psychologieunterricht in der gymnasialen Oberstufe. Die Theorien werden im Dialog-Konsens erfasst, kommunikativ validiert. Eine explanative Validierung hält die Autorin bei diesen Subjektiven Theorien längerer Reichweite weder für machbar noch für sinnvoll. Die fünf Subjektiven Theorien werden auf Unterschiede und Gemeinsamkeiten untersucht, Ziel ist die Ermittlung einer intersubjektiven Theorie über guten machbaren Psychologieunterricht.

Im Forschungsprojekt "Methoden zur Erfassung handlungssteuernder Kognitionen bei Lehr- und Lernprozessen im Sport" (Treutlein et al., 1989; Hanke, 1991) geht es um die Frage, wie angemessenes Lehrerhandeln in der Sportlehrerausbildung aufgebaut werden kann. Ziel ist es, wirksame Interventionsmethoden zu entwerfen, die routiniertes Alltagshandeln verändern können. Ausgangspunkt sind gestörte Interaktionsprozesse im Sportunterricht, so dass neben der Lehrer- auch die Schülerperspektive berücksichtigt werden muss. Im Anschluss an den Unterricht wird ein strukturierter Dialog mit den Untersuchungspartnern geführt, dann werden die Gesprächsergebnisse im Dialog-Konsens (kommunikative Validierung) Inhaltskategorien zugeordnet; wegen des hohen forschungspraktischen Aufwandes wird auf die explanative Validierung verzichtet.

6.4.2 Subjektive Theorien zum Umgang mit Schulschwierigkeiten

Mayr, Eder und Fartacek (1991) haben in einer mit 97 HauptschullehrerInnen und deren SchülerInnen durchgeführten Studie mittels Fragebogen untersucht, welche pädagogischen

Handlungsstrategien LehrerInnen einsetzen, in deren Unterricht die SchülerInnen gut mitarbeiten und wenig stören. Es zeigt sich, dass das Verhalten der Lehrkräfte innerhalb einer bestimmten, bei manchen Strategien relativ schmalen Bandbreite liegt. Die Autoren stellen eine starke Kontextabhängigkeit für den Einsatz der Strategien fest und können vier Typen "erfolgreichen Lehrerhandelns" identifizieren.

Mutzeck (1987, 1987a, 1988) geht der Frage nach, warum die "guten Vorsätze" von Lehrkräften, die sie in Fortbildungsveranstaltungen fassen, so selten in die Unterrichtspraxis umgesetzt werden. Die Ursache für das Durchhalten bzw. Aufgeben von Handlungsabsichten sieht er unter anderem in den Subjektiven Theorien der Lehrkräfte über ihr eigenes Handeln und über Faktoren, die auf dieses einwirken. Er rekonstruiert deshalb den Transferprozess aus der Innensicht-Perspektive der Lehrkräfte, um die entscheidenden Bedingungen für das gelungene/misslungene Verwirklichen von Handlungsabsichten zu erfassen. Nach einem vom Autor geleiteten Trainingskurs (Mutzeck, 1983, 1984) formuliert jeder der 21 TeilnehmerInnen eine individuelle, subjektiv bedeutsame Handlungsabsicht. Nach vier Wochen wird ein halbstrukturiertes Interview durchgeführt. Auf der Basis der Transkripte formuliert der Versuchsleiter dann jeweils etwa 50 Subjektive Hypothesen in Wenn-Dann-Form, die dann in einem ersten Dialog-Konsens mit dem Untersuchungspartner kommunikativ validiert werden. In einem weiteren Auswertungsschritt verknüpfen die Versuchsleiter die Subjektiven Hypothesen miteinander mittels eines Regelsystems (RSVS, Regelsystem zur Strukturierung und Verknüpfung von Hypothesen). Nachdem für jede Lehrkraft eine Strukturierung erstellt worden ist, wird sie in einem zweiten Dialog-Konsens wiederum kommunikativ validiert. Schließlich werden die Hypothesen aller LehrerInnen inhaltsanalytisch ausgewertet mit dem Ziel, überindividuelle Anhaltspunkte für das Gelingen oder Misslingen des Transferprozesses zu finden. Eine explanative Validierung erfolgt nicht.

Der Fernstudiengang "Schülerprobleme - Lehrerprobleme" des DIFF geht beim Training von Lehrkräften für den Umgang mit schwierigen Situationen im Klassenzimmer von handlungsrelevanten Subjektiven Theorien der Lehrkräfte aus. Über die Veränderung dieser kognitiven Bestände soll das Interaktionsverhalten von Lehrkräften verändert werden (Huber & Mandl, 1977; Weinert, 1977; Becker, Huber, Mandl, Wahl & Weinert, 1978).

Auch wenn Subjektive Theorien viele Vorteile aufweisen, da Lehrkräfte ihre Alltagssituationen damit strukturieren können, ohne in Gefahr zu geraten, vielleicht durch zu differenzierte oder langwierige Überlegungen am Ende handlungsunfähig zu sein, enthalten diese Systeme viele ungeprüfte oder kaum abgesicherte Vermutungen. Daher steigern durch Subjektive

Theorien nahegelegte Handlungen oft Konflikte im Klassenzimmer anstatt sie zu lösen. Die schnelle Abfolge unerlässlicher Entscheidungen erlaubt es Lehrkräften oft nicht, die genauen Effekte ihres Handelns gründlich zu erfassen, so dass diese Erfahrungen dann auch nicht zu einer Veränderung der Kognitionen der Lehrkraft führen können. Deshalb wurde ein Trainingsprogramm (Rotering-Steinberg, 1981; Weinert & Rotering-Steinberg, 1981) entwickelt, das die Unfähigkeit des Lernens durch Erfahrung aufheben soll.

6.5 Untersuchungen, die den kompletten zweiphasigen Forschungsprozess realisieren

Nach diesem breit angelegten Überblick über Untersuchungen zu Subjektiven Theorien soll nun speziell auf die Arbeiten eingegangen werden, in denen Subjektive Theorien nicht nur im Dialog-Konsens erhoben werden (kommunikative Validierung), sondern die auch die Realitätsadäquanz der Subjektiven Theorien überprüfen (explanative Validierung), die also den zweiphasigen Forschungsprozess (vgl. Kap. 4.4) des Forschungsprogramms Subjektive Theorien vollständig durchlaufen und somit die enge Begriffsexplikation von Subjektiven Theorien erfüllen. Es handelt sich dabei um relativ wenige Arbeiten, die sich über die vorher genannten Bereiche erstrecken. Sie werden jedoch in diesem Kapitel separat dargestellt, weil sie vom Design und den Ergebnissen mit dem hier dargestellten Projekt vergleichbar sind.

Erste Untersuchungen hierzu folgen dem Prognose- oder Vorhersagemodell (Dann & Wahl, 1984; Dann, 1983; Wahl, 1988a), wobei aufgrund des erhobenen subjektiv-theoretischen Wissens der Lehrkräfte Prognosen erstellt werden, die mit dem späteren Handeln der Lehrkräfte in gleichwertigen Situationen verglichen werden. In dem Forschungsprojekt „Naive Verhaltenstheorien von Lehrern" (Wahl, 1979, 1981a,b,c, 1982, 1991; Wahl, Schlee, Krauth & Mureck, 1983) geht es um die Frage, welche Bedeutung Subjektive Theorien für das Handeln von Lehrkräften in dynamischen Unterrichtssituationen haben; inhaltlich geht es um auffällige Leistungen und Störungen von Schülern. Es werden 20 Lehrkräfte verschiedener Schularten im Unterricht aufgesucht und zu auffälligen Unterrichtssituationen im eigenen Unterricht oder zu Filmszenen anderer Lehrkräfte mit dem "Strukturierten Dialog" interviewt. Mit einer Struktur-Lege-Technik (WAL) werden die verbalen Daten in eine grafische Form gebracht und kommunikativ validiert. Nach einem Jahr werden bei zwölf der Lehrkräfte äquivalente Situationen im Unterricht gefilmt. Sogenannte „Doppelgänger", die sich in die Subjektiven Theorien eingearbeitet haben, geben Prognosen für einzelne Lehrerhandlungen ab, sagen also vorher, wie sich die Lehrkräfte in den gefilmten Situationen verhalten müssten. Je nach Prognoseform und Situationstyp können von den Doppelgängern zwischen 34% und 47% richtige Vorhersagen ausgeführt werden: In der Situation „auffällige Schülerleistung" sind es durchschnittlich 43,6%, in der Situation „Unterrichtsstörung" sind es durchschnittlich 38,3% richtige Prognosen. Die Doppelgänger-Methode ist eine sehr interessante und aufwendige Methode zur Überprüfung der Realitätsadäquanz, birgt allerdings auch Risiken durch die Einführung der Doppelgänger-Personen. Auch die lange Zeitspanne von einem Jahr bis zur Überprüfung der Prognosen macht Veränderungen sehr wahrscheinlich. Außerdem ist im Rahmen des Forschungsprogramms Subjektiver Theorien mit Veränderungen der Subjektiven Theorien und des Subjektiven Theoretikers zu rechnen; sie sind sogar erwünscht, da sie nach den Kernannahmen des Menschenbildes in positiver Richtung erfolgen sollten (Groeben, 1988c, S. 231). Trotz dieser für die Überprüfung der Realitätsadäquanz einschränkenden Bedingungen ist die Prognosegüte erheblich und die Vorhersagen unterscheiden sich von zufälligen Vorhersagen signifikant (Wahl, Schlee, Krauth & Mureck, 1983, S. 107-185).

Im Forschungsprojekt "Aggression in der Schule" geht es darum, wie die soziale Kompetenz von Lehrkräften im Umgang mit aggressiven Schülern verbessert werden kann (Dann, Humpert, Krause, Olbrich & Tennstädt, 1982; Dann, Humpert, Krause, v.Kügelgen, Rimele & Tennstädt, 1983). Diese Untersuchung folgt ebenfalls dem Vorhersagemodell. Im Mittelpunkt stehen Subjektive Theorien von Lehrkräften bzw. Aspekte solcher Subjektiver Theorien, die sich auf aggressives Schülerverhalten beziehen. Aggressionsbezogenes Unterrichtshandeln der Lehrkraft wird wesentlich von aggressionsbezogenen Berufstheorien der Lehrkraft mitbestimmt. In diesem Projekt wird die Handlungswirksamkeit der aggressionsbezogenen Berufstheorien (ihre Funktion bei der Handlungsentscheidung) und auch ihre inhaltliche und strukturelle Beschaffenheit auf handlungstheoretischem Hintergrund untersucht. Dann und Humpert (1987) ermitteln bei 21 Lehrkräften zunächst zielspezifisches Herstellungswissen anhand von verbalen Schilderungen aggressionshaltiger Unterrichtssituationen (mittels eines psychometrischen Befragungsverfahrens). Später wird das Handeln der Lehrkräfte in vergleichbaren Situationen im realen Unterricht systematisch beobachtet und die Berichte der Lehrkräfte dazu erfasst (selbstberichtetes Handeln). Bei gleichwertiger Zielsetzung ergeben sich signifikante Zusammenhänge zwischen dem subjektiv-theoretischen Herstellungswissen und dem systematisch beobachteten Handeln (r=.65) und zwischen dem selbstberichteten und dem systematisch beobachteten Handeln (r=.57).

In einer weiteren Studie von Dann und Krause (1988) werden bei 19 Lehrkräften an Hauptschulen Subjektive Theorien über Störungssituationen im Unterricht auf der Ebene des Herstellungswissens mit einer unterrichtsnahen Interview- und Legetechnik (ILKHA, Krause & Dann, 1986) rekonstruiert und im Dialog-Konsens kommunikativ validiert. Auf dieser Basis werden Prognosen über konkrete Unterrichtshandlungen in zukünftigen Unterrichtssituationen erstellt. Die Zeitspanne zwischen Rekonstruktions- und Prüfphase beträgt eine bis vier Wochen. Die Prognosen werden nicht von Doppelgängern, sondern nach einem festgelegten Algorithmus (Zählregel) erstellt. In der Prüfphase wird das Lehrerhandeln sowohl aus der Sicht der Lehrkraft als auch aus der Sicht des Beobachters erfasst. Es werden verschiedene Konsistenzmaße zwischen Subjektiven Theorien und Handeln entwickelt und berechnet, die im Durchschnitt bei r=.67 und r=.75 liegen. Selbstberichtetes und systematisch beobachtetes Unterrichtshandeln kann mit Hilfe der Subjektiven Theorien weitaus häufiger richtiger vorhergesagt werden als aufgrund des Zufalls und bei Kenntnis der Auftretenswahrscheinlichkeit der einzelnen Handlungskategorien zu erwarten wäre.

Aggressionsbezogenes Unterrichtshandeln von Lehrkräften soll durch eine Veränderung ihrer aggressionsbezogenen Berufstheorie verbessert werden, Ziel des Projekts (mit seiner rund 10-jährigen Laufzeit) war die Entwicklung eines kognitiv orientierten Trainingsprogramms auf der Basis der Subjektiven Theorien (Konstanzer Trainingsmodell KTM, Tennstädt, Krause, Humpert & Dann, 1990-1996).

Eine neuere Studie zur Überprüfung der Handlungsleitung von Subjektiven Theorien über Argumentieren und unredliches Argumentieren bei 28 KommunalpolitikerInnen stellen Christmann und Groeben (1993) vor. In dieser Retrognosestudie wird geprüft, ob und in welchem Ausmaß das aus den Subjektiven Theorien (erhoben mit der Heidelberger Struktur-Lege-Technik, Scheele & Groeben, 1984) retrognostizierbare Handeln mit den beobachtbaren argumentativen Sprechhandlungen in einer experimentellen Prüfsituation (Streitgespräch) übereinstimmt, und zwar sowohl hinsichtlich des eigenen Argumentierens als auch hinsichtlich des Umgangs mit unredlichen Argumenten eines Gegenübers. Die Subjektiven Theorien über das eigene Argumentieren und über unredliches Argumentieren (Innenperspektive) und die Sprechhandlungen in der Prüfsituation des Streitgesprächs (Außenperspektive) werden inhaltsanalytisch kategorisiert und miteinander verglichen. Die Ergebnisse für den Bereich des eigenen Argumentierens zeigen, dass die Handlungsleitung der Subjektiven Theorien sehr unterschiedlich ist: Es gibt sowohl Personen mit positiver als auch solche mit negativer Handlungsleitung, insgesamt ist die Handlungsleitung aber tendenziell gegeben. Für den Bereich des Umgangs mit unredlichen Argumenten kann keine positive Handlungsleitung gesichert werden. Allerdings erlaubt die Aufsplitterung der Stichprobe in Teilgruppen von PolitikerInnen mit und ohne Abitur für den Umgang mit einzelnen unredlichen Argumenten die Identifikation spezifischer Problempunkte der Handlungsleitung (Christmann & Groeben, 1993, S. 1).

In einer Studie, bei der es um die multimethodale Evaluation des Fortbildungseffekts einer Balint-Gruppe von Ärzten geht (Köhle, Obliers, Koerfer, Faber, Kaerger & Mendler, 1995), werden Daten auf verschiedenen Ebenen erhoben: (patientenanaloge) Ratings des Patientenerlebens, Inhaltsanalysen von Arzt-Patienten-Gesprächen und Subjektive Theorien über das ärztliche Selbstkonzept (mittels der Heidelberger Struktur-Lege-Technik, Scheele & Groeben, 1984). Sechs Experten (langjährige Psychotherapeuten) retrognostizieren von zwei Subjektiven Theorien auf das inhaltsanalytische Profil des faktischen ärztlichen Gesprächsverhaltens und auf die patientenanalogen Ratings. Die Retrognosen der Experten sind vollständig richtig, so dass die Autoren (Köhle et al., 1995, S. 15) bei dieser ersten Überprüfung von einem überzufälligen Zusammenhang der drei Datenebenen (Datenebenen-Integration) sprechen und damit die Handlungsleitung der Subjektiven Theorien belegen.

Obliers (1995) geht in seiner Prognosestudie davon aus, dass subjektive Identitätskonstrukte einen stark generalisierenden Effekt auf verschiedene und künftige Lebens- und Handlungsbereiche haben. Er erfasst die subjektiven Identitätskonstruktionen von zwei Subjektiven Theoretikern (mittels einer abgewandelten Form der Heidelberger Struktur-Lege-Technik, Scheele & Groeben, 1984) in Form von Super-, Makro- und Mikro-Theorien. In zeitlichem Abstand zur Rekonstruktion der Subjektiven Theorien werden den Subjektiven Theoretikern potentiell-prospektive Lebenssituationen mit Handlungsentscheidungs-Alternativen in Form von sechs Kurzgeschichten (virtuelle Handlungssituationen) dargeboten, in denen sie eigene Prognosen für ihr (virtuelles) Handeln abgeben (Selbstprognose). 30 andere Personen stellen dazu Fremdprognosen, die Hälfte auf der Basis der Subjektiven Theorien über die Identitätsprojekte einschließlich der zugrundeliegenden protokollierten Interviewtexte, die andere Hälfte nur auf der Basis der Interviewtexte. Beide Gruppen der Fremdprognostiker müssen komplexe und schwierige Extrapolationen (Überbrücken von Informationslücken) aus den vorgegebenen Informationen (über die subjektiven Identitätsprojekte) auf neue, thematisch andere Bereiche (Handlungsszenarien in den Geschichten) leisten. Die These besagt, dass die explizite Kenntnis der Subjektiven Theorien für außenstehende Prognostiker eine bessere Prognose der infragestehenden Subjektiven

Theoretiker in verschiedenen Bereichen ermöglichen, als wenn diese Informationen in dieser Form nicht bekannt wären, d.h. nur die Interviewprotokolle vorliegen. Die Ergebnisse zeigen eine signifikant höhere Trefferquote (75,6% Treffer) bei der Gruppe, deren Prognosen zusätzlich auf den Subjektiven Theorien basieren gegenüber der Gruppe, die nur über die protokollierten Interviewtexte verfügen (57,4%) und deren Prognosen sich im Zufallsbereich bewegen (Obliers, 1995, S. 112).

Eine weitere neuere empirische Untersuchung zur explanativen Validierung von Subjektiven Theorien stellt Wagner (1995) vor, der bei 17 Patienten mit Pankreatitis deren Subjektive Theorien zum Einfluss von Kontrollüberzeugungen auf den Verlauf ihrer Krankheit (mittels der Heidelberger Struktur-Lege-Technik, Scheele & Groeben, 1984) erhebt. Die explanative Validierung (als eine Überprüfung von Teilaussagen der Subjektiven Theorien) geschieht gemäß eines Mehrebenenansatzes mittels verschiedener Datenquellen (medizinische Daten, Beurteilungen von Klinikärzten und Hausärzten, Ratings von Interviewern, die mit den Patienten ein Gespräch zu ihrer Lebenssituation und zur Krankheitsbewältigung durchführen, und verschiedene Fragebogen). Dabei können 16 der 17 Subjektiven Theorien als valide (i.S. der Handlungsleitung) beurteilt werden, bei einer Subjektiven Theorie wird ein Konzept („strikte Alkoholkarenz") falsifiziert.

Alle Befunde, die die Handlungswirksamkeit von Subjektiven Theorien belegen, deuten auch darauf hin, dass sich das Handeln aus Subjektiven Theorien nicht vollständig erklären lässt. Die Beziehungen zwischen Handeln und Subjektiven Theorien sind also nicht „gradlinig". In der Literatur (z.B. Dann, 1983) gibt es hierfür schon relativ früh Hinweise, die das Problem „Person-Umwelt-Interaktion" ansprechen. Dann (1983) verweist auf Verhaltensweisen (als Gegenpol zu Handlungen), denen keine zielgerichtete Regulation mehr zukommt, die also reaktiv sind, und auf den Teilbereich der Emotionen, damit sind subjektive Betroffenheiten, emotionale Belastungen und Entlastungen gemeint.

7 Konsistenzen und Inkonsistenzen zwischen Subjektiven Theorien und beobachtetem Unterrichtshandeln

Die bisherigen theoretischen Darlegungen lassen nun eine Zusammenführung im Hinblick auf die vorliegende Untersuchung zu: Innerhalb des Forschungsprogramms Subjektive Theorien mit seiner spezifischen Menschenbildannahme werden Subjektive Theorien der engen Variante über das Thema Gruppenunterricht mit einem ausgewählten Struktur-Lege-Verfahren im Dialog-Konsens erhoben und anschließend mit dem beobachteten Handeln in Gruppenunterrichtssequenzen verglichen, d.h. auf ihre Realitätsadäquanz überprüft.

Da von der Handlungswirksamkeit der Subjektiven Theorien ausgegangen wird, ist eine weitgehende Konsistenz zwischen dem Denken und Handeln der Lehrkräfte, d.h. zwischen den Subjektiven Theorien über Gruppenunterricht und dem beobachtbaren Handeln im Gruppenunterricht zu erwarten. Allerdings ist auch mit Inkonsistenzen zu rechnen, deren potentielle psychologische Gründe in Kap. 13 beschrieben werden. Die Voraussetzungen dafür, dass Konsistenzen und Inkonsistenzen zwischen Subjektiven Theorien und beobachtbarem Handeln identifiziert werden können, sind sehr viel günstiger, wenn die Subjektive Theorie auf einem möglichst konkreten Niveau (auf der Ebene des Herstellungswissens) rekonstruiert wird, das den unmittelbaren Vergleich zu den beobachtbaren Handlungen zulässt. Auch müssen bei dem Thema Gruppenunterricht zeitliche Verläufe darstellbar sein. Verschiedene Instrumente werden in Kap. 5 diskutiert, für unser Projekt wurde das Verfahren ILKHA (Interview- und Legetechnik zur Rekonstruktion kognitiver Handlungsstrukturen) weiterentwickelt und auf das Vorhaben abgestimmt (vgl. Kap. 9.2; Dann & Barth, 1995). Die ILKHA ist ein grafisches Verfahren auf einer sehr konkreten, handlungsbezogenen Ebene, das Entscheidungsbedingungen und davon abgeleitete eindeutige Handlungsalternativen abbildet, deren Ergebnisse wiederum die Grundlage für weitere Entscheidungen darstellen. Sie erfasst Herstellungswissen und enthält eine zeitliche Abfolge der Bedingungen und Handlungen. Damit ist ein Vergleich zwischen der Subjektiven Theorie und dem beobachtbaren Handeln direkt und unmittelbar möglich. Es können genau die Bedingungskonzepte, die Handlungskonzepte oder die Relationen identifiziert werden, bei denen Übereinstimmungen vorliegen, es können aber auch genau die Stellen identifiziert werden, bei denen Nicht-Übereinstimmungen auftreten. Die Inkonsistenzen zwischen Denken und Handeln sind psychologisch sehr interessant, sie werden in der Ergebnisdarstellung ausführlich behandelt.

Teil II. Darstellung des Projekts „Unterrichtskommunikation"

Diese Arbeit ist Teil des von 1992 bis 1999 von der DFG geförderten Projekts 'Unterrichtskommunikation: Zusammenhang zwischen Subjektiven Theorien von Lehrkräften und unterrichtlicher Kommunikation im Gruppenunterricht (Diegritz, Dann & Rosenbusch, 1991; Dann, Diegritz & Rosenbusch, 1995; Dann, Diegritz & Rosenbusch, 1999). Das Projekt ist interdisziplinär angelegt und berücksichtigt Fragestellungen aus den Bereichen Deutschdidaktik/Linguistik, Schulpädagogik und Psychologie. Lehrstühle und Kollegen der Hochschulorte Erlangen-Nürnberg, Bamberg und Heidelberg sind an dem Projekt beteiligt. Zunächst wird das forschungsleitende Interesse des Gesamtprojekts (Kap. 8) skizziert, dann werden das methodische Vorgehen und einige ausgewählte Ergebnisse dargestellt, und zwar getrennt für die beiden unterschiedlichen Perspektiven, unter denen das Projekt bearbeitet wird, der Außenperspektive (Kap. 9.1) und der Innenperspektive (Kap. 9.2). Zwischen der beobachteten Außenperspektive und der rekonstruierten Innenperspektive werden detaillierte Vergleiche durchgeführt (Kap. 10); dabei werden Außen- und Innensicht auf dem Hintergrund der konzeptuellen und methodologischen Vorüberlegungen weitgehend übereinstimmen, allerdings werden auch Nicht-Übereinstimmungen auftreten, die in Form von Abweichungen, Sprüngen oder Blindstellen (Kap. 11) an bestimmten, psychologisch interessanten Stellen beobachtet werden können. Eine Ableitung und Verortung der eigenen Fragestellung schließt diesen Teil II der Arbeit ab.

8 Ziele des Projekts

Neben offenen handlungsorientierten und fächerübergreifenden Unterrichtsformen wird dem traditionellen Gruppenunterricht (vgl. Kap. 2) besondere Bedeutung für die Vermittlung der gesellschaftlich geforderten Schlüsselqualifikationen wie Team- und Kooperationsfähigkeit, Eigenverantwortung und Kreativität zugestanden. In der schulpädagogischen Fachliteratur wie auch in der Ratgeberliteratur für Lehrkräfte wird Gruppenunterricht sehr positiv beurteilt (z.B. Greving, Meyer & Paradies, 1996; Gudjons, 1993a). Auch die empirische Forschung hat wiederholt günstige Auswirkungen des kooperativen Lernens auf die Leistungsergebnisse, aber auch auf soziale und affektive Merkmale bei SchülerInnen zumindest dann festgestellt, wenn bestimmte Bedingungen geschaffen werden (z. B. Slavin, 1995; Haag, 1998, S. 42). Dabei erweist sich Gruppenunterricht als eine sehr anspruchsvolle Form des schulischen Arbeitens, deren Schwierigkeiten oft verkannt oder verharmlost werden, was leicht zu Misserfolgen führen kann und den geringen Einsatz dieser Unterrichtsform in der Praxis zumindest teilweise erklärt.

Während die positiven Wirkungen des kooperativen Lernens im Rahmen des traditionellen Prozess-Produkt-Paradigmas relativ gut erforscht sind, sind die interaktiven Prozesse, die zu diesen Effekten führen, vergleichsweise weniger bekannt (z.B. McManus & Gettinger, 1996). Der pädagogische Sinn von Gruppenarbeit erschließt sich dadurch, dass er durchgeführt wird, d.h. im kommunikativen, sozialen Handeln der SchülerInnen, die sich mit den Unterrichtsinhalten und den Mitschülern eigenverantwortlich auseinandersetzen, ohne dass eine Lehrkraft den Prozess steuert. Deshalb werden bei diesem Forschungsvorhaben die Prozess- und Beziehungsaspekte des Gruppenunterrichts (im Gegensatz zu den Produkten) untersucht und aus zwei Perspektiven rekonstruiert:

- Die Außensicht: Was spielt sich beobachtbar zwischen Lehrkraft und SchülerInnen sowie zwischen den SchülerInnen untereinander in den Arbeitsgruppen im einzelnen ab?

- Die Innensicht der Lehrkräfte: Worin besteht die subjektive gedankliche Logik ihres Unterrichtshandelns im zeitlichen Ablauf?

Dazu werden in natürlichen Gruppenunterrichts-Situationen die beobachtbaren Prozesse differenziert erfasst und dokumentiert (Kap. 9.1, die 'Außensicht' des interaktiven Handelns) und die Sichtweise der Lehrkräfte über ihren Gruppenunterricht in Form von Subjektiven Theorien mit einem Dialog-Konsens-Verfahren rekonstruiert und dargestellt (Kap. 9.2, die 'Innensicht' der handelnden Lehrkräfte). Anschließend werden Außen- und Innensicht miteinander verglichen; unter forschungspraktischen Gesichtspunkten bedeutet das, dass Lehrer-Schüler- und Schüler-Schüler-Interaktionen sowie die mentalen Repräsentationen dieser Interaktionen bei den Lehrkräften im Mittelpunkt stehen.

9 Die Außen- und Innenperspektive des Gruppenunterrichts

Im 9. Kapitel wird die Vorgehensweise bei der Datenerhebung zur Außen- und Innenperspektive beschrieben. Dies ist Voraussetzung zum Verständnis des Vergleichs (Kap. 10), der auf den Basisdaten der Außen- und Innensicht aufbaut. Jedes Projektmitglied beteiligte sich an der Erfassung der Daten der Außen- und Innensicht, unabhängig davon, welche Art von Daten für die eigene Fragestellung benötigt wurden.

Jeweils am Ende der Beschreibung der Vorgehensweise werden einige ausgewählte Ergebnisse zur Außen- und Innensicht angeführt, teilweise um einen Eindruck über den Facettenreichtum des gesamten Projekts zu vermitteln, teilweise werden diese Ergebnisse auch später aufgegriffen.

9.1 Die Außenperspektive des Gruppenunterrichts

Ausführlich ist die Außensicht des Gruppenunterrichts bei Fürst (1996)[1], Fürst und Haag (1998)[2], Fürst (1999a; 1999b)[3] und Diegritz, Rosenbusch, Haag & Dann (1999) dokumentiert; dort werden auch die Begründungen und Operationalisierungen der Hypothesen zur Außensicht, die Darstellung der Datenerhebung und -aufbereitung und die Zusammenfassung und Diskussion der Ergebnisse geleistet. Hier sollen das Vorgehen und einige zentrale Ergebnisse überblicksartig dargestellt werden.

9.1.1 Die Methoden zur Erfassung der Außensicht

Die Außenperspektive stellt das Interaktionsgeschehen im Gruppenunterricht aus der Sicht externer Beobachter dar, wobei eine lehrerzentrierte und eine schülerzentrierte Außenperspektive unterschieden wird. Die lehrerorientierte Sichtweise basiert auf den Lehrerhandlungen (Arbeitsaufträge, Lehrerinterventionen und andere Lehrerverhaltensweisen), die schülerzentrierte Perspektive auf Schülerhandlungen und -merkmalen (z.B. Gruppenregeln und Gruppenstatus). Die grundlegenden Forschungsmethoden der Außensicht gehen auf die ursprünglich von Diegritz und Rosenbusch (1977) entwickelte „pragmatisch-dynamische Methodenkombination" (PDMK) zurück, wurden jedoch in der Zwischenzeit für projektspezifische Zwecke erheblich modifiziert (Diegritz, 1987a; 1987b; Diegritz & Rosenbusch,

---

[1] Reduzierter Datensatz mit 23 Gruppenunterrichts-Sequenzen
[2] vollständiger Datensatz mit 40 Gruppenunterrichts-Sequenzen bei doppelten Beobachtungsgruppen
[3] vollständiger Datensatz mit 40 Gruppenunterrichts-Sequenzen bei doppelten Beobachtungsgruppen

1995). Dabei werden die verbalen und nonverbalen (körpersprachlichen und paralinguistischen) Äußerungen der Interaktionspartner (SchülerInnen der Arbeitsgruppe und gegebenenfalls der Lehrkraft) auf der Basis von Videoaufzeichnungen und deren Transkription in Partiturschreibweise systematisch in aufeinander abgestimmten Analyseschritten als interaktives Handeln rekonstruiert. Im Verlauf des Forschungsvorhabens wurden weitere spezifische Forschungsinstrumente zur Bearbeitung der beiden Außenperspektiven entwickelt.

9.1.1.1 Vorgehensweise und Datenerhebung

Die zehn Lehrkräfte unterrichteten Hauptschulklassen der 5. oder 6. Jahrgangsstufen an städtischen oder ländlichen Schulen in Mittel- und Oberfranken. Die Unterrichtsaufzeichnungen fanden entweder in den entsprechenden Klassenzimmern (zumeist im Raum Nürnberg) oder in der Erziehungswissenschaftlichen Forschungs- und Dokumentationsanlage der Otto-Friedrich-Universität Bamberg (Klassen aus dem Raum Bamberg) statt. Der Unterricht wurde jeweils eine Woche audio-visuell aufgezeichnet und dauerte pro Tag etwa drei Stunden. Mit der Ausnahme der Bitte an die Lehrkräfte, ein- bis zweimal täglich Gruppenarbeit von 5 bis 15 Minuten Dauer in den soziokulturellen Fächern durchzuführen, wurde kein Einfluss auf das Unterrichtsgeschehen genommen. Durch die zeitliche Vorgabe für die Gruppenarbeit wird sichergestellt, dass der im normalen Schulalltag vorkommende traditionelle Gruppenunterricht untersucht wird, also ein Gruppenunterricht, der mit Vor- und Nachlauf und Auswertung innerhalb einer Unterrichtsstunde unterzubringen ist. Damit ist offener Unterricht oder Projektunterricht ausgeschlossen, in dem die SchülerInnen eventuell den ganzen Tag in Gruppen arbeiten; gleichzeitig werden die Sequenzen vergleichbarer und die Kapazität unserer Forschungsressourcen im Projekt nicht gesprengt. Eine Kamera war fest auf eine Schüler-Zielgruppe gerichtet (im Forschungsraum der Universität Bamberg wurden zwei Schülergruppen aufgenommen), die Gespräche wurden durch ein auf dem Tisch liegendes Grenzflächenmikrofon aufgezeichnet. Die Lehrkraft trug ein kleines Funkmikrofon und wurde von einer schwenkbaren Kamera von einem Kameramann gefilmt. Während der Aufnahmewoche wurde der Unterrichtsverlauf von einer Protokollantin schriftlich skizziert, die als nicht-teilnehmende Beobachterin hinten im Klassenzimmer fungierte. Ergänzt wurden die Aufzeichnungen noch durch ausführliche Interviews mit den Lehrkräften, mit den SchülerInnen der Beobachtungsgruppe sowie durch Lehrerinformationen über diese Gruppe. Bei den SchülerInnen der Untersuchungsklassen ließ schon im Lauf des ersten Tages das Interesse für die Aufnahmesituation nach, so dass sehr bald der Eindruck einer natürlichen Unterrichtssituation entstand. Um die Auswirkungen von Reaktivitätseffekten so gering als möglich zu halten, wurden die Aufnahmen des ersten Tages nicht in die Auswertungen einbezogen.

Für die Auswahl der Schülergruppe wurde die Lehrkraft befragt; es sollte eine durchschnittliche Gruppe, also keine zu gute oder keine zu schlechte Gruppe sein. Die Beobachtungsgruppe (in Bamberg waren es zwei solcher Gruppen) sollte aus jeweils vier SchülerInnen bestehen. Oft waren dies reine Jungen- oder Mädchengruppen, in wenigen Fällen handelte es sich auch um gemischte Gruppen. Bei der Auswahl der Lehrkräfte wurde auf die Kriterien Berufserfahrung (Dienstalter bis 3 Jahre versus mindestens sieben Jahre) und Geschlecht geachtet. Pro Lehrkraft wurden zwei bis fünf Gruppenunterrichts-Sequenzen zur wissenschaftlichen Bearbeitung ausgewählt. Die Auswahlkriterien stellten das Unterrichtsfach (soziokultureller Bereich) und die Ton- und Bildqualität der Aufnahme dar. Insgesamt wurden 38 Gruppenunterrichts-Sequenzen bei den zehn Lehrkräften ausgewählt; davon entfallen 31 Sequenzen auf das Unterrichtsfach Deutsch, drei Sequenzen auf Geschichte, zwei Sequenzen auf Erdkunde und zwei Sequenzen auf Biologie. Die durchschnittliche Dauer des Gruppenunterrichts beträgt 17:39 Minuten (zwischen 8:00 und 38:00 Minuten), die durchschnittliche Dauer der Gruppenarbeitsphase (ohne Arbeitsauftrags- und Auswertungsphase) 8:21 Minuten (zwischen 2:45 und 22:30 Minuten) (vgl. Tab. 9).

9.1.1.2 Datenaufbereitung

Ziel des Forschungsprojekts 'Unterrichtskommunikation' ist es, detaillierte Auskünfte über den prozessualen Verlauf von Gruppenunterricht und dessen Wirkungen zu erhalten. Dazu müssen zunächst die jeweiligen Prozessverläufe während des Gruppenunterrichts erfasst und die entsprechenden verbalen und nonverbalen Äußerungskomponenten dokumentiert, d.h. exakt verschriftlicht werden. Zur Verschriftlichung der audiovisuellen Aufnahmen wurde das HIAT-Transkriptionsverfahren von Ehlich und Rehbein (1976) auf die Untersuchungszwecke hin modifiziert (Diegritz, Fürst & Lehmann-Grube, 1993). Dessen Partiturschreibweise erlaubt eine übersichtliche Darstellung gleichzeitig ablaufender Geschehnisse (Transkriptionsbeispiel siehe Anhang B); simultan zu einer verbalen Äußerung können bis zu vier Zeilen mit nonverbalen Aktivitäten pro Person stehen (im Höchstfall könnte eine Partitur somit aus 25 simultanen Zeilen bestehen: vier SchülerInnen der Gruppe reden gleichzeitig, wenn die Lehrkraft an ihrem Tisch steht). Grundlage der Beobachtungs- und

Analysearbeiten sind die vorliegenden Transkripte, aber auch die Original-Videoaufzeich-nungen der Gruppenunterrichts-Sequenzen.

9.1.2 Ausgewählte Ergebnisse zur Außensicht

Tab. 1 gibt einen Überblick über einige Variablen der Außensicht, die nach den drei Phasen des Gruppenunterrichts (vgl. Kap. 2) und nach lehrer- und schülerzentrierter Außensicht geordnet sind:

Tab. 1: Ausgewählte Variablen auf Lehrer- und Schülerseite (in Anlehnung an: Haag, 1998, S. 139)

Phase	Variablen auf Lehrerseite	Variablen auf Schülerseite
Arbeitsauftrag	Präzision/Verständlichkeit (1)	
	Verständnissicherung (2)	
Gruppenarbeit	Lehrerinterventionen:	Ausmaß an Desorientierung
	Prozentualer Zeitanteil (3)	nach dem Arbeitsauftrag in
	Invasivität (4)	den Gruppen (10)
	Situationsbezug (5)	
	Umgangsqualität (6)	Intragruppenprozesse (11)
	Lenkung (7)	(Schülerprofilanalyse „SPA"):
		■ Inhaltliche Progression
		■ Beziehungsentwicklung
		■ Prozessregelung
		Arbeitsergebnisse (12)
Auswertung	Integration/Sicherung (8)	Aufmerksamkeit (13)
	Lenkung (9)	

In der Phase des Arbeitsauftrags wird auf der Lehrerseite der Arbeitsauftrag näher einge-schätzt, und zwar hinsichtlich seiner Präzision/Verständlichkeit und der erfolgten Verständ-nissicherung. In der Phase der Gruppenarbeit werden auf Lehrerseite die Interventionen der Lehrkräfte näher betrachtet, und zwar hinsichtlich ihres Anteils an der gesamten Gruppenar-beits-Zeit, ihrer Invasivität (Anteil der Lehrerinterventionen ohne Schüleraufforderung im Vergleich zu denen mit Schüleraufforderung), ihrem Situationsbezug (Orientierung am

Gruppengeschehen vor der Intervention und Aufgabenbezug während der Intervention) und hinsichtlich ihrer Lenkung. In der Auswertungsphase werden auf Lehrerseite die Integration (der Gruppenergebnisse durch die Lehrkraft), die Ergebnissicherung und die Lenkung der Ergebnisdarstellung durch die Lehrkraft eingeschätzt.

Auf der Schülerseite sind vier Variablen ausgewählt worden: Ganz zu Anfang der Gruppenarbeit wird das Ausmaß an Desorientierung in den Gruppen eingeschätzt. Zur Analyse des Intragruppengeschehens wird die im Projekt weiterentwickelte Schülerprofilanalyse (SPA) (Rosenbusch, 1994) eingesetzt, die jede Äußerung in einen inhaltlichen, einen beziehungsbestimmten und einen Prozessregelungsaspekt unterteilt. Schließlich werden die Arbeitsergebnisse und die Aufmerksamkeit in der Auswertungsphase eingeschätzt.

Nach der Konstruktion eines Kausalmodells, das die Beziehungen zwischen den Variablen zum Arbeitsauftrag, zu den Intragruppenprozessen, zu den Lehrerinterventionen und zur Auswertung spezifiziert, wurde eine Pfadanalyse gerechnet (vgl. Fürst & Haag, 1998).

Die Variable Präzision/Verständlichkeit besitzt den größten Anteil an der Varianzaufklärung der Arbeitsergebnisse. Durch präzise und verständliche Arbeitsaufträge kann die Desorientierung in den Gruppen und die Notwendigkeit von Lehrerinterventionen gering gehalten oder vermieden werden. Auch der Variablen Verständnissicherung kommt hohe Bedeutung zu: Prüft die Lehrkraft, ob der Arbeitsauftrag von den Gruppen verstanden wurde, kann sie damit Desorientierung vermeiden und die inhaltliche Progression fördern.

Insgesamt geht es bei den 40 Gruppenarbeiten[4] um 111 Lehrerinterventionen, die durchschnittlich 12% der gesamten Gruppenarbeitszeit (von 0% bis 29%) ausmachen. Grundsätzlich erweist es sich als eher ungünstig, wenn eine Lehrkraft zu häufig und zu lange interveniert. Niedriger Situationsbezug (eine niedrige Orientierung vor zusammen mit geringem Aufgabenbezug während der Intervention) führt zu einer Verschlechterung der inhaltlichen Progression.

Die Lehrkräfte zeigen eine große Varianz bei der Integration und Sicherung der Ergebnisse in der Auswertungsphase. Die SchülerInnen passen dann besser auf, wenn eine Integration und eine Sicherung der Ergebnisse erfolgt.

Für die Lehrerinterventionen wurden auch mikroanalytische Prozessanalysen (Qualitative Verlaufsanalyse „QVA") durchgeführt, für dessen spezifischen pädagogischen Kontext ein

---

[4] vollständiger Datensatz bei doppelten Beobachtungsgruppen

geeignetes Sprechaktinventar entwickelt wurde (Fürst, 1996). Die spezifischen linguistischen und deutschdidaktischen Ergebnisse sind in Fürst und Haag (1998) ausgewiesen. Spezielle Ergebnisse zur schülerorientierten Außensicht sind in Diegritz, Rosenbusch, Huber, Haag & Dann (1999) zu finden. Der in dieser Arbeit vorgenommene Vergleich zwischen Außen- und Innensicht stützt sich allerdings nicht auf diese Auswertungen, sondern verwendet die Rohdaten (Videoaufzeichnungen und Transkripte). Deshalb soll nun die Darstellung der Ergebnisse zur Außensicht abgeschlossen werden, denn es sollte lediglich ein Überblick über die dort geleisteten umfangreichen Arbeiten gegeben werden.

9.2 Die Innenperspektive des Gruppenunterrichts

In diesem Kapitel wird das Instrument zur Erfassung der Innensicht, das Struktur-Lege-Verfahren ILKHA (Interview- und Legetechnik zur Rekonstruktion kognitiver Handlungsstrukturen) näher beschrieben, schließlich werden einige zentrale Ergebnisse zur Innensicht überblicksartig dargestellt (ausführliche Ergebnisdarstellung bei Lehmann-Grube, 1998 und 1999 und bei Lehmann-Grube & Dann, 1999).

9.2.1 Das Instrument ILKHA: Interview- und Legetechnik zur Rekonstruktion kognitiver Handlungsstrukturen

Die Innenperspektive stellt die Kognitionen über den Gruppenunterricht aus der Sicht der handelnden Lehrkraft dar. Die Innenperspektive wird mit Hilfe der „Interview- und Legetechnik zur Rekonstruktion kognitiver Handlungsstrukturen" (ILKHA) (Dann & Barth, 1995) rekonstruiert; dieses Verfahren wurde ursprünglich von Dann und Krause im Kontext eines Forschungsprojekts über Aggressions- und Störungssituationen im Unterricht entwickelt (Dann, 1990; 1992; Dann & Krause, 1988; Krause, 1986; Krause & Dann, 1986) und für das Projekt 'Unterrichtskommunikation' modifiziert. Dieses dialog-hermeneutische Struktur-Lege-Verfahren wurde in Kapitel 5.7 genannt, an dieser Stelle folgt die ausführliche Beschreibung. Mit der ILKHA werden Subjektive Theorien von Lehrkräften über ihr eigenes Handeln rekonstruiert, wobei die Rekonstruktion post-aktional, d.h. nach den realen Handlungssituationen erfolgt. „Im einzelnen soll erfasst werden, welche Handlungen bzw. welche Handlungsschritte dem Akteur zur Verfügung stehen, welche Ziele er damit verfolgt, von welchen Entscheidungsbedingungen er die Handlungs(teil)schritte abhängig macht, welche Ergebnisse und Folgen seines Handelns er berücksichtigt und wie diese Konzepte miteinander verknüpft sind" (Dann, 1992, S. 23).

9.2.1.1 Vorgehensweise und Datenerhebung

Insgesamt wurden mit dem Verfahren ILKHA die Subjektiven Theorien von 16 Lehrkräften über ihren Gruppenunterricht erhoben; darunter waren die zehn Lehrkräfte, deren Unterricht für die Außensicht audiovisuell aufgezeichnet wurde und sechs weitere Lehrkräfte, die in bezug auf Berufserfahrung, Geschlechtszugehörigkeit und die unterrichtete Jahrgangsstufe nach den gleichen Kriterien ausgewählt wurden. Bei den zehn Lehrkräften, bei denen die Außen- und Innenperspektive erhoben wurde, erfolgte die Rekonstruktion der Subjektiven Theorie grundsätzlich nach der Aufnahmewoche, in der Regel in der Woche danach. Zur Rekonstruktion der Subjektiven Theorie beobachtete der/die UntersucherIn an 4-5 Tagen hintereinander (aus organisatorischen Gründen teilweise auch mit Unterbrechungen) jeweils den Unterricht der betreffenden Lehrkraft in deren Klassenzimmer; dabei wurde jeden Tag mindestens einmal Gruppenunterricht praktiziert, der anschließend Thema des Interviews (Gesprächsleitfaden zum Thema Gruppenunterricht siehe Anhang C) war und in die Struktur übergeführt wurde. Im Durchschnitt betrug der Zeitaufwand für die Rekonstruktion einer Subjektiven Theorie für die Lehrkräfte nach ihrem Unterricht (für Interview und Strukturlegen) insgesamt 6½ Stunden. Der Ablauf jeder Erhebung wurde in Form von Protokollen (pro Unterrichtsstunde) und einer zusammenfassenden Beurteilung des Rekonstruktionsprozesses festgehalten. Die Interviews im Anschluss an den Unterricht wurden zum überwiegenden Teil auf Tonband aufgenommen und bildeten die Grundlage für die Arbeit von v.Hanffstengel (1997). Wie bei der Erhebung der Außensicht wurden die Lehrkräfte gebeten, in den soziokulturellen Fächern pro Stunde eine Gruppenarbeitsphase von 5 bis 15 Minuten Dauer einzuplanen. Das forschungsmethodische Vorgehen besteht im Durchlaufen folgender drei Schritte an jedem Untersuchungstag (Dann & Barth, 1995):

1. Aufsuchen der Handlungssituation: Zunächst besucht der/die UntersucherIn den Unterricht, in dem die Lehrkraft nach Absprache Gruppenunterricht einsetzt. Während der Beobachtung wird der Verlauf des Unterrichts in einem Beobachtungsprotokoll festgehalten, in dem besonders die Einleitung des Gruppenunterrichts und die nachfolgenden Interaktionssequenzen zwischen der Lehrkraft und den SchülerInnen bzw. den Gruppen notiert werden.

2. Interview: Im Anschluss an den Unterricht werden mit Hilfe eines Leitfaden-gestützten Interviews die während des Gruppenunterrichts aufgetretenen Kognitionen, Emotionen und Motivationen der Lehrkraft möglichst vollständig erfasst und von nachträglichen Ge-

danken abgegrenzt. Anschließend wird eine Verallgemeinerung auf Situationen dieses Typs insgesamt vorgenommen. Es interessiert, wie sich aus der Sicht der Lehrkräfte der prozessuale Ablauf ihres Gruppenunterrichts im einzelnen vollzieht, d.h. auf welche Aspekte der Situation sie dabei besonders achten, welche Gefühle sie damit verbinden, welche Ziele sie damit kurz- oder längerfristig bei den SchülerInnen anstreben und auf welche Prinzipien sie in ihrer Praxis besonderen Wert legen. Die Ergebnisse dieses Interviews werden nicht inhaltsanalytisch ausgewertet, sondern auf farbigen Kärtchen notiert und unmittelbar für den nächsten Schritt verwendet.

3. Strukturlegen: Die Kärtchen mit den Konzepten werden durch ein Struktur-Lege-Verfahren unter Verwendung eines nominalen Regelsystems verknüpft. Die Rekonstruktion der Subjektiven Theorie wird von UntersucherIn und Lehrkraft mit Hilfe der Legetechnik gemeinsam durchgeführt. Dabei geht es darum, die für die jeweiligen Situationsklassen möglichen Handlungsklassen in ihrem zeitlichen Verlauf darzustellen. Zu diesem Zweck werden sowohl die subjektiv wahrgenommenen Entscheidungsbedingungen als auch die damit verknüpften Handlungen der Lehrkraft mit zugehörigen Handlungszielen und kognizierten Handlungsergebnissen bzw. -folgen rekonstruiert. Die dabei verwendete grafische Struktur-Lege-Technik erlaubt eine Abbildung der formalen Relationen zwischen den inhaltlichen Konzepten.

Dieses dreischrittige Verfahren wird an jedem Tag durchlaufen und dabei wird überprüft, ob die aktuelle Variante des Gruppenunterrichts bereits in der Struktur enthalten ist oder ob sie noch eingearbeitet werden muss. Dies geschieht so oft, bis Lehrkraft und UntersucherIn mit dem erarbeiteten Produkt zufrieden sind (kommunikative Validierung über Dialog-Konsens, vgl. Kap. 4.4). Die Abfolge Handlungssituation - Interview - Strukturlegen wird bei jedem Termin erneut durchlaufen, wobei das Interview fortschreitend auf die zentralen Kernfragen verkürzt werden kann und sich das Strukturlegen zunehmend auf die Prüfung beschränkt, ob der Verlauf der neu beobachteten Handlungssituation schon in der bisherigen Struktur enthalten ist oder ob sie ergänzt werden muss. Das Vorgehen wird von Dann und Barth (1995) - in Anlehnung an Scheele und Groeben (1988a, S. 29ff) - als Kombination von 'harter' und 'weicher' Methodik bezeichnet. Mit 'harter' Methodik ist gemeint, dass auf der Sachebene präzise nachgefragt und insistiert wird, auf Widersprüche aufmerksam gemacht wird, alternative Sichtweisen aufgezeigt werden, usw.. „Dies ist nur möglich, wenn eine vertrauensvolle und akzeptierende Gesprächsatmosphäre auf der Beziehungsebene geschaffen werden kann. Herzstück der dafür erforderlichen 'weichen' Methodik ist die Metakommunikation" (Dann & Barth, 1995, S. 41), d.h. das explizite Ansprechen folgender Punkte: Sinn, Ziel und mögliche persönliche Bedeutung der gesamten Untersuchung; Rollenverteilung zwischen UntersucherIn und Lehrkraft; Belastungsmomente, die durch die 'harte' Methodik und die zeitliche Inanspruchnahme entstehen können.

In der Arbeit von v.Hanffstengel (1997) wird u.a. überprüft, wie die Gesprächssituation tatsächlich aussieht und welche Auswirkungen die Gesprächssituation auf das Rekonstruktionsprodukt hat.

9.2.1.2 Datenaufbereitung

Die grafische Gestaltung der Subjektiven Theorien sieht drei Bestandteile vor:

1. Entscheidungsbedingungen: Sie stehen vor jeder Handlung. Dabei gibt es zwei Möglichkeiten: Eine bestimmte Bedingung ist vorhanden oder nicht (z.B. „Arbeitsruhe? - ja/nein") oder zwei oder mehrere Bedingungen liegen alternativ vor (z.B. „Keine Gruppe ist fertig/einige Gruppen sind fertig/alle Gruppen sind fertig"). Für eine Handlung können eine oder mehrere Entscheidungsbedingungen ausschlaggebend sein, was dann durch hintereinandergeschaltete Bedingungskärtchen dargestellt ist.

2. Handlungen: Jede Handlung folgt auf eine oder mehrere Entscheidungsbedingungen. Die Handlung wird genau bezeichnet, ggf. wird das Handlungsziel deutlich gemacht und/oder konkrete Beispiele oder Manifestationen für diese Art von Handlung aufgeführt. Mehrere Handlungen können hintereinander angeordnet werden.

3. Relationen: Ein Pfeil zwischen einer Entscheidungsbedingung und einer Handlung bedeutet: „Daraufhin tue ich folgendes". Ein Pfeil zwischen einer Handlung und einem Handlungsergebnis bzw. einer Handlungsfolge bedeutet: „Daraufhin tritt folgendes ein".

Während die Subjektive Theorie rekonstruiert wird, wird sie ständig verändert und ergänzt. Diese Veränderbarkeit ist dadurch gewährleistet, dass die Konzepte auf farbige Kartonkarten (rosa für Entscheidungsbedingungen, blau für Handlungen, weiß für Relationen) geschrieben werden, die mittels Stecknadeln auf einer großen Styroporplatte aufgesteckt und verschoben werden können. Nachdem die Subjektive Theorie im Dialog-Konsens als fertig bezeichnet worden ist, wird sie mittels PC-Software in eine einheitliche grafische Darstellungsform gebracht (Beispiele dreier Subjektiver Theorien siehe Anhang A). Die Struktur gibt wider, wie eine Lehrkraft ihr eigenes Handeln und dessen Bedingungen im zeitlichen Verlauf einer Gruppenunterrichts-Sequenz sieht. Die alternativ aufgeführten Konzepte

77

repräsentieren unterschiedliche Ablaufvarianten, so dass sich jede konkret auftretende Gruppenunterrichts-Sequenz einem bestimmten Weg durch die Struktur zuordnen lässt.

9.2.2 Ausgewählte Ergebnisse zur Innensicht

Die Innenperspektive wurde hinsichtlich formaler und inhaltlicher Kriterien ausgewertet (Lehmann-Grube, 1998; 1999; Lehmann-Grube & Dann, 1999). Auf formaler Ebene wurde eine Vielzahl von Maßen aufgrund verschiedener Algorithmen rein explorativ entwickelt, von denen einige hier beschrieben werden: Die Anzahl der Konzepte pro Subjektiver Theorie (Variable AKI) stellt ein Globalmaß für die inhaltliche Komplexität des Wissens dar, die Anzahl der Spalten pro Subjektiver Theorie (ASI) repräsentiert die Gliederung der Struktur in Bedingungs-Handlungs-Sequenzen. Schließlich wird die durchschnittliche Anzahl der Bedingungen in Reihe vor einer Handlung (DBR) und die durchschnittliche Anzahl der parallelen Pfade (DPP), die die Verzweigtheit der Struktur repräsentiert, festgestellt. Aus einigen dieser Maße wurden Quotienten gebildet, die zwei aussagekräftigsten bezeichnen folgendes: Quotient 1 (DBR/ASI) drückt die Differenziertheit der Entscheidungsbedingungen in der Auswahl von Handlungsmöglichkeiten aus. Der Wert zeigt, wie viele Bedingungen eine Lehrkraft zu einem komplexen Gefüge zusammenfasst, bevor sie eine Handlung ausführt. Quotient 2 (DPP/ASI) drückt die Organisation der Gesamtstruktur aus und meint die Anzahl der alternativen Varianten des Verlaufs, die eine Lehrkraft gleichzeitig im Kopf hat.

Auf der inhaltlichen Ebene werden in einer aufwendigen Prozedur (Lehmann-Grube, 1999) einerseits die Inhalte der Subjektiven Theorien und andererseits die Aussagen der pädagogischen Fach- und Ratgeberliteratur zu drei Grundtypen Sozialer Repräsentationen des Gruppenunterrichts abstrahiert. Soziale Repräsentationen (vgl. Lehmann-Grube, 1998; 1999) stellen überindividuelle Wissenssysteme dar, die in unterschiedlicher Weise in Subjektive Theorien einfließen können. Als organisierende Prinzipien prägen sie die Bewältigung einzelner Anforderungen bei der Unterrichtsdurchführung. Sie charakterisieren den von der Lehrkraft gesetzten Rahmen und das Interaktionsverhältnis zwischen Lehrkraft und SchülerInnen für einige der zahlreichen Situationen und Schritte im Ablauf von Gruppenunterricht.

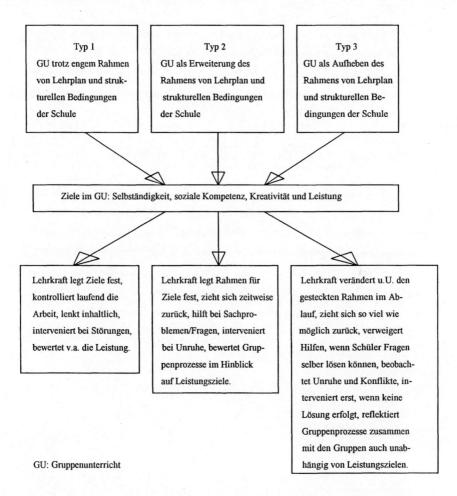

Typ 1	Typ 2	Typ 3
GU trotz engem Rahmen von Lehrplan und strukturellen Bedingungen der Schule	GU als Erweiterung des Rahmens von Lehrplan und strukturellen Bedingungen der Schule	GU als Aufheben des Rahmens von Lehrplan und strukturellen Bedingungen der Schule

Ziele im GU: Selbständigkeit, soziale Kompetenz, Kreativität und Leistung

Lehrkraft legt Ziele fest, kontrolliert laufend die Arbeit, lenkt inhaltlich, interveniert bei Störungen, bewertet v.a. die Leistung.	Lehrkraft legt Rahmen für Ziele fest, zieht sich zeitweise zurück, hilft bei Sachproblemen/Fragen, interveniert bei Unruhe, bewertet Gruppenprozesse im Hinblick auf Leistungsziele.	Lehrkraft verändert u.U. den gesteckten Rahmen im Ablauf, zieht sich so viel wie möglich zurück, verweigert Hilfen, wenn Schüler Fragen selber lösen können, beobachtet Unruhe und Konflikte, interveniert erst, wenn keine Lösung erfolgt, reflektiert Gruppenprozesse zusammen mit den Gruppen auch unabhängig von Leistungszielen.

GU: Gruppenunterricht

Abb. 5: Typen sozialer Repräsentationen des Gruppenunterrichts (aus Lehmann-Grube, 1998, S. 177)

Im ersten Typ bleibt die Lehrkraft ihrer Rolle als wissende Autorität, die kontrollieren und steuern muss, verhaftet. Im zweiten Typ löst sich die Lehrkraft von ihrer Rolle als WissensvermittlerIn und steht für Beratung und Hilfe zur Verfügung. Im dritten Typ verlässt die Lehrkraft phasenweise ihre Rolle als WissensvermittlerIn, verweigert Hilfe, wenn die SchülerInnen selbst Lösungen finden können, verändert sogar ihren Plan, wenn die Eigendynamik der SchülerInnen dies nahe legt. Inhaltsanalytisch wird jede Subjektive Theorie daraufhin ausgewertet, inwieweit sie einzelne Elemente der drei Typen enthält und schließlich werden die Subjektiven Theorien einem Typ (oder einem Mischtyp) zugeordnet.

Tab. 2: Zuordnung der Lehrkräfte[5] zu den Typen sozialer Repräsentationen (in Anlehnung an Lehmann-Grube, 1998, S. 189)

	Typ 1	Typ 1 / 2	Typ 1 / 2	Typ 2	Typ 2 / 3
Lehrkraft[6]	03	02, 07, 09	06, 08	05	10, 12, 14

Keine der Subjektiven Theorien[7] konnte Typ 3 zugeordnet werden, allerdings trug die Vorgabe (es sollte zeitlich begrenzter, traditioneller Gruppenunterricht gezeigt werden) wahrscheinlich in nicht unerheblichem Maß zu diesem Ergebnis bei. Die detaillierten Ergebnisse zu den formalen und inhaltlichen Aspekten der Innensicht sind in den Arbeiten von Lehmann-Grube (1998; 1999; Lehmann-Grube & Dann, 1999) nachzulesen, auch nur eine überblicksartige Beschreibung würde den Rahmen dieser Arbeit sprengen. Auf die drei Typen sozialer Repräsentationen wird jedoch in Kap. 18.3 Bezug genommen, deshalb sind sie näher vorgestellt worden.

---

[5] nur die zehn Lehrkräfte, bei denen Außen- und Innensicht erhoben wurde
[6] projektinterne Verschlüsselung der Lehrkräfte
[7] damit sind alle 16 erhobenen Theorien gemeint

10 Der Vergleich von Außen- und Innenperspektive

In diesem Kapitel wird zuerst detailliert beschrieben, wie der Vergleich zwischen Außen- und Innenperspektive in unserem Projekt durchgeführt wurde. Die in Teil III referierten empirischen Ergebnisse basieren auf diesem Vergleich. Schließlich werden die Ergebnisse von zwei anderen Arbeiten im Rahmen unseres Projekts überblicksartig dargestellt, die sich ebenfalls mit dem Vergleich zwischen Außen- und Innenperspektive beschäftigen.

10.1 Der Ablauf des Vergleichs

Die Basisdaten für den Vergleich stellen die Subjektiven Theorien über Gruppenunterricht von zehn Lehrkräften (Innensicht-Daten) und 38 aufgezeichnete und transkribierte Gruppenunterrichtssequenzen[1] (Außensicht-Daten) dar. Pro Lehrkraft existieren zwei bis fünf Unterrichtssequenzen, in der Regel vier Sequenzen pro Lehrkraft. Die Innensicht der Lehrkräfte über ihren Gruppenunterricht wird nun systematisch mit der Außensicht aus der Perspektive der WissenschaftlerInnen konfrontiert, d.h. jede der 38 Gruppenunterrichtssequenzen wird einem Vergleich mit der dazugehörenden Subjektiven Struktur unterzogen. Um Einseitigkeiten bei der Beurteilung zu reduzieren, wurde dies im Zweierteam[2] durchgeführt. Die differenzierte Vorgehensweise wurde in einem internen Papier festgelegt (Dann, 1994a; siehe auch Anhang D):

a. Bestimmung des Pfads in der Subjektiven Theoriestruktur: Zunächst wird für jede Gruppenunterrichtssequenz der Pfad in der dazugehörenden Struktur ermittelt, das ist der Weg in Form eines Linienzugs, den die Lehrkraft in dieser Sequenz durch ihre Struktur geht (siehe Abb. 6-8). Diesen Schritt vollziehen die beiden Teammitglieder zunächst getrennt und unabhängig voneinander. Dazu werden sowohl das Transkript als auch die Videoaufzeichnungen herangezogen. Dabei werden bestimmte Strecken des Pfads eindeutig zu bestimmen sein, andere Stellen, bei denen sich ein Teammitglied über den tatsächlichen Verlauf des Pfads unsicher ist, werden gesondert notiert. Zweifelsfälle, wo der Pfad der beobachteten Sequenz in der Struktur im einzelnen verläuft, liegen dann vor, wenn entweder beide Teammitglieder zu einem unterschiedlichen Ergebnis kommen oder

---

[1] Die Anzahl von 38 Gruppenunterrichtssequenzen ergibt sich im Gegensatz zu anderen Angaben der Außensicht dadurch, dass hier jede Sequenz nur einmal gezählt wird.
[2] Eine Beurteilerin bei allen 38 Vergleichen war die Autorin, die zweite Beurteilerin wechselte, wobei es sich um die Verfasserinnen von Zulassungsarbeiten, um wissenschaftliche Hilfskräfte oder um eine andere Projektmitarbeiterin handelte.

beide Teammitglieder zwar zum selben Ergebnis kommen, sich bei ihrer Entscheidung jedoch unsicher sind. Die Teammitglieder versuchen gemeinsam, solche Zweifelsfälle mit Hilfe einer „Qualitativen Verlaufsanalyse" (Teil der „pragmatisch-dynamischen Methodenkombination" PDMK, vgl. Kap. 9.1; Diegritz & Rosenbusch, 1995) der betreffenden Transkriptstelle zu klären. Ist die entsprechende Stelle nicht im Transkript enthalten, sondern nur auf den Videoaufzeichnungen des Lehrers, entfällt dieser Schritt. Falls die „Qualitative Verlaufsanalyse" keine Klärung herbeiführen kann oder nicht möglich ist, wird eine dritte, mit dem Projekt vertraute Person hinzugezogen, die nach Würdigung aller Fakten und nach Anhörung aller Argumente die Entscheidung fällt (reduziertes Richtermodell).

b. Detail-Vergleich zwischen Subjektiver Theoriestruktur und beobachtetem Ablauf: Auch die weiteren Prüfschritte vollziehen beide Teammitglieder zunächst getrennt und unabhängig voneinander. Alle Handlungen und Entscheidungsbedingungen (d.h. jede einzelne Karte des vorher bestimmten Pfades) werden der Reihe nach geprüft: Stimmt die beobachtbar eingetretene Entscheidungsbedingung/Handlung mit der im Pfad vorgesehenen überein oder weicht sie mehr oder weniger davon ab? Dabei können Übereinstimmungen, aber auch partielle und sogar vollständige Abweichungen registriert werden. Als weitere Nicht-Übereinstimmungen kristallisierten sich im Verlauf der empirischen Arbeit sog. „Sprünge" und „Blindstellen" heraus (Erklärung in Kap. 11). Auch bei diesen Überprüfungsschritten können Zweifelsfälle auftreten, die durch abweichende Ergebnisse der beiden Teammitglieder oder Unsicherheiten bei der Entscheidung gekennzeichnet sind. In Zweifelsfällen wird folgendermaßen verfahren: Bei Zweifelsfällen, die sich auf verschiedene Grade der Übereinstimmung beziehen, wird an dieser Stelle eine Rollenverteilung zwischen den Teammitgliedern vorgenommen. Die eine Person vertritt die Position der Lehrkraft (und sucht Argumente für eine höhere Übereinstimmung), die andere vertritt die Gegenposition (und argumentiert für geringere Übereinstimmung). Oft lösen sich die Zweifelsfälle schon in diesem Stadium auf, d.h. es kommt in der Regel zu einer Einigung, da eines der beiden Teammitglieder den anderen durch ein Argument überzeugen kann, das der andere bisher nicht so gesehen hat. Ein weiterer Schritt zur Behebung von Zweifelsfällen liegt darin, dass diejenige Person, die die Subjektive Theorie erhoben hat, die Lehrkraft zu den strittigen Stellen bezüglich Sprach- und Begriffsverwendungsweisen (Belegung mit Beispielen und Gegenbeispielen) und/oder Abstraktions- bzw. Subsumtionsstrukturen (Abgrenzung zu Nachbarbegriffen) befragt. Bei diesem Vorgehen entscheidet nicht die Meinung der Lehrkraft (sie wird im Gespräch zu höherer Übereinstimmung tendieren), es werden hier lediglich Informationen bezüglich ihrer Sichtweise eingeholt, um mögliche Missverständnisse über Einzelheiten der Struktur oder über konkrete Handlungen auszuschließen. Die Entscheidung treffen, da es sich um die explanative Validierungsphase handelt, die Teammitglieder. In einem dritten Stadium wird - falls die entsprechende Stelle im Transkript enthalten ist - in den Zweifelsfällen eine „Qualitative Verlaufsanalyse" (vgl. Kap. 9.1; Diegritz & Rosenbusch, 1995) durchgeführt. Damit wird die Außenperspektive voll ausgeschöpft, um aufgrund dieser Analyse die Entscheidung herbeizuführen. Falls dies nicht gelingt bzw. möglich ist, wird als letzter Schritt ein „Richter" eingeschaltet: Ein drittes Projektmitglied fällt unter Würdigung aller Fakten und nach Anhörung aller Argumente die Entscheidung.

Wie sah nun die tatsächliche praktische Vergleichsarbeit aus und welche Schwierigkeiten gab es?

Aus Gründen der Kontinuität wirkte die Verfasserin bei allen 38 Vergleichen mit. Dies hat den Vorteil, dass die Erfahrungen vom ersten bis zum letzten Vergleich von einer Person beurteilt und eingeschätzt werden können.

Zunächst ist festzustellen, dass es nicht schwierig war, mit immer wieder wechselnden Personen zusammen zu arbeiten. Die Logik der Vorgehensweise war sehr schnell zu vermitteln: durch die verständliche Anleitung (siehe Anhang D), die in mehreren Versionen ständig weiter entwickelt wurde und den Ausschnitt eines Beispiels (wie Kap. 14.3).

In der Anleitung (Anhang D, S. 2) ist auch ein Vergleich zwischen den Durchführungsprinzipien und den Erziehungszielen mit dem beobachtbaren Handeln vorgesehen. Allerdings wird dort schon die Einschränkung formuliert, dass die Ziele und Prinzipien in der Unterrichtssequenz realisierbar sein müssen, wenn sie längerfristiger Natur sind, unterbleibt dieser Prüfschritt. Schon aus diesem Grund konnten nur wenige Ziele und Prinzipien in den Vergleich einbezogen werden. Zusätzlich stellte sich heraus, dass die Ziele und Prinzipien sehr abstrakt formuliert waren im Gegensatz zu den konkreten, spezifischen Entscheidungsbedingungen oder Handlungen (Prinzip der Kompatibilität nach Ajzen & Fishbein, 1977; vgl. Kap. 1.2.3): Die Spezifitätsebenen waren zu unterschiedlich für einen sinnvollen Vergleich. Nun allerdings auf die Erhebung der Ziele und Prinzipien (Gesprächsleitfaden, Anhang C) ganz zu verzichten, hieße das Kind mit dem Bade ausschütten, denn deren Kenntnis kann eine wichtige Entscheidungshilfe bei anderen Sachverhalten des Vergleichs darstellen.

Bei der Bestimmung des Pfads in Form eines „Linienzuges" traten keine Zweifelsfälle auf, mit denen wie in der in Punkt a. geschilderten Weise umgegangen wurde. Ein Mal gab es zwar Unsicherheiten beider Teammitglieder, worauf beide Beurteiler unabhängig voneinander und sofort intuitiv in die Detailanalyse (wie Punkt b.) einstiegen und der Fall dann auf dieser Ebene angegangen wurde. Nach dieser Erfahrung erscheint es fraglich, ob die Vorgehensweise bei Zweifelsfällen des Pfades und bei unterschiedlichen Urteilen der Detailanalyse so getrennt machbar ist, denn auch bei Zweifelsfällen des Pfades muss auf der Ebene der betreffenden Karten detailliert argumentiert und analysiert werden (Punkt b.). Die Bestimmung des Pfades als „Linienzug" sollte jedoch als unabhängiger Schritt vor der Detailanalyse durchgeführt werden.

Wie lief die Einigung bei den 38 Vergleichen ab?

Bei insgesamt 1928 zu beurteilenden Konzepten der Detailanalyse kam es bei 70 unterschiedlichen Urteilen meist schon im Gespräch des Zweierteams mit verteilten Rollen zu einer Einigung. In zwei Fällen führte die „Qualitative Verlaufsanalyse" zur Einigung, in vier Fällen mussten fehlende Informationen durch eine Befragung der Lehrkraft eingeholt werden und in einem Fall wurden die unterschiedlichen Argumente einem dritten Projektmitglied vorgetragen, so dass dieser „Schiedsrichter" eine Entscheidung fällte.

10.2 Innere Konflikte und erfolgreiche Lehrkräfte

Außer der vorliegenden Arbeit basieren zwei weitere Arbeiten des Projekts 'Unterrichtskommunikation' auf dem Vergleich zwischen Außen- und Innenperspektive. v.Hanffstengel (1997) zieht die Konstrukte der selbstimperierten Sollvorstellung und der Imperativverletzungskonflikte (vgl. Wagner, 1993) zur Erklärung der Diskrepanzen zwischen Außen- und Innensicht in Betracht, Haag (1998) untersucht die Qualität des Gruppenunterrichts im Lehrerhandeln und Lehrerwissen näher. Die wichtigsten Ergebnisse dieser beiden Arbeiten werden hier kurz zusammengefasst, wobei die Ergebnisse v.Hanffstengels (1997) von grundsätzlicher Bedeutung sind, die Ergebnisse von Haag (1998) in der inhaltlichen Auswertung in Kapitel 18.4 wieder aufgegriffen werden.

10.2.1 Innere Konflikte als Erklärung für Inkonsistenzen zwischen Denken und Handeln?

Die Arbeit von v.Hanffstengel (1997) geht von der Annahme aus, dass die Nicht-Übereinstimmungen zwischen beobachtbarem Handeln und Subjektiven Theorien eine Folge innerer

Konflikte sind, die auf eine Verletzung gültiger subjektiver Sollvorstellungen („Imperativverletzungskonflikte", vgl. Wagner, 1993; Wagner und Mitarbeiter, 1977; 1980; 1981; 1984) zurückgehen. Dabei sind zwei Möglichkeiten denkbar: Die Imperativverletzungskonflikte können in den beobachteten Unterrichtssituationen auftreten und die Lehrkräfte daran hindern, entsprechend ihren Subjektiven Theorien zu agieren oder die Imperativverletzungskonflikte können bei der Erhebung der Subjektiven Theorie auftreten und so zu einer fehlerbehafteten Rekonstruktion der Subjektiven Theorie führen. Die Untersuchung baut direkt auf der Vergleichsarbeit auf, die im Rahmen der vorliegenden Arbeit geleistet wurde, nämlich auf den Stellen, bei denen eine Diskrepanz zwischen Außen- und Innensicht identifiziert wurde.

10.2.1.1 Imperativverletzungskonflikte im Gruppenunterricht
Die zehn Lehrkräfte wurden noch einmal für das imperativzentrierte Interview aufgesucht. In diesen Interviews wurden den Lehrkräften Videoaufzeichnungen ihres Gruppenunterrichts vorgespielt. Es handelte sich dabei um ausgewählte Stellen, bei denen das Handeln der Lehrkräfte nicht mit ihren Subjektiven Theorien übereinstimmte und um ebenso viele Kontrollstellen, bei denen die Lehrkräfte entsprechend ihren Subjektiven Theorien handelten. Die Tonbandprotokolle dieser Interviews wurden anhand sprachlicher Indikatoren von zwei Auswerterinnen auf das Vorliegen von Imperativen, Imperativverletzungskonflikten und Konfliktumgehungsstrategien ausgewertet.
Die Lehrkräfte sind tatsächlich in erheblichem Ausmaß durch Imperativverletzungskonflikt belastet. Bei etwa der Hälfte der Unterrichtssituationen war dies der Fall, wobei pro Situation oft mehr als ein Konflikt geschildert wurde (im Durchschnitt 1,5 Konflikte pro Situation). Pro Lehrkraft wurde ein Maß für die Konfliktbehaftetheit errechnet (v.Hanffstengel, 1997, S. 86), außerdem für die Belastetheit mit einzelnen Konfliktarten (Belastetheit mit Realitätskonflikten, Möglichkeitskonflikten und Imperativ-Imperativ-Konflikten). Die Grundhypothese, die einen Zusammenhang zwischen Imperativverletzungskonflikten und den Nicht-Übereinstimmungen zwischen der Außen- und Innensicht vermutet (v.Hanffstengel, 1997), konnte nicht bestätigt werden. An den Stellen der Unterrichtssequenz, an denen die Lehrkraft in ihrem beobachtbaren Handeln nicht mit ihrer Subjektiven Theorie übereinstimmt, liegen nicht mehr Imperativverletzungskonflikte vor als an den Stellen, an denen sie entsprechend ihrer Subjektiven Theorie handelt. Auch die Annahme, dass ein Zusammenhang zwischen der Qualität des Lehrerhandelns im Gruppenunterricht

(vgl. Kap. 10.2.2.1; Haag, 1998) und der Belastetheit der Lehrkräfte mit Imperativverlet-zungskonflikten existiert, konnte nicht bestätigt werden, allerdings besteht ein Zusammen-hang zwischen der Belastetheit mit Imperativ-Imperativ-Konflikten und der Qualität des Gruppenunterrichts (aus der Außenperspektive). Schließlich werden die Sollvorstellungen, die dem Unterrichtshandeln übergeordnet sind („zentrale Konflikte"), aufgelistet. Dabei bestätigt sich, dass männliche Lehrkräfte tendenziell dazu neigen, sich einen störungsfreien Unterrichtsablauf zu imperieren, ihr zentraler Imperativ geht um die Kontrolle des Schüler-handelns. Der zentrale Imperativ weiblicher Lehrkräfte dreht sich entgegen rollentheoreti-scher Erwartungen (v.Hanffstengel, 1997) nicht um das Wohlbefinden der Schüler, sondern betrifft die Ansprüche an die Qualität des eigenen Handelns (Kontrolle des eigenen Han-delns).

Der Grundkonflikt zwischen „Eingreifen versus Nicht-Eingreifen" wird von allen zehn un-tersuchten Lehrkräften thematisiert. Dabei geht es um die Frage, ob die Lehrkräfte in den Gruppenunterricht regulierend eingreifen oder den SchülerInnen Freiraum lassen sollen. Der Umgang mit diesem Konflikt hängt mit der Qualität des Lehrerhandelns zusammen, d.h. die guten und die weniger guten Lehrkräfte der Stichprobe unterscheiden sich hierin (v. Hanff-stengel, 1997, S. 114).

10.2.1.2 Imperativverletzungskonflikte im Rekonstruktionsprozess der Subjektiven Theorien

Die Datenbasis zur Beantwortung dieser Fragestellungen sind die aufgezeichneten Inter-views, die während der Rekonstruktion der Subjektiven Theorien entstanden sind. Eine em-pirische Untersuchung der Rekonstruktionsinterviews Subjektiver Theorien ist im Rahmen des Forschungsprogramms Subjektiver Theorien damit erstmalig durchgeführt worden. Die zugrunde liegende Hypothese lautet, dass Imperativverletzungskonflikte und Nicht-Überein-stimmungen zwischen Außen- und Innensicht in der Form miteinander zusammenhängen, dass bei der Rekonstruktion der Subjektiven Theorien Imperativverletzungskonflikte auftre-ten, die dazu führen, dass die entsprechenden Aspekte nicht ausreichend verbalisiert und somit in den Subjektiven Theorien nicht angemessen repräsentiert werden. Diese Hypothese konnte nicht bestätigt werden. Nicht-Übereinstimmungen zwischen Außen- und Innenper-spektive können nicht auf Imperativverletzungskonflikte bei der Erhebung der Subjektiven Theorie, also auf Imperativverletzungskonflikt-bedingte Rekonstruktionsfehler, zurückgeführt werden, d.h. es werden keine bestimmten Themen in den Subjektiven Theorien ausgeklammert, um unangenehme Situationen dadurch zu entschärfen.

Allerdings berichtet v.Hanffstengel (1997) von praktischen Problemen bei der angemessenen Rekonstruktion der Subjektiven Theorien, Probleme, die die Bewertung, die Selbstdarstellung, die Symmetrie und die Metakommunikation betreffen. Schließlich werden Lösungsvorschläge zur Überwindung der Probleme bei der Annäherung an die 'ideale' Sprechsituation abgeleitet, die die Autorin mit „kleiner" und „großer" Lösung betitelt.

10.2.2 Die Qualität des Gruppenunterrichts im Lehrerhandeln und Lehrerwissen

Haag (1998) beschäftigt sich mit der Qualität von Gruppenunterricht und beurteilt ihn von verschiedenen Standpunkten aus. Einmal wird das Lehrerhandeln, also das, was ein externer Beobachter sehen kann (Außensicht), beurteilt und zum anderen das Lehrerwissen, die Subjektive Theorie (Innensicht). Schließlich überprüft Haag (1998) die Beziehungen zwischen Handeln und Wissen. Die Ergebnisse werden etwas ausführlicher dargestellt, weil eine Auswertung in Kapitel 18.4 hierauf aufbaut.

10.2.2.1 Qualität des Lehrerhandelns

Haag (1998) fragt nach Qualitätsmerkmalen von Gruppenunterricht, d.h. stellt die Frage nach einer im Gruppenunterricht erfolgreichen Lehrkraft. In einem ersten Schritt bestimmt er Qualitätsmerkmale des Lehrerhandelns (Außensicht). Dabei geht er von dem Ansatz aus, dass eine erfolgreiche Lehrkraft Unterrichtsbedingungen realisiert bzw. Maßnahmen ergreift, die zu Unterrichtserfolgen bei den Schülern führen. Aufgrund wünschenswerter Variablen auf Schülerseite (Variablen (10) bis (13) von Tabelle 1) werden Lehrervariablen als Qualitätskriterien (Variablen (1), (2), (3), (5/6) und (8) von Tabelle 1) empirisch begründet. Auf der Suche nach einer im Gruppenunterricht erfolgreichen Lehrkraft werden diese fünf Qualitätskriterien pro Lehrkraft aufaddiert. Da eine erfolgreiche Lehrkraft aber nicht nur einen guten durchschnittlichen Gesamtwert über die Qualitätskriterien haben sollte, sondern möglichst konstantes Unterrichtsverhalten über die verschiedenen Phasen des Gruppenunterrichts und über alle Gruppenunterrichts-Sequenzen zeigen sollte, wird auch die Konstanz des Unterrichtsverhaltens berücksichtigt. Haag (1998) kommt aufgrund der Kriterien „Gesamtniveau der fünf Qualitätsmerkmale von beobachtetem Gruppenunterricht" und „Konstanz des Gruppenunterrichts" zu folgender Gruppierung der Lehrkräfte:

Tab. 3: Gruppierung der Lehrkräfte hinsichtlich der Qualität ihres Handelns im Gruppenunterricht (nach Haag, 1998, S. 178)

	Lehrkräfte
Relativ erfolgreiche Gruppe	10, 14, 05
mittlere Gruppe	02, 08, 07
Eher problematische Gruppe	03, 12, 09, 06

Die Gruppe der erfolgreichen Lehrkräfte hinsichtlich ihres Handelns lässt sich eindeutig identifizieren. Sie zeichnet sich durch die höchsten Qualitätsmerkmale aus, und durch ihren Unterricht werden die festgelegten wünschenswerten Schülermerkmale am besten realisiert.

10.2.2.2 Qualität des Lehrerwissens

In einem zweiten Schritt fragt Haag (1998), wie das Wissen von Lehrkräften beschaffen ist, bei denen guter Gruppenunterricht beobachtbar ist. Als Qualitätsmaß für Lehrerwissen werden sowohl formale als auch inhaltliche Aspekte der Subjektiven Theorien entwickelt. Als formales Qualitätsmaß der Subjektiven Theorien dienen drei relativ unabhängige Aspekte der Subjektiven Theorien (Kap. 9.2.2: Variablen Quotient 1, Quotient 2 und AKI; Lehmann-Grube, 1998), die aufaddiert werden. Zur Beurteilung der inhaltlichen Qualität des Lehrerwissens wird ein globales inhaltliches Maß für die Wissensinhalte der Subjektiven Theorien entwickelt. Dabei werden die insgesamt 155 Inhalte der Subjektiven Theorien (möglichst auf Handlungen reduziert, allerdings werden auch Bedingungen einbezogen) aufgelistet und von mehreren Projektmitgliedern hinsichtlich ihrer inhaltlichen Qualität bewertet. 81 Handlungen/Bedingungen werden positiv, 13 negativ und 61 neutral bewertet und gehen als Minus- oder Pluspunkte in einen Gesamtwert pro Lehrkraft (oder Subjektiver Theorie) ein (Summenwert variiert zwischen 11 und 25 Punkten). Die Rangfolge der Lehrkräfte, die über die Verrechnung positiver und negativer Wissenselemente bestimmt wird, sieht folgendermaßen aus (Beginn mit der qualitativ besten Subjektiven Theorie):

10 - 14 - 06 - 05 - 12 - 08 - 02 - 03 - 07 - 09.

Das globale inhaltliche Maß korreliert mit den drei Typen Sozialer Repräsentationen (vgl. Kap. 9.2.2; Lehmann-Grube, 1998) sehr signifikant (Haag, 1998, S. 185). Als Qualitätsmaß für Subjektive Theorien hat es aber „den Vorteil, dass in ihm sowohl Elemente aus allgemeinen didaktischen Fähigkeiten und Unterrichtsanforderungen repräsentiert sind, die auch im Gruppenunterricht wichtig sind, wie z.B. die Aufmerksamkeit der SchülerInnen sichern, als auch Elemente aus spezifischen Gruppenunterrichts-Anforderungen, wie z.B. Verständnissicherung" (Haag, 1998, S. 185).

10.2.2.3 Beziehungen zwischen Qualität des Lehrerhandelns und Lehrerwissen

In einem dritten Schritt werden beide Datensätze miteinander in Verbindung gesetzt, um zu überprüfen, inwieweit unter dem Gesichtspunkt von Qualitätsmerkmalen Beziehungen zwischen den Qualitätskriterien des Lehrerhandelns und Lehrerwissens bestehen und inwieweit sich Lehrkräfte unterschiedlicher Unterrichtsexpertise unterscheiden lassen. Dabei werden die drei Gruppen von Lehrkräften, die aufgrund der Qualität des Lehrerhandelns entstanden sind (Tab. 3), dahingehend überprüft, ob sie sich auch hinsichtlich der formalen und inhaltlichen Qualität des Lehrerwissens unterscheiden. Bei den untersuchten Lehrkräften lässt sich eindeutig eine Gruppe identifizieren, die sowohl beobachtbar erfolgreichen Gruppenunterricht hält als auch über entsprechende kognitive Voraussetzungen verfügt. Unter formalen Aspekten sind ihre Subjektiven Theorien hinreichend entfaltet, was sich auch unter inhaltlichen Aspekten darin abbildet, dass diese Lehrkräfte über ein reiches Repertoire verfügen, „das sie flexibel einsetzen können. Umgekehrt lässt sich eine Gruppe finden, die ohne diese Voraussetzungen nicht in der Lage ist, einen qualitativ hochwertigen Gruppenunterricht zu praktizieren" (Haag, 1998, S. 213).

Die erfolgreiche Gruppe (im Lehrerhandeln) unterscheidet sich deutlich von den beiden anderen Gruppen. Sie hat bei allen drei formalen Einzelmaßen der Subjektiven Theorien positive Werte und verfügt über mehr positive Wissenselemente (inhaltliche Qualität). Damit ist Hypothese 2 von Haag (1998, S. 196) bestätigt, die lautet: Die Subjektiven Theorien der Lehrkräfte, die erfolgreichen Gruppenunterricht durchführen, sind sowohl formal hinreichend entfaltet als auch inhaltlich von besonderer Qualität.

Haag (1998, S. 197) baut nicht auf dem in dieser Arbeit entwickelten Konsistenzmaß (Kap. 15) auf, sondern entwickelt ein eigenes Konsistenzmaß für den Zusammenhang zwischen beobachtbarem Lehrerhandeln und dem Lehrerwissen, das nur die als defizitär zu betrachtenden Gründe für Nicht-Übereinstimmungen berücksichtigt. Seine Ergebnisse deuten darauf hin, dass bei der erfolgreich handelnden Gruppe von Lehrkräften der Konsistenzgrad zwischen Subjektiven Theorien und Handeln größer zu sein scheint als bei den beiden anderen Gruppen. Allerdings unterscheiden sich die drei Gruppen nicht sehr deutlich (Haag, 1998, S. 201).

Qualitativ guter Gruppenunterricht lässt sich sowohl über Unterrichtsbeobachtung (Außensicht) als auch über formale und inhaltliche Aspekte der Subjektiven Theorien (Innensicht) bestimmen. Die inhaltliche Qualität der Subjektiven Theorien wird dadurch festgestellt, dass sie analytisch in ihre Bestandteile zerlegt werden, die dann qualitativ bewertet werden.

Schließlich überprüft Haag (1998, S. 202ff) mit Hilfe eines Zusatzdesigns die globale Zuordnung beider vorliegender Datensätze, d.h. es wird überprüft, ob es so etwas wie eine „Handschrift" Subjektiver Theorien gibt, wovon er Ergebnisse für die Praxis ableitet.

11 Die drei Arten der Nicht-Übereinstimmungen

Im Laufe der praktischen Vergleichsarbeit wurde zunehmend deutlich, dass nicht einfach Übereinstimmungen von Nicht-Übereinstimmungen zu unterscheiden sind, sondern dass zwischen verschiedenen Arten der Nicht-Übereinstimmung zu unterscheiden ist. Damit avancierte der Begriff *Nicht-Übereinstimmung* zum Oberbegriff, die drei Arten der Nicht-Übereinstimmung wurden nach ihrem Hauptmerkmal als *Abweichung, Sprung* oder *Blindstelle* bezeichnet. Des weiteren kristallisierte sich heraus, dass Abweichungen in abgestufter Form auftreten können, während bei den Sprüngen und Blindstellen keine Abstufungen möglich sind.

11.1 Abweichungen

Als Abweichungen werden solche Stellen bezeichnet, an denen die Lehrkraft in ihrem beobachteten Handeln von der Subjektiven Theorie mehr oder weniger abweicht. Dabei handelt es sich um Aspekte, die in der Subjektiven Theorie enthalten sind, die in der Realität des Unterrichtshandelns aber in mehr oder weniger modifizierter Form oder gar nicht vorkommen. Partielle Abweichungen können die Zwischenwerte A=0,25 (geringe Abweichung), A=0,5 (mittlere Abweichung) und A=0,75 (weitgehende Abweichung) annehmen, vollständige Abweichungen werden mit A=1 angegeben.

Abb. 6 zeigt einen Ausschnitt aus der Subjektiven Theorie einer Lehrkraft und den Pfad einer ihrer Gruppenunterrichtssequenzen. Der Ausschnitt stammt aus der Mitte der Phase der Gruppenarbeit und enthält eine vollständige Abweichung. Ein Beispiel für eine weitere vollständige Abweichung wird in Abb. 7 gegeben, ein Beispiel für eine partielle Abweichung ist in Abb. 8 enthalten.

Beschreibung des Pfades und der Abweichung in Abbildung 5:
Der abgebildete Ausschnitt wird mehrmals durchlaufen, nämlich für jede der sieben Gruppen (dies wird durch die durchbrochene Linie der Rückkoppelungsschleife ausgedrückt). Bei vier Gruppen gibt es keine Probleme, bei zwei Gruppen gibt es sachlich-inhaltliche Probleme. Hier ist der Pfad abgebildet, den die Lehrkraft bei Gruppe 3 einschlägt. Die Lehrkraft geht zu Gruppe 3, um sich über den Stand der Arbeit zu informieren (1. Karte). Gruppe 3 hat soziale Probleme, wie den Filmaufzeichnungen zu entnehmen ist: Kein Gruppenmitglied fühlt sich als Schreiber zuständig, die Gruppe diskutiert heftig darüber. Die

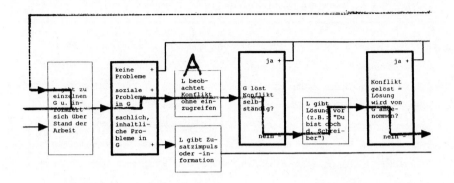

Abb. 6: Ausschnitt aus einer Subjektiven Theorie mit dazugehörendem Pfad (Lehrkraft 07, Sequenz „Wörterbuch", Deutsch)

Lehrkraft, der noch nicht klar ist, dass in der Gruppe ein Konflikt besteht, nähert sich der diskutierenden Gruppe mit den begeisterten Worten: „Aha, fleißige Gruppenarbeit, wie ich sehe?" Als sie erkennt, dass ein Konflikt existiert, beobachtet sie nicht erst, sondern greift sofort ein. Hier weicht das Handeln der Lehrkraft von der Subjektiven Theorie vollständig ab (A=1). Die Gruppe scheint den Konflikt nicht selbständig lösen zu können, deshalb fragt die Lehrkraft: „Jede Gruppe hatte von Anfang an einen Schreiber. Wer ist der Schreiber?" Die Gruppenmitglieder deuten auf einen Schüler. Die Lehrkraft fordert ihn in scharfem Ton auf, seinen Block herauszunehmen, sie gibt damit eine Lösung vor, wie in der Subjektiven Theorie vorgesehen. Der Schreiber nickt betreten; damit ist der Konflikt in der Gruppe jedoch nicht gelöst, denn die Gruppe ist nach wie vor nicht arbeitsfähig und hat keine Ergebnisse vorzuweisen, wie sich später in der Auswertungsphase zeigt.

11.2 Sprünge
Durch die Sprünge wird der Möglichkeit Rechnung getragen, dass die beobachtbare Gruppenunterrichtssequenz in ihrem Verlauf durch die Subjektive Struktur an bestimmten Stellen Sprünge aufweist. Nach einer Entscheidungsbedingung (Handlung) führt der Pfad dann nicht zu der in der Struktur vorgesehenen Lehrerhandlung (Entscheidungsbedingung), sondern zu einer anderen, zu der es keine vorhergesehene Verbindung in der Struktur gibt: Das kann eine alternative Handlung bzw. Bedingung sein, die sich vertikal in der gleichen Spalte oder zeitlich davor oder danach an einer anderen Stelle der Gruppenunterrichtsphase befin-

det. Bei Sprüngen sind die Verbindungen zwischen verschiedenen Aspekten des beobachteten Gruppenunterrichts nicht in der Subjektiven Struktur vorgesehen, die Aspekte selber
existieren in der Struktur.

Abb. 7 enthält einen Ausschnitt aus der Subjektiven Theorie einer Lehrkraft und den Pfad
einer Gruppenunterrichtssequenz, in dem die Erteilung des Arbeitsauftrags endet und die
Gruppenarbeit beginnt. Der Ausschnitt enthält eine vollständige Abweichung und einen
Sprung.

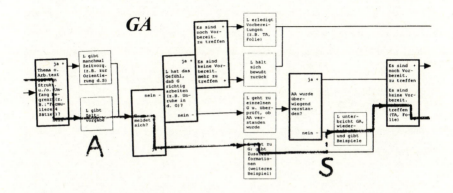

Abb. 7: Ausschnitt aus einer Subjektiven Theorie mit dazugehörendem Pfad (Lehrkraft 07,
Sequenz „Minute", Deutsch)

Beschreibung des Pfades, der Abweichung und des Sprunges in Abbildung 7:
Am Ende der Phase des Arbeitsauftrags geht es um die Begrenztheit des gestellten Themas.
In dieser Sequenz ist es die Aufgabe der Gruppen, möglichst viele Paarreime (analog zu
einem vorher gelesenen Gedicht) zu finden. Dieses Thema ist nicht begrenzt, die Gruppen
können beliebig viele Paarreime finden. In diesem Fall ist laut Subjektiver Theorie eine Zeitvorgabe vorgesehen (2. Karte), die die Lehrkraft allerdings weder hier noch an einer anderen Stelle gibt, so dass hier eine vollständige Abweichung vorliegt. Dann beginnt die Gruppenarbeit. Gleich zu Anfang meldet sich ein Schüler von Gruppe 2 und fragt: „Sätze?
Sätze?" Die Lehrkraft geht zu dieser Gruppe und antwortet: „Reime - wie in dem Gedicht",
gibt damit also eine Zusatzinformation. Aus den Verständigungsproblemen dieser Gruppe
und der Beobachtung weiterer Gruppen schließt die Lehrkraft, dass nicht nur diese Gruppe

93

Probleme mit dem Arbeitsauftrag hat. Sie bricht die eben angelaufene Gruppenarbeit ab („Stop!"), wiederholt den Arbeitsauftrag komplett und gibt der ganzen Klasse nochmals ein Beispiel. Allerdings ist in der Subjektiven Theorie keine Verbindung zu der Handlungskarte „Lehrkraft unterbricht Gruppenarbeit, wiederholt Arbeitsauftrag und gibt Beispiele" vorgesehen, obwohl die Handlung in der Subjektiven Theorie enthalten ist. Hier liegt ein Sprung vor. Danach geht es weiter mit der Entscheidung, dass keine Vorbereitungen mehr zu treffen sind.

11.3 Blindstellen

Bei dieser Form der Nicht-Übereinstimmung sind im Beobachtungsmaterial Abfolgen von Entscheidungsbedingungen und nachfolgende Handlungen enthalten, die in der Subjektiven Struktur offensichtlich nicht vorgesehen sind. Blindstellen sind in der Praxis beobachtbare *zusätzliche* Aspekte, die bei der Rekonstruktion der Subjektiven Theorien aus irgendeinem Grund nicht berücksichtigt wurden.

Abb. 8 enthält einen Ausschnitt aus der Subjektiven Theorie einer Lehrkraft und den Pfad einer Gruppenunterrichtssequenz zu Beginn der Phase der Gruppenarbeit und zeigt eine partielle Abweichung und eine Blindstelle.

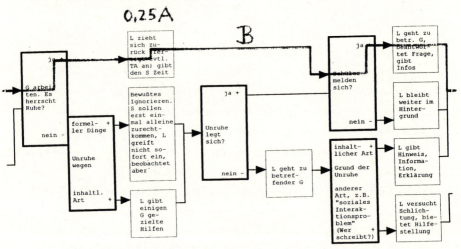

Abb. 8: Ausschnitt aus einer Subjektiven Theorie mit dazugehörendem Pfad (Lehrkraft 06, Sequenz „Tisch", Deutsch)

Beschreibung des Pfades, der partiellen Abweichung (A=0,25) und der Blindstelle von Abbildung 8:

Die Gruppen arbeiten mit der für die Klasse üblichen geschäftigen Ruhe. Gemäß der Subjektiven Theorie zieht sich die Lehrkraft nun zurück und gibt den Schülern Zeit. In dieser Sequenz geht die Lehrkraft aber kurz bei vier (der sechs) Gruppen vorbei und vergewissert sich, ob „Alles klar?" sei. Die Gruppen bejahen jedesmal und die Lehrkraft geht sofort weiter, einmal mit den Worten „Ich will euch nicht stören!" Nach diesen vier Kurzbesuchen zieht sie sich für etwa eine halbe Minute an das Pult zurück und ordnet dort Unterlagen. Die Lehrkraft versucht offensichtlich, sich von den Gruppen zurückzuziehen und ihnen Zeit zu geben, was ihr aber nicht vollständig gelingt, so dass hier eine geringe Abweichung (A=0,25) vorliegt.

Schließlich geht die Lehrkraft zu Gruppe 6 und bleibt dort ziemlich lange (etwa eineinhalb Minuten). Sie diskutiert lebhaft und ausführlich mit der Gruppe. Eine derartige Teilnahme am Gruppengeschehen ist in der Subjektiven Theorie an dieser Stelle und auch anderswo nicht vorgesehen. Dies stellt eine zusätzliche Handlung der Lehrkraft dar, die zu einer Blindstelle führt. Danach melden sich drei Schüler aus anderen Gruppen (siehe Karte in der Subjektiven Theorie), worauf die Lehrkraft zu den betreffenden Gruppen geht und deren Fragen beantwortet.

Im Rahmen dieser Arbeit werden die Inkonsistenzen zwischen Außen- und Innensicht (Abweichungen, Sprünge und Blindstellen) systematisch untersucht; sie stellen besonders interessante und erklärungsbedürftige Stellen dar und sollten keineswegs von vornehrein negativ bewertet werden, wie es in den wenigen ähnlichen Untersuchungen (vgl. Kap. 5.5) bisher implizit oder explizit der Fall war.

Die Begriffe Abweichung, Sprung und Blindstelle werden nach dieser Einführung von nun an streng in diesem Sinne verwendet, der Begriff Nicht-Übereinstimmung stellt den Oberbegriff dar.

12 Fragestellungen und Hypothesen

Wenn eine Lehrkraft in ihrem Unterricht Gruppenunterricht einsetzt, geschieht dies geplant und erfordert Vorbereitungen, die Lehrkraft macht sich Gedanken über den erwarteten Ablauf der Gruppenarbeit, über eventuelle kritische Momente und über die Form der Auswertung. Dies und mehr ist in ihrer Subjektiven Theorie über Gruppenunterricht repräsentiert. Jedoch kann eine noch so differenzierte Subjektive Theorie nicht die gesamte Unterrichtsrealität abdecken. Es werden immer wieder Ereignisse eintreten, die ein geringfügiges oder vollständiges Abweichen von der Subjektiven Theorie bedingen (Abweichungen), manchmal sogar wider besseres Wissen, oder die zusätzliche Handlungen erfordern, die (noch) nicht in der Subjektiven Theorie enthalten sind (Blindstellen) oder neue Kombinationen erfordern (Sprung).

12.1 Die Fragestellungen der Untersuchung

Die kommunikative Validierung im Rahmen der Rekonstruktion Subjektiver Theorien durch Dialog-Konsens ist inzwischen in vielen Forschungsprojekten verwirklicht worden; hier ist auch die Forschungsmethodik vergleichsweise differenziert (vgl. Struktur-Lege-Verfahren zur Rekonstruktion von Subjektiven Theorien, Kap. 5). Beispiele zur explanativen Validierung (d.h. zur Überprüfung der Realitätsadäquanz) von Subjektiven Theorien sind dagegen seltener (vgl. Kap. 6.5), v.a. weil hier die Forschungsmethodik noch nicht so weit entwickelt ist und weil es einen immensen Forschungsaufwand bedeutet. In dieser Arbeit wird mit dem systematischen Vergleich zwischen Außen- und Innensicht ein präzises und detailliertes Verfahren hierzu entwickelt und vorgestellt.

Bisher war die explanative Validierung meist darauf beschränkt nachzuweisen, dass Subjektive Theorien handlungsleitend seien. Wenn dieser Nachweis gelang, gab man sich in der Regel damit zufrieden. Die dabei auftretenden Inkonsistenzen zwischen Denken und Handeln hatten dementsprechend eine negative Bedeutung: sie wurden lediglich als 'Störfälle' aufgefasst, ohne weiter darauf einzugehen. Eine Ausnahme stellt das Projekt 'Aggression in der Schule' dar, in dem erstmals (v.a. emotionale und motivationale) Bedingungen für Inkonsistenzen zwischen Subjektiven Theorien und Handeln empirisch analysiert wurden (Dann & Krause, 1988).

In der vorliegenden Arbeit geht es einen wesentlichen Schritt weiter. Nach der explanativen Validierung der Subjektiven Theorien über Gruppenunterricht mit dem eigens entwickelten

Instrument des systematischen Vergleichs der Subjektiven Theorien mit dem beobachtbaren Lehrerhandeln im Gruppenunterricht wird vor dem Hintergrund der Berner Handlungstheorie und des Konzepts der Subjektiven Theorien (Kap. 4) ein weiterer Nachweis für die Handlungsrelevanz von Subjektiven Theorien erbracht. Wenn jedoch beim Vergleich Nicht-Übereinstimmungen (Abweichungen, Sprünge, Blindstellen) auftauchen, so sind dies besonders interessante und erklärungsbedürftige Stellen. Zunächst werden die festgestellten Abweichungen, Sprünge und Blindstellen im einzelnen charakterisiert. Auf diese Weise kann ermittelt werden, ob sich diese Phänomene an bestimmten Stellen der Strukturen häufen und wie diese sich gegebenenfalls von den übrigen Strukturteilen unterscheiden. Darüber hinaus wird gefragt, welche psychologische Bedeutung solchen Nicht-Übereinstimmungen im Handlungsprozess zukommt. Zur Einschätzung der psychologischen Bedeutung der Nicht-Übereinstimmungen wird ein Kategoriensystem (Kap. 13) entwickelt. Mit diesem Vorgehen erscheint es möglich, der Unterrichtsrealität ein Stück näher zu kommen, als dies bislang möglich war.

In der Arbeit geht es damit um Fragestellungen methodischer und methodologischer Art, bei denen es sich um zwei Seiten einer Medaille handelt, um grundsätzliche Fragestellungen und um Fragestellungen inhaltlicher Art, die im folgenden präzisiert werden:

Fragestellung 1: Unter methodischen Aspekten erfolgt die Weiterentwicklung eines qualitativen Verfahrens zur Erfassung der Innensicht (Interview- und Legetechnik zur Rekonstruktion kognitiver Handlungsstrukturen ILKHA, Dann & Barth, 1995) und die Neuentwicklung des systematischen Vergleichs zwischen Außen- und Innenperspektive (Kap. 10.1), in dem qualitative und quantitative Auswertungsschritte miteinander kombiniert sind.

Fragestellung 2: Unter den methodologischen Aspekt fällt die Verlässlichkeitsprüfung des Instruments ILKHA, also die Überprüfung der Gültigkeit (explanative Validierung) dieser Methode zur Rekonstruktion von Subjektiven Theorien (Kap. 15.1.3.2).

Fragestellung 3: Unter grundsätzlicher Perspektive wird im Rahmen des Forschungsprogramms Subjektiver Theorien ein weiterer Nachweis erbracht, dass Subjektive Theorien über Handlungswissen in hohem Maß handlungsleitend sind und damit die Realitätsadäquanz der Subjektiven Theorien bestätigt: Es existiert eine hohe Konsistenz zwischen Denken und Handeln (Kap. 15.3).

4. Weitere Fragestellungen: Fragestellungen inhaltlicher Art betreffen die Inkonsistenzen zwischen Denken und Handeln. Dabei geht es um die psychologischen Gründe für diese Inkonsistenzen, um die Entdeckung von Regelmäßigkeiten in ihrem Auftreten, um mögliche Unterschiede zwischen den drei Phasen des Gruppenunterrichts und um Unterschiede zwischen verschiedenen Lehrergruppen (Kap. 16-18).

12.2 Hypothesen und weitere Fragen

Für den methodischen und methodologischen Bereich (Fragestellungen 1 bis 3) ist die Generierung von Hypothesen nicht möglich, obwohl die Vorüberlegungen bestimmte Erwartungen nahe legen. Insofern werden nun ausschließlich für den inhaltlichen Bereich (Punkt 4) drei Hypothesen elaboriert und einige offene Fragen formuliert.

Grundsätzlich ist von Übereinstimmungen zwischen Wissen und Handeln auszugehen, in Ausnahmesituationen ist jedoch mit Inkonsistenzen zu rechnen. Nach Sichtung bisheriger empirischer Arbeiten und v.a. durch die Entwicklung des Kategoriensystems der psychologischen Gründe für die Inkonsistenzen zwischen Denken und Handeln (Kap. 13) kristallisierten sich folgende Überlegungen heraus: Wenn der gradlinige Unterrichtsverlauf unterbrochen wird, erhöht sich die Wahrscheinlichkeit für eine Desorganisation der Handlungsregulation. In erster Linie denkt man hier an Belastungssituationen, positive Gründe werden allzuoft vernachlässigt oder vergessen. Auch die Autorin bedachte erst mit erheblicher zeitlicher Verzögerung, dass auch Freude, Stolz oder Erleichterung verantwortlich für Inkonsistenzen zwischen Denken und Handeln sein können. In den Subjektiven Theorien sind die Konzepte thematisiert, die dem Subjektiven Theoretiker wichtig sind, es sind seine „normalen" Handlungspläne, von denen er in besonderen Situationen abweicht. Aus dieser Überlegung ergeben sich zwei Teilhypothesen (vgl. Barth & v.Hanffstengel, 1995), auf die in Kap. 16.1 eingegangen wird:

Hypothese 1a: Bestimmte Muster im beobachtbaren Interaktionsverlauf, die potentielle Belastungssituationen darstellen, führen eher zu *Abweichungen* als andere.

Hypothese 1b: Bestimmte Muster im beobachtbaren Interaktionsverlauf, die besondere Positiverfahrungen beinhalten, führen eher zu *Abweichungen* als andere.

Die Phasen der Erteilung des Arbeitsauftrags und der Auswertung sind in der Regel lehrerzentriert und laufen im Frontalunterricht und im Klassenverband ab. Die Phase der Gruppenarbeit unterscheidet sich hiervon grundlegend, sie ist schülerzentriert und hier findet die eigentliche Arbeit in den Gruppen statt, der Lehrer ist nicht integriert und hat wenig oder keine Kontrolle. Während der Phase der Gruppenarbeit ist der Lehrkraft das interaktive Handeln der SchülerInnen nur sehr eingeschränkt zugänglich; die Gruppenarbeit dürfte daher für sie weitgehend eine 'terra incognita' darstellen. Außerdem kann sie die Kommunikationsprozesse innerhalb der Schülergruppen vergleichsweise nur wenig beeinflussen und sie hat nur geringe Möglichkeiten zu erfahren, wie sich ihre Einflussversuche dort auswirken. Allerdings haben Lehrkräfte durch ihre Ausbildung, ihr Fachwissen und ihre Erfahrung mit vorhergehendem Gruppenunterricht und durch die Kenntnis der SchülerInnen und Gruppen durchaus Vorstellungen entwickelt über die für sie schwer einsehbare Phase der Gruppenarbeit. So ist zu erwarten, dass einige Vorgänge der Intragruppenkommunikation in dieser Phase zu unvorhergesehenen Entwicklungen führen, auf die die Lehrkraft glaubt, reagieren zu müssen. Diese Handlungen und ihre Entscheidungsbedingungen sind jedoch nicht in der Subjektiven Theorie repräsentiert, was dann zu Blindstellen führt.

Hypothese 2: In der Phase der Gruppenarbeit treten häufiger *Blindstellen* auf als in den Phasen des Arbeitsauftrags und der Auswertung.

Die Auswertungsphase ist die komplexeste Phase, in der die Ergebnisse der verschiedenen Gruppen zusammengetragen und für den weiteren Unterricht fruchtbar gemacht werden. Dabei sollen alle Gruppen drankommen und deren Ergebnisse angemessen gewürdigt werden, andererseits darf dabei keine Langeweile und kein Leerlauf auftreten. V.Hanffstengel (1997, S.69) leitet aus diesen Anforderungen an die Auswertungsphase, die in den Konzepten der Subjektiven Strukturen thematisiert werden, einen Imperativverletzungskonflikt ab. Die Komplexität und Schwierigkeit der Auswertungsphase mit ihren hohen Anforderungen birgt eine erhöhte Wahrscheinlichkeit für Belastungssituationen, wovon eine weitere Hypothese abgeleitet wird.

Hypothese 3: In der Phase der Auswertung der Gruppenarbeitsergebnisse treten häufiger *Abweichungen* auf als in den Phasen der Gruppenarbeit und insbesondere des Arbeitsauftrags.

Die beiden zuletzt aufgeführten Hypothesen beziehen sich auf Unterschiede zwischen den drei Phasen des Gruppenunterrichts und werden in Kap. 17 aufgegriffen. Neben diesen elaborierten Hypothesen wird in Kap. 18 weiteren Fragen nachgegangen, die verschiedene

Lehrergruppen betreffen. Da jedoch keine Anhaltspunkte vorliegen, die in eine bestimmte Richtung weisen, ist hier eine offene Formulierung angezeigt:

Unterscheiden sich erfahrene von weniger erfahrenen Lehrkräften in der Anzahl und den Inhalten ihrer Inkonsistenzen zwischen Denken und Handeln?

Gibt es Geschlechtsunterschiede in der Anzahl und den Inhalten der Inkonsistenzen zwischen Denken und Handeln?

Unterscheiden sich „erfolgreiche" von „weniger erfolgreichen" Lehrkräften in der Anzahl und den Inhalten der Inkonsistenzen zwischen Denken und Handeln?

In dieser Arbeit werden zu etwa gleichen Teilen methodische/methodologische und inhaltliche Fragestellungen bearbeitet. Die Entwicklung elaborierter Hypothesen ist nur für den inhaltlichen Bereich möglich. Im nächsten Kapitel 13 wird das von der Autorin entwickelte Kategoriensystem zur Einordnung der psychologischen Bedeutung der Abweichungen, Sprünge und Blindstellen vorgestellt, bevor die hier beschriebenen Fragestellungen und Hypothesen in Teil III der Arbeit überprüft und beantwortet werden.

13 Die psychologische Bedeutung der Inkonsistenzen zwischen Denken und Handeln: Ein Kategoriensystem

Das Kategoriensystem, das im Folgenden vorgestellt wird, wurde zum großen Teil *vor* der Arbeit an dem systematischen Vergleich entwickelt, um nicht von vornherein die Sichtweise so zu verengen, dass nur das vorhandene Datenmaterial damit eingeschätzt werden kann. Zu seiner Entwicklung wurden Literatur, Hinweise von Experten und Plausibilitätsüberlegungen herangezogen. Während und aufgrund der Vergleichsarbeit veränderte sich das Kategoriensystem dann weiter. Direkt aus der empirischen Arbeit ergab sich die Option für *partielle* Abweichungen, denn neben einem „entweder - oder" lässt die Realität durchaus weitere Möglichkeiten wie „teilweise" oder „weitgehend" zu. Von den *Abweichungen* abzugrenzen sind die *Blindstellen*, die zusätzliche beobachtbare Aspekte, die in der Struktur nicht enthalten sind, betreffen. Als dritte und zeitlich jüngste Art der Nicht-Übereinstimmung wurde schließlich der *Sprung* definiert, als der Autorin klar wurde, dass in den Subjektiven Theorien zusammengehörende Bausteine („Module") enthalten sind, die in der Praxis an verschiedenen Stellen realisiert werden können, so dass in der Theorie nicht alle möglichen Verbindungen und Kombinationen aufgeführt sind oder sein können.

13.1 Mögliche Gründe für Abweichungen von der Subjektiven Theorie

Bei den ersten vier Punkten (13.1.1-4) handelt es sich um inhaltliche Begründungen, die nicht mit der Rekonstruktion der Subjektiven Theorie zusammenhängen, die letzten drei Möglichkeiten zur Erklärung von Abweichungen (13.1.5-7) stellen methodische Gründe dar, betreffen damit Rekonstruktionsprobleme angesichts des komplexen Gegenstands.

13.1.1 Grund 1. Veränderungen durch Umbrüche in der persönlichen Genese

Abweichungen stellen Kristallisationspunkte von Entwicklungsaspekten dar; denn kognitive Strukturen sind nichts Statisches, sondern sie können Veränderungen unterliegen. Umbrüche in der persönlichen Genese der Regulation des Unterrichtshandelns stehen mit solchen Veränderungen in Zusammenhang: Die Subjektive Theorie befindet sich in aktueller Entwicklung, deshalb gibt es vorübergehend eine Abweichung. Abweichungen sind (im Sinne der Kognitiven Dissonanztheorie) ein Index für die aktuelle Auseinandersetzung der Lehrkraft mit Sozialen Repräsentationen, eigenen Ideen und mit der beruflichen Alltagspraxis. Diese aktuelle Entwicklung kann durch dreierlei Erfahrungen bedingt sein:

Grund 1a. Abweichung durch negative Erfahrungen

Negative Erfahrungen geben Anlass für Veränderungen. So kann es durch negative Erfahrungen in einer Belastungssituation zu einer Abweichung von der Subjektiven Theorie kommen. Neben einmaligen Belastungen als Ausnahmen (seltene, einmalige Situationen) können auch mehrere kleinere Belastungen zu Abweichungen führen. Dabei vollziehen sich die Änderungen im kognitiven System zuerst, und zeitlich verzögert wird das Verhalten angepasst oder die Prozesse verlaufen umgekehrt. Daraus ergeben sich Diskrepanzen zwischen der Innensicht und dem beobachtbaren Verhalten, mit denen sich die Abweichungen erklären lassen. Abweichungen können somit aufgrund einer Desintegration von Kognition und Emotion bzw. einer Desintegration von Kognition/Emotion und Verhalten (Scheele & Groeben, 1988b, S. 45) auftreten.

Es existieren also Kognitionen, die noch nicht oder nicht mehr handlungswirksam sind. Desintegration ist in ihrer extremen Ausprägungsform v.a. im Bereich der klinischen Psychologie anzutreffen; so ist Suchtverhalten oft durch Einsicht gekennzeichnet, die jedoch nicht verhaltenswirksam wird (z.B. Subjektive Theorien von Alkoholabhängigen über Alkoholismus und Alkoholismustherapie, Barthels, 1991; 1992). Es ist von keiner (handlungs)leitenden oder -steuernden Funktion der Subjektiven Theorie-Teile auszugehen, wenn eine Desintegration zwischen Verhaltensweisen und Kognitionen bzw. Emotionen vorliegt.

Nicht im Bereich der klinischen Psychologie, sondern im Bereich der Schule angesiedelt und damit auf Lehrkräfte bezogen, sind die Aussagen aus dem Projekt „Aggression in der Schule" von Dann und Mitarbeitern (z.B. Dann et al., 1983; Dann & Krause, 1988). Dann und Krause gehen u.a. der Frage nach, unter welchen Bedingungen Subjektive Theorien ihre handlungsleitende Funktion verlieren. Aus den Subjektiven Theorien von Lehrkräften über Störungssituationen im Unterricht werden Prognosen abgeleitet, auf deren Basis der Grad der Übereinstimmung des Handelns mit der Subjektiven Theorie bestimmt wird. Als Ergebnis berichten sie, dass das Handeln v.a. dann nicht mit der Subjektiven Theorie übereinstimmt, wenn die Lehrkräfte besonders ärgerlich sind oder sich in der Verfolgung ihrer Handlungsziele behindert sehen, also das Gefühl haben, an einer angemessenen Reaktion gehindert zu sein. Hierzu ist anzumerken, dass Barrieren in der Verfolgung der Handlungsziele und auch Emotionen durchaus in den Subjektiven Theorien, die mit unserem Verfahren (ILKHA, vgl. Kap. 9.2.1) erhoben werden, enthalten sein können. Eine daraus resultierende Belastung kann jedoch ebenso zu einer Desintegration des Verhaltens führen, so dass die Kognitionen (über die Emotionen und das damit verbundene Handeln) nicht mehr handlungswirksam sind. Die Gefühle Nervosität und Anspannung (Erregtheit) führen nach Dann und Krause (1988, S. 284) weniger zu einer Desintegration des Handelns, sondern eher zu einer größeren Konsistenz. Auch Überforderung und ein globales Belastungsempfinden beeinträchtigen nicht unbedingt die Handlungswirksamkeit der Subjektiven Theorien. Dann und Krause (1988, S. 287) folgern daraus: „Bei leichteren Belastungen werden sogar besondere Anstrengungen unternommen, die zielorientierte Regulation aufrecht zu erhalten, woraus eine erhöhte Konsistenz des Handelns mit der Subjektiven Theorie resultieren kann. Erst bei höheren Belastungen kommt es zu einer Desorganisation des Handelns und damit zu weniger konsistentem Verhalten". Als weitere oder ergänzende Erklärungsmöglichkeit bieten die Autoren an, dass der Zustand des Ärgers und der Zustand der Behinderung „charakteristisch für den Zustand der `Frustration´ im Sinne der kognitiven Theorie des aggressionsmotivierten Handelns nach Kornadt (1982) sei", so dass eventuell ein neues Handlungsziel verfolgt wird. Weiterhin ist zu bedenken, dass die Videoaufnahme eine besondere Situation darstellt, die ebenfalls eine Belastung bedeuten kann, die unter Umständen zu Abweichungen vom alltäglichen Handeln führt.

Beispiel: Gegen Ende der Auswertungsphase (Lehrkraft 03, Sequenz „New York") wird in der Subjektiven Theorie das Handlungskonzept Würdigung der Gesamtleistung, z.B. „jetzt haben wir viele Informationen erarbeitet"; „das habt ihr prima gemacht"; „so viele Ideen hätte ich nicht erwartet" durchlaufen. In der zu beurteilenden Sequenz findet jedoch keine Würdigung der Gesamtleistung durch die Lehrkraft statt. Es hat bereits zur Pause geläutet, die Lehrkraft steht sichtlich unter Zeitdruck und beendet den Gruppenunterricht ohne diese Würdigung. Hier führt die Belastung durch den Zeitmangel zu einer vollständigen Abweichung.

Grund 1b. Abweichung durch positive Erfahrungen

In der Psychologie hat man sich sehr viel häufiger und ausführlicher mit negativen als mit positiven Befindlichkeiten oder Konstrukten beschäftigt. Um hier nicht dieser Einseitigkeit zu verfallen, sollen auch die positiven Ereignisse und Gefühle als Anlass einer Veränderung ins Auge gefasst werden (Abele, 1995), die Ausführungen zum Einfluss negativer Erfahrungen (Grund 1a) gelten ebenfalls für positive Erfahrungen. Auch hier sind Positiverfahrungen nicht nur als Ausnahmen (seltene, einmalige Situationen) zu verstehen, sondern können aus mehreren kleinen positiven Ereignissen stammen. Abweichungen zur Subjektiven Theorie entstehen dabei aus positiven Situationen, in denen sich eine Änderung des kognitiven

Systems ergibt, allerdings ist das Verhalten dieser Kognitionsänderung noch nicht angepasst. Oder umgekehrt: Abweichende Handlungen entstehen aus positiven Situationen, allerdings sind die Kognitionen dem neuen Handeln noch nicht angepasst.

Beispiel: Gegen Anfang der Gruppenarbeitsphase wird in der Subjektiven Theorie (Lehrkraft 12, Sequenz „Igel") das Handlungskonzept Lehrer geht rum und schaut/hört in Gruppen rein durchlaufen. Der Lehrer geht an dieser Stelle jedoch nicht herum, sondern bleibt im vorderen Bereich des Klassenzimmers und beobachtet von dort aus die Gruppen bei der Arbeit. Er hat sie ständig im Auge und kann somit erkennen, ob die Gruppen auftragsgemäß arbeiten. Der Lehrer sieht an dieser Stelle keine Notwendigkeit, herumzulaufen. Da die Gruppenarbeit gut anläuft, gönnt sich der Lehrer eine kleine Erholungspause. Die partielle Abweichung (A=0,5) ist auf die positive Wahrnehmung der Situation durch die Lehrkraft zurückzuführen.

Grund 1c. Abweichung durch neue Informationen

Weitere Ereignisse, die weder als positiv noch als negativ zu bezeichnen sind, führen zu Abweichungen: In der aktuellen Auseinandersetzung mit neuartigen Situationen, neuen Informationen, Sichtweisen, Aufgabenstellungen oder neuen Ideen kann es zu neuen Handlungsversuchen kommen oder können neue Handlungspläne ausprobiert werden.

Auch Dann und Krause (1988, S. 284) untersuchten die „Neuartigkeit einer Schülerhandlung", kamen aber zu dem Ergebnis, dass diese Variable keinen Einfluss auf die Handlungswirksamkeit der Subjektiven Theorie des Lehrers hat. Deshalb werden in dieser Kategorie nicht nur neuartige Schülerhandlungen, sondern insgesamt neue Informationen berücksichtigt[1].

13.1.2 Grund 2. Intransparenz-Situationen

Intransparenz-Situationen sind Situationen, in die ein subjektiver Theoretiker so geringen Einblick hat, dass sie für ihn nicht durchschaubar sind, so dass handlungssteuernde Kognitionen fehlen (dies würde dann zu einer Blindstelle führen, siehe dort Grund 1). Allerdings kann hier eine Einschränkung durchaus angebracht sein: Die Tatsache, dass eine Situation weitgehend intransparent ist, muss nicht notwendigerweise bedeuten, dass keine Kognitionen mit Erklärungskraft für menschliches Handeln in dieser Situation vorliegen, „...denn

---

[1] Hier kann kein Beispiel gegeben werden, da sich in der empirischen Vergleichsarbeit tatsächlich keine Abweichung auf diesen Grund zurückführen ließ

es ist prinzipiell möglich, dass sich das reflexive Subjekt Mensch trotz der Intransparenz Gedanken macht, Hypothesen aufstellt etc. und diesen Hypothesen entsprechend handelt. Die Hypothesen mögen wegen der Intransparenz falsch im Sinne von nicht realitätsadäquat sein, aber das Handeln ließe sich gleichwohl unter Rückgriff auf diese Hypothesen erklären" (Scheele & Groeben, 1988b, S. 42).

Abweichungen treten dann auf, wenn die Lehrkraft nur geringen Einblick in bestimmte Aspekte des Gruppenunterrichts hat, v.a. während der eigentlichen Gruppenarbeit. Die Vorstellung des Lehrers entspricht nur bedingt dem, was sich im Gruppenunterricht tatsächlich abspielt. Diese Erklärungsmöglichkeit bietet sich gerade für partielle Abweichungen an.

Beispiel: Gegen Anfang der Gruppenarbeitsphase wird in der Subjektiven Theorie (Lehrkraft 09, Sequenz „Mittelalterliche Stadt") die Entscheidungsbedingung Problemgruppe hat Arbeitsauftrag verstanden? - nein durchlaufen. Der Lehrer hat bei seinem Kurzbesuch bei Gruppe 4 (hier: Problemgruppe) den Eindruck, dass diese den Arbeitsauftrag verstanden hat. Daher geht er sofort weiter, ohne zu intervenieren. Zu einem späteren Zeitpunkt der Gruppenarbeitsphase wird dem Lehrer aber bewusst, dass Gruppe 4 doch Schwierigkeiten mit dem Arbeitsauftrag hat und Hilfestellungen benötigt. An dieser Stelle hat der Lehrer jedoch durch seine Beobachtung zunächst einen falschen Eindruck gewonnen. Die Situation innerhalb der Gruppe ist für den Lehrer nicht transparent, so dass er die Situation falsch (Entscheidung: ja) einschätzt, woraus sich die Abweichung ergibt.

13.1.3 Grund 3. Inkohärentes kognitives System

Abweichungen von Subjektiven Theorien in bezug auf Herstellungswissen können deshalb zustande kommen, weil dahinter inkohärente Subjektive Theorien v.a. auf der Ebene des Funktionswissens stecken. Bei der Rekonstruktion der Subjektiven Struktur werden die verschiedenen Ebenen oder die verschiedenen inkohärenten Teilstücke aus mehreren Gründen (z.B. Tendenz zur Harmonisierung, Logik, Widerspruchsfreiheit) kohärent gemacht. In der Handlungssituation schlägt aber mal die eine, mal die andere Teiltheorie durch.

In diesem Sinne äußern sich auch Scheele und Groeben (1988b, S. 35): „Subjektive Theorien mittlerer Reichweite sind (...) so breit und differenziert, dass ihnen gegenüber nicht von vornherein das Charakteristikum der (theoretischen) Kohärenz unterstellt werden kann; es ist also mit der Möglichkeit von Brüchen innerhalb einer solchen Subjektiven Theorie, mit Widersprüchen, dem Auseinanderfallen in Teiltheorien etc. zu rechnen".

Einen zweiten Zugang zur Erklärung dieser Abweichungen bietet die Imperativtheorie von Wagner (1993; Wagner, Barz, Maier-Störmer, Uttendorfer-Marek & Weidle, 1984), mit deren Hilfe bestimmte Phänomene, nämlich „Knoten" im Denken und Handeln von Personen verstanden werden können. „Das Sich Imperieren ist eine (interne) Handlung des Bewusstseins bezogen auf eine - im Bewusstsein bereits vorhandene - Kognition: Es ist die Handlung des Sich Etwas Befehlens. Das, was sich jemand befiehlt, wird ... als selbstimperierte Sollvorstellung oder auch als Subjektiver Imperativ bezeichnet" (Wagner, 1993, S. 3). Solche selbstimperierten Sollvorstellungen können durchaus im Widerspruch zueinander stehen („Ich muss aufstehen" - „Ich muss ausschlafen"). Wagner (1993, S. 14; Wagner et al., 1984) spricht dann von einem akuten Imperativverletzungskonflikt, wenn sich dieser Widerspruch nicht mehr so ohne weiteres umgehen (d.h. z.b. ignorieren, siehe Grund 2 der Blindstellen, oder auch in die Zukunft verschieben) lässt. Der Imperativverletzungskonflikt könnte beispielsweise entstanden sein durch „das Sich Imperieren zweier Sollvorstellungen, die in einer bestimmten Situation („Imperativ-Imperativ-Konflikt") oder von ihrem Inhalt her („Imperativ-Gegenimperativ-Konflikt") miteinander kollidieren" (Wagner, 1993, S. 14). (Beispiele: „Schüler sollen zur Selbständigkeit erzogen werden" - „Ich muss als Lehrer ständig die Kontrolle haben" oder „Soziale Konflikte gehen vor" - „Keine Zeit, ich muss inhaltliche Lernziele erreichen"). Aufgrund solcher miteinander konkurrierender und kollidierender Imperative können sich Abweichungen ergeben.

Beispiel: Im fortgeschrittenen Stadium der Gruppenarbeitsphase wird in der Subjektiven Theorie (Lehrkraft 05, Sequenz „Till Eulenspiegel") das Handlungskonzept <u>Möglichst kurze Hinweise und Hilfen, immer wieder an Pult zurück, Tafelanschrift weiter machen ...</u> durchlaufen. Grundsätzlich möchte die Lehrkraft, dass die Gruppen selbständig arbeiten; dies wird durch eines ihrer Prinzipien deutlich: „Ziel Selbständigkeit: Bei Gruppenarbeit kann das gut verwirklicht werden ...". An dieser Stelle gibt die Lehrkraft allerdings keine kurzen Hinweise oder Hilfen und lässt die Schüler dann selbständig weiter arbeiten, sondern sie bleibt über eine Minute bei einer Gruppe, die in dieser Zusammensetzung im Deutschunterricht normalerweise nicht besteht. Die zwei ausländischen Schülerinnen, die sonst während des Deutschunterrichts im Förderunterricht sind, haben Verständnisschwierigkeiten. Da es ein weiteres Prinzip des Lehrers ist, dass jede Gruppe zufriedenstellende Ergebnisse bringen soll, hält er sich in diesem Fall länger bei der Gruppe auf, um auch dieser Gruppe zufriedenstellende Ergebnisse zu ermöglichen. Die beiden inkohärenten Teilsysteme führen zu einer Abweichung, die Lehrkraft handelt nicht gemäß ihrer Subjektiven Theorie.

13.1.4 Grund 4. Diskrepanz zwischen Sollvorstellungen und Realität

Die Spannung zwischen erforderlichem Tun und Idealen, die Spannung zwischen konkretem Tun im Unterricht, das jetzt notwendig ist, und dem, was die Lehrkraft „eigentlich" für notwendig hält, kann zu Abweichungen führen („So muss ich´s halt machen, eigentlich würde ich´s aber ganz anders machen!"). Die Abweichungen treten auf, weil von Sollvorstellungen, die in der Subjektiven Theorie enthalten sind, in der Realität abgewichen wird. Wenn man von den im vorhergehenden Punkt 3 dargestellten selbstimperierten Sollvorstellungen ausgeht, kann im Rahmen der Imperativtheorie von Wagner (1993; Wagner et al., 1984) der Grund für eine Abweichung auch darin liegen, dass die Wahrnehmung einer Situation im Widerspruch zur selbstimperierten Sollvorstellung steht. Z.B. nimmt die Lehrkraft wahr, dass die Schüler ziemlich laut bei der Arbeit sind, was im Widerspruch zu der Sollvorstellung steht, dass ein bestimmter Lärmpegel im Unterricht nicht überschritten werden darf. Daraus kann sich eine Abweichung ergeben.

Beispiel: Gegen Ende der Auswertungsphase wird in der Subjektiven Theorie (Lehrkraft 03, Sequenz „Mödlareuth") das Handlungskonzept <u>Würdigen der Gesamtleistung, z.B. „jetzt haben wir viele Informationen erarbeitet"; „das habt ihr prima gemacht"; „so viele Ideen hätte ich nicht erwartet"</u> durchlaufen. An dieser Stelle macht die Lehrkraft nicht nur keine Bemerkung, die sich als Würdigung der Gesamtleistung auffassen ließe, sondern sie äußert ihre Enttäuschung, dass sie mit dem Gesamtergebnis nicht ganz zufrieden ist, in Mimik und Worten: „Es gäbe sicher noch ein paar andere Punkte, aber wir wollen's dabei für heute bewenden lassen". Grundsätzlich rechnet die Lehrkraft mit guten Ergebnissen, die dann zu würdigen sind. In diesem Fall sind die Gruppenergebnisse aber eher unbefriedigend, so dass ihr Handeln von der Idealvorstellung abweicht.

13.1.5 Grund 5. Fehlerhafte Explikation

Der idealen Sprechsituation kann man sich immer nur annähern, sie kann nie ganz erreicht werden (vgl. dazu auch die Ergebnisse von v.Hanffstengel, 1997). So könnte z.B. ein Missverständnis vorliegen zwischen dem, was die Lehrkraft berichtet, und dem, was der/die WissenschaftlerIn versteht oder wie es (verkürzt) in der Subjektiven Theorie formuliert wird. Auch könnte es sein, dass sich die Lehrkraft im Sinne der sozialen Erwünschtheit äußert. Ebenso können Fehler z.B. durch Suggestion oder zufällige momentane Explikation zustande kommen. Des weiteren können Teile der Subjektiven Theorie aufgrund der Explizierungshilfen und des langandauernden Rekonstruktionsprozesses zu explizit oder fehlerhaft erhoben sein, das vorhergehende Handeln (auf dem Videoband) ist anders oder einfacher strukturiert. Da die ideale Sprechsituation nur approximiert werden kann, sind diese methodenimmanenten Gründe mit in die Überlegungen einzubeziehen, daraus können Abweichungen zwischen Subjektiver Theorie und dem beobachtbaren Handeln entstehen.

Hierzu formuliert Groeben (1988c, S. 230) einen Einwand möglicher Kritiker des Forschungsprogramms Subjektiver Theorien (FST): „Die Erhebung von Subjektiven Theorien wird ja von den Vertretern des FST selbst 'Re-Konstruktion' genannt .... Wenn man auf diese Art und Weise eine Versuchsperson (mehrere?) Stunden lang in eine Kommunikation über ein bestimmtes Problem verwickelt, dann entwickelt sich in und mit dieser Versuchsperson praktisch wie von selbst eine Dynamik zur immer weiteren Ausdifferenzierung, Ausfaltung, eventuell sogar Ergänzung und Erweiterung dessen, was die jeweilige Person wirklich über die thematische Frage denkt und meint".

Das, was als Subjektive Theorie der Lehrkraft abgebildet wird, kann daher mehr sein als das, was sie ursprünglich wirklich im Kopf hatte, die Subjektive Theorie kann Erhebungsartefakte enthalten. Diese Kritik wird häufig erhoben (z.B. Nisbett & Wilson, 1977), ist allerdings jeder Methode immanent und wird im Rahmen des Forschungsprogramms Subjektiver Theorien besonders berücksichtigt und nicht negativ gesehen.

Beispiel: Gegen Ende der Auswertungsphase wird in der Subjektiven Theorie (Lehrkraft 03, Sequenz „Ärger") das Handlungskonzept Zusammenfassung der Ergebnisse, z.B. vorbereitetes Medium durchlaufen. Während der Gruppenarbeitsphase wurden Arbeitsblätter ausgefüllt, die in der Auswertungsphase dann von den einzelnen Gruppen vorgelesen werden. Insofern ist ein Zusammenfassen der Ergebnisse nicht möglich und auch nicht nötig. In der Subjektiven Theorie fehlt eine Differenzierung in Form einer zusätzlichen Entscheidung, ob die Ergebnisse für eine Zusammenfassung geeignet sind oder nicht. Die unvollständige Explikation verursacht hier die Abweichung.

13.1.6 Grund 6. Lernprozesse, ausgelöst durch die Untersuchungssituation

Das hier vorliegende Untersuchungsdesign folgt dem Retrognosemodell, wobei das beobachtete Handeln das ursprüngliche, vergleichsweise weniger reflektierte Handeln der Lehrkraft darstellt, das noch nicht durch Lernprozesse während der Untersuchung verändert wurde. Der Vergleich geschieht zwischen früherem Handeln und späteren Theorien.

In der ersten Aufnahmewoche wird das Unterrichtshandeln der Lehrkraft aufgenommen. Vor der Kamera möchte sie, dass nichts schief geht, deshalb zeigt sei erprobte Handlungsmuster, probiert nichts Neues aus. In der darauffolgenden Strukturlegewoche ist keine Kamera mehr zugegen. Es ist vorstellbar, dass die Lehrkraft nun neue Handlungsmuster ausprobiert, die sich innerhalb der Struktur niederschlagen, die in den Aufnahmen der ersten Woche jedoch noch nicht zu beobachten sind.

Daneben können sich aber auch Veränderungen während des Untersuchungszeitraumes ergeben: Im Laufe des Untersuchungszeitraumes hat die Lehrkraft Zeit, sich Gedanken zu machen, das Strukturlegen spornt sogar dazu an. Während des Untersuchungszeitraumes verändert sich die Subjektive Struktur durch die intensive Beschäftigung mit dem Gruppenunterricht, daraus entstehen Abweichungen.

In Anbetracht dieser unvermeidbaren prinzipiellen Reaktivität des Erkenntnisgegenstands in der Psychologie argumentiert Groeben (1988c, S. 231): „Das FST nun versucht nicht, diese grundlegende erkenntnistheoretische Situation zu überspielen oder zu überwinden, sondern akzeptiert sie und arbeitet sie in seiner Methodologie präzise heraus ... Wenn man nämlich akzeptiert, dass jede Erhebung psychologischer Realität und damit Konstituierung eines psychologischen Gegenstands auch eine Veränderung dieses Gegenstands darstellt, ergibt sich die Frage danach, in welche Richtung der Gegenstand verändert wird. Und hier erhalten die Erhebungs- bzw. Rekonstruktionsmethoden des FST ... natürlich eine Veränderungsrichtung auf die in den Kernannahmen des Menschenbilds positiv ausgezeichneten Merkmale von Reflexivität, potentieller Rationalität etc. hin. Daher ist die Veränderung des psychologischen Gegenstands für das FST nicht mehr wie in der traditionellen Methodenlehre ein zu vermeidender Fehler, sondern ein unvermeidliches, und weil konstruktiv gelöst, auch positiv zu bewertendes Merkmal aller psychologischen Forschung". Insofern muss diese Tatsache bei der Untersuchung der Gründe für Abweichungen mitberücksichtigt werden[2].

13.1.7 Grund 7. Wissensverdichtung von Experten, Automatismen im Sinne von „didaktischen Routinen"

Hier geht es um automatisierte bzw. routinisierte Verhaltensweisen, sozusagen um „abgesunkene" Handlungen (siehe auch Grund 5 für Blindstellen), für die zum Entstehungszeitpunkt Subjektive Theorien relevant waren. Allerdings ist die bei der Entstehung entwickelte Subjektive Theorie im aktuellen Bezug, bedingt gerade durch die Automatisierung, nicht mehr relevant oder bewusstseinsfähig. Wenn man der Lehrkraft allerdings durch Nachfragen

---

[2] Ein Beispiel aus der empirischen Arbeit kann hier nicht angegeben werden, da keine Abweichung auf diesen Grund zurückgeführt werden konnte.

das konkrete Verhalten wieder zum Problem werden lässt, wird sie in den meisten Fällen in der Lage sein, die ursprüngliche Theorie oder Teile davon zu rekonstruieren (Scheele & Groeben, 1988b). Durch dieses Nachfragen kann es allerdings auch geschehen, dass eine Explizierung für den Lehrer nur ungenau oder sogar „falsch" möglich ist, dass Teile der Subjektiven Theorie ungenau oder „falsch" rekonstruiert werden (Nisbett & Wilson, 1977). Die Teile der Subjektiven Theorie, um die es hier geht, sind nicht unmittelbar handlungsleitend, Bromme (1985) bezeichnet solches Verhalten als „didaktische Routine", Wahl (1991) spricht von „verdichtetem Expertenwissen". Laut Schreckling (1986) findet insgesamt bei 38% der Unterrichtsepisoden routinisiertes Handeln statt, bei dem keine bewusste oder allenfalls eine einfache Handlungsplanung festzustellen ist (bei 54% der Unterrichtsepisoden liegt ein bewusst-problemlösendes Handeln vor, bei 8% gestörte Handlungsregulation).

Die Subjektive Theorie enthält verdichtetes Expertenwissen, der Lehrer handelt aus Routine heraus, die ihm nicht mehr bewusst ist. Unter dem Druck, eine Struktur produzieren zu wollen, wird Ungenaues oder „Falsches" produziert, was zu einer Abweichung führen kann. Beispiel: In der Gruppenarbeitsphase der Subjektiven Theorie (Lehrkraft 08, Sequenz „Redensarten") wird das Handlungskonzept Lehrerin geht durch Klasse und beobachtet Gruppen (zuerst die schwächeren!). Greift ein bei Fehlern und lenkt und motiviert Schüler durchlaufen. Die Lehrkraft geht nur zu vier Gruppen und einzelnen Schülern, sie geht nicht zu allen sieben Gruppen. In einem nachträglichen Interview erklärt die Lehrkraft, dass sie immer zu den Gruppen gehe, von denen sie glaube, sie brauchen Hilfe. Darüber hinaus sei dies abhängig von den Schülern. Bei manchen Gruppen müsse sie hingehen und die Schüler ansprechen, andere Gruppen würden sich schon durch ein kurzes Hinschauen angesprochen fühlen. Die erfahrene Lehrkraft handelt je nach Gruppe unterschiedlich, sie handelt aufgrund ihres Expertenwissens routiniert, ohne dies im einzelnen zu reflektieren. Sie verlässt sich hier auf ihr Gefühl, so dass sie nicht bei allen Gruppen vorbeischauen muss. Die vorliegende partielle Abweichung (A=0,5) ist somit der Kategorie „Didaktische Routine" zuzuordnen.

13.2 Mögliche Gründe für Sprünge innerhalb der Subjektiven Theorie

„Sprünge" wurden im Laufe der Vergleichsarbeit erst „entdeckt" und definiert, so dass auch in der Literatur dazu keine Aussagen vorliegen. So kommt es, dass die Annahmen über deren Gründe vergleichsweise zu denen der Abweichungen und Blindstellen weniger belegt und expliziert sind und die Hypothesen dazu aus der eigenen Erfahrung entwickelt wurden. Die ersten beiden Gründe sind inhaltlicher, der letzte Grund ist methodischer Art.

13.2.1 Grund 1. Flexibilität und Spontaneität

Sprünge können auf die Flexibilität und Spontaneität einer Lehrkraft hindeuten. Sie ist nicht in festgefahrenen Gleisen gefangen, sie beherrscht ihr Repertoire und kann souverän damit umgehen. Die kognitiven Grundlagen des Handelns sind vorhanden, allerdings in ihrem Ablauf nicht genau oder nicht starr festgelegt. Die Lehrkraft verwendet Teile der Subjektiven Struktur wie Bausteine, sie nimmt sich bestimmte Freiheitsgrade heraus, mit ihrem Wissen umzugehen. Das können z.b. Schülerfragen sein, auf die der Lehrer dann eingeht, wenn sie auftauchen. Eine genaue zeitliche Festlegung ist hier nicht möglich, weil der genaue Zeitpunkt nicht voraussehbar ist. Durch die Formalrelationen lässt sich die zeitliche Variabilität der Bausteine und damit die Flexibilität und Spontaneität der Lehrkraft nicht ausdrücken.

Beispiel: Während der Gruppenarbeitsphase in der Subjektiven Theorie (Lehrkraft 07, Sequenz „In dieser Minute") springt die Lehrkraft zu dem Handlungskonzept Lehrerin unterbricht Gruppenarbeit, wiederholt Arbeitsauftrag und gibt Beispiele. Die Lehrkraft bemerkt bei einer guten Gruppe, dass der Arbeitsauftrag von dieser nicht verstanden wurde. Aufgrund der Verständigungsprobleme innerhalb der guten Gruppe und durch die Beobachtung anderer Gruppen sieht sie die Notwendigkeit, die Gruppenarbeit an dieser Stelle spontan abzubrechen. Sie wiederholt den Arbeitsauftrag nochmals komplett und gibt den Schülern ein weiteres Beispiel. In einem späteren Interview sagt die Lehrkraft, dass sie es vermeide, die Gruppen während der Arbeit zu unterbrechen, in diesem Fall sei es aber das kleinere Übel gewesen. Die Handlungen sind an einer anderen Stelle in der Subjektiven Theorie vorgesehen, jedoch nicht hier, so dass die Lehrkraft dahin springen muss.

13.2.2 Grund 2. Unsicherheit im Handeln oder Unklarheiten in der Zielhierarchie

Unsicherheiten im Handeln oder Unklarheiten in der Zielhierarchie der Lehrkraft können Sprünge bedingen. Die Lehrkraft springt in der Subjektiven Theorie zu anderen als den vorgesehenen Handlungen, weil sie unsicher bezüglich deren Folgen ist oder auch, weil konkurrierende übergeordnete Prinzipien die vorgesehenen Handlungen beeinflussen. Unsicherheiten im Handeln oder Unklarheiten in der Zielhierarchie der Lehrkraft stellen belastende Momente dar.

Beispiel: In der Gruppenarbeitsphase in der Subjektiven Theorie (Lehrkraft 12, Sequenz „Paar-paar") springt die Lehrkraft zu dem Handlungskonzept Lehrer präzisiert Arbeitsauftrag. Obwohl offensichtlich keine Gruppe den Arbeitsauftrag missverstanden hat, präzisiert die Lehrkraft den Arbeitsauftrag; zu dieser Handlung muss sie springen. In einem späteren

Interview sagt die Lehrkraft, dass sie sich nicht sicher gewesen sei, ob der Arbeitsauftrag von allen Schülern verstanden wurde. Dies steht im Widerspruch zu einer früheren Aussage in dieser Sequenz, in der die Lehrkraft meint, dass sie auf das Herumgehen verzichtet habe, weil der Arbeitsauftrag klar gestellt sei. Darüber hinaus stellt die Lehrkraft fest, dass sie dazu neige, manchmal zu viel zu reden. Der Sprung ist auf die Unsicherheit der Lehrkraft zurückzuführen.

13.2.3 Grund 3. Unvollständige Explikation der Formalrelationen

Auch zur Erklärung von Sprüngen müssen methodische Gründe herangezogen werden, d.h. dass die Ursachen in der Erhebungsmethode begründet liegen. Es ist nicht immer möglich und auch nicht sinnvoll, alle möglichen Relationen zwischen den Konzepten der Struktur zu explizieren. Die inhaltlichen Konzepte sind dabei in der Struktur enthalten, es fehlen aber die möglichen Verbindungen. Hiervon sind vermutlich v.a. seltene Fälle betroffen.

Beispiel: Es handelt sich hier um ein Beispiel von Lehrkraft 07, Sequenz „Wörterbuch". In der Auswertungsphase geht die Lehrkraft entsprechend ihrer Subjektiven Theorie auf eine Gruppe ein, die wegen interner Streitigkeiten keine Ergebnisse vorweisen kann. In diesem Fall ist kein Ergebnisvortrag vorgesehen (er ist in der Subjektiven Theorie für andere Fälle als Handlungsalternative angeführt), die nächste Entscheidung bezieht sich auf die Ergebnissicherung. Da aber die übrigen Gruppen ein Ergebnis haben, muss nun zu der Handlung Schüler, die sich zu Wort melden, geben Beiträge = Klassengespräch (niemand soll blamiert werden) gesprungen werden. Die Ursache für den Sprung liegt in der Struktur begründet. Es wurde nicht bedacht, dass trotzdem ein Ergebnisvortrag nötig ist, auch wenn eine Gruppe keine Ergebnisse vorzuweisen hat. Hier liegt eine unvollständige Explikation der Formalrelationen vor.

13.3 Mögliche Gründe für Blindstellen der Subjektiven Theorie

Hier geht es um die Frage, welche Aspekte des beobachtbaren Interaktionsgeschehens kognitiv repräsentiert sind und bei welchen dies nicht der Fall ist (Blindstellen). Bestimmte kognitive Grundlagen des Handelns werden selten oder niemals durch Aufmerksamkeitsprozesse ins Bewusstsein gehoben, deshalb können sie auch nicht in den dialogisch rekonstruierten Subjektiven Theorien repräsentiert sein. Dies stellt eine systematische Schwäche der Subjektiven Theorie dar, denn bestimmte Teile der Subjektiven Theorie sind dadurch nicht abgebildet. Abgebildet sind nur die Teile, die potentiell störanfällig und damit auch bewusstseinspflichtig (im Sinne von Cranach's Aufmerksamkeitstheorem) sind. Deshalb gibt es auch nur zwei Gründe inhaltlicher Art (13.3.1 und 13.3.2), die anderen drei Gründe (13.3.3-5) sind methodischer Art.

13.3.1 Grund 1. Intransparenz-Situationen

Hierbei handelt es sich um Aspekte des Gruppenunterrichts, in die die Lehrkraft keinen oder nur geringen Einblick hat, so dass sie nicht in der Subjektiven Theorie enthalten sind (Fehlen handlungssteuernder Kognitionen). Die Lehrkraft verhält sich spontan und reaktiv, ohne einen zugrundeliegenden Plan. Intransparenzsituationen können auch zu Abweichungen führen (siehe dort Grund 2), dann handelt die Lehrkraft allerdings gemäß einem Plan, auch wenn dieser der Realität nicht angemessen ist. Für Intransparenzsituationen bieten kognitionspsychologische Theorieansätze geringe Erklärungsmöglichkeiten. Es „... ist davon auszugehen, dass für solche Situationen das Forschungsprogramm Subjektive Theorien keine (oder nur eine eingeschränkte) Relevanz besitzt... Es gibt durchaus auch für den (erwachsenen) Menschen kognitiv überfordernde Situationen, die wegen der Unvollständigkeit oder Widersprüchlichkeit der Informationen intransparent zu nennen sind und den Aufbau von (adäquaten) Subjektiven Theorien verhindern. Dazu gehören etwa unlösbare Aufgaben, die Hilflosigkeit zur Folge haben können" (Scheele & Groeben, 1988b, S. 42).

Scheele und Groeben (1988b, S. 46) weisen auch auf mögliche Wechselwirkungen zwischen den Dimensionen Intransparenz und Desintegration am Beispiel der Panik hin: „Es kann Situationen geben, die so intransparent sind, dass emotionaler Stress sehr schnell zu so drastischen Verschlechterungen der Informationsverarbeitung führt, dass panikartige Reaktionen entstehen".

Bei diesen Blindstellen handelt es sich um Verhaltensweisen, die unter Umweltkontrolle stehen, die also reaktiv sind und denen keine Subjektive Theorie zugrunde liegt.

Beispiel (Lehrkraft 12, Sequenz „Igel"): In der teilweise arbeitsteiligen Gruppenarbeit wurden zwei verschiedene Aufgaben von je drei Gruppen bearbeitet. Die Lehrkraft schließt die Auswertungsphase mit einem gegenüberstellenden Vergleich ab: Die Eigenschaften der beiden Fabeltiere werden von je einem Schüler vorgelesen. Diese Vorgehensweise ist nicht in der Subjektiven Theorie vorgesehen und stellt die Blindstelle dar. In einem späteren Interview erklärt die Lehrkraft, dass sie sich nicht sicher gewesen sei, ob alle Schüler die Grundeigenschaften der beiden Fabeltiere erkannt hätten. Aus dieser für sie intransparenten Situation hat die Lehrkraft mit den beobachteten Verhaltensweisen reagiert.

13.3.2 Grund 2. Unangenehme Aspekte

Aspekte, die nicht argumentationszugänglich sind, weil sie unangenehme, abgelehnte und/oder (im Sinne der Psychoanalyse) verdrängte Elemente der beruflichen Tätigkeit betreffen, sind in der Subjektiven Struktur nicht enthalten. Blindstellen können also durch Ignorieren (Verdrängen) oder Abkürzen (Blockieren) entstehen. Davon sind vor allem peinlich erscheinende, unprofessionelle Aspekte betroffen.

Auch die Imperativtheorie von Wagner (1993; Wagner et al., 1984; siehe auch Grund 3 der Abweichungen) lässt sich hier zur Erklärung anführen. An eine Sollvorstellung zu denken („Etwas muss sein!"), impliziert zugleich den Gedanken, dass diese Sollvorstellung nicht erreicht werden könnte; das darf aber nicht sein. Das Bewusstsein setzt dann bestimmte Strategien ein, um die Konflikte zu umgehen. So eine Konfliktumgehungsstrategie kann z.B. das Ignorieren (i.S. des Verdrängens) sein. „Das Ignorieren in seiner einfachsten Form besteht darin, die Aufmerksamkeit von dem zu Ignorierenden weg auf etwas anderes zu lenken" (Wagner, 1993, S. 10). Eine ähnliche Art und Weise des Umgangs mit solchen Konflikten ist das Abkürzen (Blockieren) des Problemlöseprozesses: Bestimmte Lösungsmöglichkeiten werden nicht weiter verfolgt. „Das Ignorieren eines Teils der aktivierten Information führt zu einer Abkürzung des inneren Problemlöseprozesses; dies kann positive wie auch negative Auswirkungen haben. Die positiven Auswirkungen können u.a. ... die schnellere (Wieder-) Herstellung der Handlungsfähigkeit betreffen, die negativen Auswirkungen können daraus resultieren, dass das Auffinden anderer Problemlösungen dadurch abgeschnitten und blockiert wird" (Wagner, 1993, S. 11).

Beispiel (Lehrkraft 02, Sequenz „Armgelenke"): Während der Auswertungsphase wird die Klasse zunehmend unruhiger. Die Lehrkraft greift zunächst nicht ein. Schließlich setzt sie sichtlich verärgert einen Schüler an einen Einzeltisch. Diese Maßnahme ist in der Subjektiven Theorie nicht vorgesehen und stellt somit eine Blindstelle dar. Offensichtlich ignoriert die Lehrkraft die allgemeine große Unruhe in ihrer Klasse. Dies zeigt sich daran, dass lediglich zu Beginn der Auswertungsphase Maßnahmen zur Herstellung von Ruhe in der Subjektiven Theorie vorgesehen sind, um überhaupt die Auswertung beginnen zu können. Unruhe, die dann in der Auswertungsphase auftritt, wird nicht berücksichtigt. Dies deutet auf eine „Blindheit" der Lehrkraft für den hohen Lärmpegel in der Klasse hin, die Blindstelle enthält unangenehme Aspekte des Unterrichtens.

13.3.3 Grund 3. Implizites Wissen

Bei diesen Blindstellen geht es um beobachtbare Verhaltensweisen, die sich ohne aktualisierbare und rekonstruierbare kognitive Einsichten vollziehen, die ohne Beteiligung von expliziten kognitiven Prozessen ablaufen (Scheele & Groeben, 1988b, S. 39 und 41). Teile der Subjektiven Theorie können nicht aktualisiert und rekonstruiert werden, weil sie nicht existieren oder nicht bewusst sind. Auf diesen Teilbereich (Fehlen handlungssteuernder Kognitionen) erhebt das Forschungsprogramm Subjektive Theorien keinen Lösungsanspruch. Gleichwohl können solche Verhaltensweisen in der Realität des Unterrichts vorkommen. In der Subjektiven Theorie kann jedoch keine Entsprechung dafür vorhanden sein. Diese Blindstellen könnten eventuell bei einem „geborenen Lehrer" auftreten.

Neben dem Hinweis auf die Ungültigkeit des Forschungsprogramms Subjektive Theorien für Verhaltensweisen, die ohne die Beteiligung von kognitiven Prozessen ablaufen (Scheele & Groeben, 1988b, S. 37, 39 und 44), bietet auch das „Modell des impliziten Wissens" eine Erklärungsmöglichkeit für diese Blindstellen an. In der Forschung zur Steuerung komplexer Systeme zeigte sich, dass das Ausmaß des mitteilbaren (expliziten) Wissens über ein System nicht in signifikantem Zusammenhang steht mit einer entsprechenden Steuerungsleistung (z.B. Berry & Broadbent, 1984; Leutner, 1992). Manche Personen können auch gute Steuerungsleistungen vollbringen, ohne viel Wissen über das System explizieren zu können. Dies führte einige Autoren (z.B. Broadbent, Fitzgerald & Broadbent, 1986) zur Annahme impliziten Wissens, welches zwar zur Handlungssteuerung herangezogen wird, jedoch nicht mitgeteilt werden kann.

Das Modell des impliziten Wissens nimmt nicht an, dass zuerst verbalisierbares deklaratives Wissen (Wissen, dass) erworben werden muss, das dann später in Handlungswissen (Wissen, wie) überführt wird. Handlungswissen kann vielmehr vor dem expliziten Wissen vorhanden sein: Man kann etwas, ohne entsprechendes (explizites) Wissen zu haben.

Es werden getrennte Systeme für Verbalisierungsleistungen (explizites Wissen) und für die Handlungssteuerung (implizites Wissen) angenommen (siehe dazu auch Renkl, 1996, S. 83).

Beispiel (Lehrkraft 12, Sequenz „Sprechweise der Fabeltiere"): Nach etwa acht Minuten Gruppenarbeit kündigt die Lehrkraft das bevorstehende Ende der Gruppenarbeitsphase an. Die Schüler haben noch drei bis fünf Minuten Zeit, ihre Dialoge fertig zu stellen. Mitten in der Gruppenarbeit ist in der Subjektiven Theorie kein derartiger Hinweis vorgesehen, so dass hier eine Blindstelle vorliegt. Auf eine spätere Anfrage kann die Lehrkraft keine schlüssige Erklärung für die plötzliche Zeitvorgabe geben. Ihre Aussagen (wenn die Gruppenarbeit zäh verlaufe oder die Schüler Schwierigkeiten hätten) begründen nicht die Zeitvorgabe. Die Schüler arbeiten intensiv, haben keine Schwierigkeiten und die Gruppenarbeit verläuft auch nicht zäh. Möglicherweise handelt es sich hier um eine Maßnahme zur Gliederung oder Steuerung, da diese Gruppenarbeit im Vergleich zu den anderen mehr als doppelt so lange dauert. Bei der Lehrkraft liegen offensichtlich keine rekonstruierbaren Kognitionen zugrunde, so dass es sich hier um implizites Wissen handelt.

13.3.4 Grund 4. Unvollständige Explikation

Subjektive Strukturen können niemals ganz vollständig sein. Nach einer gewissen Zeit wird es zu einem Dialog-Konsens kommen, auch wenn die Rekonstruktion noch nicht hundertprozentig abgeschlossen ist. Wurde die Rekonstruktion zu früh abgeschlossen, sind bestimmte in der Realität zu beobachtende Handlungen nicht in der Struktur enthalten. Dies passiert v.a. bei Nebensächlichkeiten oder Selbstverständlichkeiten. Aspekte, die für das unterrichtsbezogene Selbstverständnis nebensächlich oder allenfalls von peripherer Bedeutung oder allzu selbstverständlich sind, tauchen nicht in der Subjektiven Struktur auf. Auch bei einmaligen Situationen besteht die Möglichkeit, dass sie keinen Eingang in die Subjektive Theorie gefunden haben.

Dann (1992, S. 39), der sich seinerseits auf Flick (1987) bezieht, weist auf einen weiteren möglichen Explikationsfehler hin: „Trotz der freien Gestaltungsmöglichkeiten innerhalb der Rekonstruktionsphase stellt die Normierung des Regelwerks der jeweiligen Struktur-Lege-Technik doch auch eine spezifische Einschränkung dar. So sehr die vorgegebenen Regeln zur Präzisierung der Struktur beitragen, können sie umgekehrt auch zur Verkürzung des vom Untersuchungspartner Gemeinten führen. Möglicherweise werden Inhalte und Strukturaspekte, die nicht ohne weiteres in der vorgesehenen Form darstellbar sind, bei der Rekonstruktion mitunter außer acht gelassen".

Beispiel (Lehrkraft 12, Sequenz „Paar-paar"): Die Lehrkraft teilt je drei Gruppen einen anderen Arbeitsauftrag zu, die Gruppenarbeit läuft somit teilweise arbeitsteilig ab. Dies ist in der Subjektiven Theorie nicht vorgesehen, hier existieren nur die beiden Alternativen „arbeitsgleich" versus „arbeitsteilig". Die dritte Alternative „teilweise arbeitsteilig" (oder „teilweise arbeitsgleich") ist nicht enthalten. Da die Lehrkraft diese Alternative sogar in zwei der vier beobachteten Sequenzen einsetzt, ist davon auszugehen, dass hier die Struktur nicht vollständig expliziert wurde.

13.3.5 Grund 5. Wissensverdichtung von Experten, Automatismen im Sinne von „didaktischen Routinen"

Auch hier (vgl. Grund 7 für Abweichungen) geht es um automatisierte bzw. routinisierte Verhaltensweisen, um „abgesunkene" Handlungen, für die zum Entstehungszeitpunkt Subjektive Theorien relevant waren. Allerdings ist die bei der Entstehung entwickelte Subjektive Struktur im aktuellen Vollzug, bedingt gerade durch die Automatisierung, nicht relevant oder bewusst, somit auch nicht unmittelbar handlungsleitend. Ein Beispiel dafür ist die Reaktion des Lehrers auf das Schwätzen eines Schülers, die je nach Situationsbedingungen in einem Ermahnen oder Übersehen bestehen kann. Dabei kann man davon ausgehen, dass zum Zeitpunkt der Entwicklung dieser automatischen Verhaltensweise durchaus kognitive Anstrengungen geleistet werden mussten, um derartige Reaktionen zu entwickeln. Diese Verhaltensweisen sind aufgrund einer Vielzahl von Wiederholungen eingeschliffen und laufen automatisch ab, sie werden nicht mehr reflektiert, so dass sie auch keinen Eingang in die Subjektive Theorie gefunden haben. (Falls sich bei der Rekonstruktion allerdings durch Nachfragen eine ungenaue oder „falsche" Explizierung ergibt, liegt eine Abweichung mit Grund 7 vor). Die Blindstelle ergibt sich daraus, dass eine didaktische Routine in der Realität beobachtet wird, die in der Subjektiven Theorie nicht enthalten ist.

Beispiel (Lehrkraft 03, Sequenz „Gedicht"): Zu Anfang der Gruppenarbeit steht die Lehrkraft bei einer Gruppe und bemerkt, dass die Schüler den vorgegebenen Text abzuschreiben beginnen. Daraufhin gibt sie spontan an die ganze Klasse den Hinweis, dass die Schüler gleich weiterdichten sollen anstatt erst das abzuschreiben, was bereits dasteht, da das zuviel Zeit kostet. Durch diese Intervention will die Lehrkraft Zeit sparen, wie sie die Maßnahme auch den Schülern gegenüber begründet. In der Subjektiven Theorie ist sie aber nicht enthalten, es handelt sich um eine didaktische Routine, die sich als Blindstelle niederschlägt.

13.4 Synopse

Insgesamt sind die Nicht-Übereinstimmungen zwischen Subjektiven Theorien und beobachtetem Unterrichtshandeln in Form von Abweichungen am besten expliziert und dokumentiert. Wenn alle Unterpunkte separat gezählt werden, handelt es sich um neun Gründe für Abweichungen, wovon sechs inhaltlich und drei methodisch begründet sind. Die erst später definierten Sprünge sind von den theoretischen Überlegungen und ihrer Bandbreite her weniger umfangreich, zwei Gründe beziehen sich auf inhaltliche Aspekte, einer ist methodischer Art. Blindstellen zielen schon von ihrer Definition eher auf Gründe methodischer

Art hin, da nur bewusstseinspflichtige Grundlagen des Handelns auch in den Subjektiven Theorien enthalten sein können. So sind von den insgesamt fünf möglichen Gründen für Blindstellen nur zwei inhaltlicher und drei methodischer Art. Ein Überblick über die Gründe für Abweichungen, Sprünge und Blindstellen wird in den folgenden drei Tabellen gegeben.

Tab. 4: Übersicht über die möglichen Gründe für Abweichungen

1. Veränderungen durch Umbrüche in der persönlichen Genese
1a. durch negative Erfahrungen
1b. durch positive Erfahrungen
1c. durch neue Informationen
2. Intransparenz-Situationen
3. Inkohärentes kognitives System
4. Diskrepanz zur Realität
5. Fehlerhafte Explikation[3]
6. Lernprozesse durch Untersuchungssituation ausgelöst[3]
7. Wissensverdichtung durch Experten[3]

Tab. 5: Übersicht über mögliche Gründe für Sprünge

1. Flexibilität, Spontaneität
2. Unsicherheiten, Unklarheiten
3. Unvollständige Explikation[3]

Tab. 6: Übersicht über mögliche Gründe für Blindstellen

1. Intransparenz-Situationen
2. Unangenehme Aspekte
3. Implizites Wissen[3]
4. Unvollständige Explikation[3]
5. Wissensverdichtung von Experten[3]

In Kapitel 16 werden die durch den systematischen Vergleich festgestellten Abweichungen, Sprünge und Blindstellen in das Kategoriensystem der Tabellen 4-6 eingeordnet.

---

[3] methodischer Grund

Nachdem nun die Vorgehensweise und die Instrumente der Untersuchung detailliert beschrieben sind, werden in diesem Teil III die Ergebnisse des Vergleichs präsentiert. Zuerst wird exemplarisch ein Vergleich vorgestellt, daran schließt sich die deskriptive Auswertung aller 38 Gruppenunterrichtssequenzen der zehn Lehrkräfte an (Kap. 14). Dann geschieht eine methodisch ausgerichtete Auswertung, die Ausführungen zu den Gütekriterien der Instrumente, v.a. der explanativen Validität und der Realitätsadäquanz der Subjektiven Theorien enthält (Kap. 15). In einem weiteren Kapitel wird die psychologische Bedeutung der Nicht-Übereinstimmungen betrachtet (Kap. 16) und schließlich geschieht eine inhaltliche Auswertung in bezug auf die formulierten Hypothesen (Kap. 17) und bezüglich weiterer Aspekte (Kap. 18).

14 Exemplarische Darstellung eines Falles und Basisdaten aller Vergleiche

Das Datenmaterial für den Vergleich besteht aus den Subjektiven Theorien von zehn Lehrkräften (Innensicht-Daten) und 38 aufgezeichneten und transkribierten Gruppenunterrichtssequenzen (Außensicht-Daten). Pro Lehrkraft existieren zwei bis fünf Unterrichtssequenzen, in der Regel vier Sequenzen pro Lehrkraft oder Subjektiver Theorie (vgl. Tab. 7).

Tab. 7: Überblick über die zehn Subjektiven Theorien und die Zuordnung der 38 Gruppen-unterrichts-Sequenzen

Subjektive Theorie	dazu gehörende Sequenzen
02^1	Auf dem Lande Haltungsschäden Armgelenke New York
03	Ärger Mödlareuth Gedicht New York
05	Bildgeschichten Mönch Comics Eulenspiegel
06	Bildzeichen Sprachzeichen Fliege Tisch
07	Taschengeld Minute Wortspielerei Wörterbuch
08	Redensarten Bericht Suchmeldung Personenbeschreibung
09	Ständeordnung Mittelalterliche Stadt
10	Grille und Ameise II Grille und Ameise III Fabeltiere
12	Herr Moritz Igel Paar-paar Sprechweise
14	Indianerreise Bildbeschreibung Bildgeschichte Landkarten Groß und klein

Der Vergleich zwischen Innen- und Außensicht erfolgte durch zwei unabhängige Raterin-nen: Die Autorin war bei allen Vergleichen dabei, die andere Raterin wechselte, wobei es

---

[1] Interne Nummerierung im Projekt 'Unterrichtskommunikation'

sich um Verfasserinnen von Zulassungsarbeiten, wissenschaftliche Hilfskräfte oder Projektmitglieder handelte. Zuerst wurde für jede Gruppenunterrichtssequenz der Pfad in der dazu gehörenden Struktur ermittelt, und zwar von beiden Raterinnen unabhängig voneinander. In einem zweiten Schritt wurden die Nicht-Übereinstimmungen (Abweichungen, Blindstellen und Sprünge) zwischen der Außen- und Innensicht unabhängig voneinander bestimmt. Schließlich wurde der Vergleich gemeinsam durchgegangen, der endgültige Pfad durch die Struktur besprochen und die Nicht-Übereinstimmungen diskutiert (ausführliche Beschreibung in Kap. 10.1). In diesem Gespräch kam es bei unterschiedlichen Urteilen in der Regel zu einer Einigung, da einer der beiden Raterinnen die andere durch ein Argument überzeugen konnte, das die andere so nicht gesehen hatte. Auch bei partiellen Abweichungen wurde über den Grad der Abweichung diskutiert. In vier Fällen mussten fehlende Informationen durch eine Befragung der Lehrkraft eingeholt werden und in einem Fall wurden die unterschiedlichen Argumente allen Projektmitgliedern vorgetragen, so dass dieses „Schiedsgericht" eine Entscheidung fällte.

Im nächsten Kapitel wird eine Lehrkraft und ihre Klasse exemplarisch vorgestellt (Kap. 14.1), dann wird die Subjektive Theorie dieser Lehrkraft in groben Zügen beschrieben (Kap. 14.2) und schließlich wird wieder exemplarisch ein Vergleich zwischen der Subjektiven Theorie und einer ausgewählten Gruppenunterrichtssequenz gebracht (Kap. 14.3). Nach dem Betrachten der Gemeinsamkeiten, Verzweigungen und Hauptlinien der verschiedenen Gruppenunterrichts-Sequenzen einer Lehrkraft (Kap. 14.4) werden die Basisdaten aller 38 Vergleiche (Kap. 14.5) präsentiert.

14.1 Informationen über eine Lehrkraft und ihre Klasse

Für diese exemplarische Vorstellung wurde die Lehrkraft mit der projektinternen Nummerierung 06 ausgewählt. Die Auswahl erfolgte deshalb, weil die Autorin bei der Rekonstruktion der Subjektiven Theorie den einen Dialog-Partner darstellte und so die Informationen aus erster Hand liefern kann. Außerdem handelt es sich hier um eine in mittlerem Maß ausdifferenzierte Struktur, bei der sich das Ausmaß für die Beschreibung des Pfades in angemessenen Grenzen hält.

Der Einzugsbereich der Schule ist ein altes Arbeiterviertel mit hohem Ausländeranteil in einer Großstadt. Die Hauptschule befindet sich zusammen mit der Grundschule in einem Gebäude, Schüler und Lehrerkollegium sind jedoch voneinander getrennt. In der Hauptschule unterrichten überwiegend junge Lehrer und Lehrerinnen, unter anderem auch ein jugoslawischer Kollege.

Die 6. Klasse hat 26 Schüler, 12 Jungen und 14 Mädchen. 9 Schüler sind Ausländer, die jedoch alle recht gut deutsch verstehen und während der Deutschstunden keinen gesonderten Förderunterricht erhalten, also immer im Klassenverband bleiben. Es gibt keine Fahrschüler, die Kinder kommen alle zu Fuß in die Schule.

Die Gruppensitzordnung wurde zu Anfang des Schuljahres mit Einverständnis der SchülerInnen von der Lehrkraft in 5er- und 6er-Gruppen festgelegt, speziell für unsere Untersuchung wurden dann einige 4er-Gruppen gebildet. Es existieren sechs Gruppen, vier gemischtgeschlechtliche Gruppen, eine reine Mädchen- und eine reine Jungengruppe. Mädchen und Jungen stehen sich in dieser Klasse nicht so getrennt gegenüber wie sonst in dieser Klassenstufe.

Die Lehrkraft spricht von zwei guten, zwei mittleren und zwei schlechteren Gruppen. Die Leistung der Klasse schätzt sie als durchschnittlich ein, die bei besserer Arbeitshaltung jedoch wesentlich höher sein könnte. Viele SchülerInnen arbeiten nur unter Druck, Hausaufgaben werden nur unter strenger und regelmäßiger Kontrolle (und Konsequenzen bei Nichtanfertigung) erledigt.

Die Lehrkraft behauptet, dass die Klasse sehr wohl wisse, was sie von ihnen möchte, nämlich, dass die SchülerInnen in einer "sauberen" Art und Weise miteinander umgehen. Die Antwort eines Schülers der Zielgruppe auf die Frage des Schülerinterviews "Warum macht ihr Gruppenarbeit?" bestätigt das: "Weil sie (die Lehrkraft) möchte, dass wir uns verstehen und lernen, miteinander umzugehen". Manchmal scheint es so, als hätten die SchülerInnen dieses Ziel internalisiert, jedoch dann gibt es wieder Zeiten, in denen sie nicht auf die gewünschte Art miteinander umgehen.

Genauso wechselhaft sei es mit der Disziplin. Die Klasse hat nach den Angaben der Lehrkraft mindestens sechs verhaltensauffällige Schüler. Allerdings ist die Klasse seit der Übernahme, also seit Beginn der 5. Klasse, sehr viel disziplinierter geworden. Auch "pubertieren" einige SchülerInnen bereits, was auch Auswirkungen auf die Disziplin hat. Die Lehrkraft meint, dass die SchülerInnen sehr viel raufen und sich streiten, was sie nicht einmal in jedem Einzelfall bemerke. Als positiv bezeichnet sie es, dass die SchülerInnen sich immer wieder auf eine "klare, offene Klärung" von Streitereien einlassen. Insgesamt bezeichnet die Lehrkraft das Klassenklima trotzdem als ruhig und ausgeglichen.

Die Lehrkraft ist Anfang des 4. Dienstjahres und kann somit noch als relativ unerfahren eingestuft werden. Diese Klasse hat sie vor einem Jahr als 5. Klasse übernommen und führt sie nun das zweite Jahr weiter. Es ist ihre erste Klasse direkt nach der 2. Lehramtsprüfung, für die sie voll verantwortlich ist.

Gruppenunterricht wird von ihr unregelmäßig eingesetzt, manchmal wöchentlich ein Mal, dann wieder 2-3 Wochen gar nicht; während des Untersuchungszeitraums wurde allerdings wesentlich mehr Gruppenunterricht durchgeführt.

Die Organisation in den Gruppen wird von den SchülerInnen selbst bestimmt. Nur wenn keine Einigung erzielt werden kann, macht die Lehrkraft gezielt Vorschläge zur Schlichtung. Sie greift bei Unstimmigkeiten in den Gruppen nicht sofort ein, sondern beobachtet eine Zeitlang nur. Sie steht auf dem Standpunkt, dass die SchülerInnen lernen sollen, erst einmal alleine zurecht zu kommen. Die Lehrkraft gibt an, dass in den meisten Gruppen der Gruppensprecher jedes Mal wechsle. Das gehe entweder automatisch der Reihe nach oder es werde vorher darüber abgestimmt.

Als Ziele des Gruppenunterrichts gibt die Lehrkraft im Interview an: Steigerung der mündlichen Kommunikation, Schaffung von Sprechanlässen, Förderung der sprachlichen Kompetenz, Förderung der schriftlichen Kompetenz und Akzeptieren anderer Meinungen und Vertretung der eigenen. Als ein sehr wichtiges Erziehungsziel, das nicht nur im Gruppenunterricht, sondern grundsätzlich immer im Unterricht anzustreben ist, nennt die Lehrkraft einen angemessenen Umgang der SchülerInnen miteinander, in dem Konflikte eigenverantwortlich und konstruktiv bewältigt werden.

14.2 Beschreibung der Innenperspektive einer Lehrkraft

Im folgenden wird die Strukturdarstellung der Subjektiven Theorie (vgl. Struktur im Anhang) der Lehrkraft 06 in den wesentlichen Zügen ausformuliert.

14.2.1 Die Erteilung des Arbeitsauftrags

Zuerst stellt sich die Lehrkraft die Frage, ob die Aufgabe für die Gruppenarbeit eher umfangreich oder eher begrenzt ist, bzw. ob es sich um die Erarbeitung einer eindeutigen Lösung (z.B. ein Rätsel) handelt. Ist die Aufgabe eher umfangreich, kommt es darauf an, ob eine vollständige Bearbeitung des Themas notwendig ist oder ob es sinnvoller ist, verschiedene Aspekte eines Themas schwerpunktartig zu beleuchten. Im letzteren Fall erhalten alle Gruppen die gleiche Aufgabenstellung, allerdings bei inhaltlicher Differenzierung, z.B. wird eine gleiche Aufgabe an unterschiedlichem Material oder unterschiedlichen Textbeispielen angegangen. Bei einer geplanten vollständigen Bearbeitung des Themas versucht die Lehrkraft nach Schwierigkeitsgraden zu differenzieren. Ist dies möglich, erhalten die Gruppen verschiedene Aufgaben (arbeitsteilige Gruppenarbeit), dem Leistungsstand der Gruppen entsprechend. Ist keine Differenzierung der Aufgaben nach Schwierigkeit möglich, erhalten die Gruppen ebenfalls verschiedene Aufgaben mit unterschiedlichen Inhalten, allerdings nicht nach Schwierigkeitsgraden differenziert.

Bei eher begrenzten Aufgaben kommt es auch darauf an, ob eine Differenzierung nach Schwierigkeit möglich ist. Wenn ja, erhalten die Gruppen verschiedene Aufgaben mit verschiedenen Inhalten, dem Leistungsstand der Gruppen entsprechend, wenn nein, werden gleiche Aufgaben mit verschiedenen Inhalten gestellt.

Bei Existenz einer eindeutigen Lösung überprüft die Lehrkraft, ob jemand die Lösung schon kennt, falls sie dies befürchtet, indem sie mit dem/r betreffenden SchülerIn flüstert. Wenn jemand die Lösung tatsächlich kennt, bekommt er eine Alternativaufgabe (z.B. einen Beobachtungsauftrag). Die anderen SchülerInnen dieser Gruppe und die anderen Gruppen erhalten die gleiche Aufgabe bei gleichem Inhalt, z.B. die Lösung eines Rätsels zu finden (arbeitsgleiche Gruppenarbeit). Wenn die Lehrkraft nicht befürchtet, dass jemand die Lösung schon kennt, fragt sie nicht weiter nach und gibt gleich allen Gruppen die gleiche Aufgabe bei gleichem Inhalt.

Nach Erteilung des Arbeitsauftrags werden die Arbeitsmaterialien, sofern für die Gruppenarbeit welche benötigt werden, ausgeteilt. Dies kann durch die Lehrkraft selber oder aber durch SchülerInnen (Austeiler) geschehen.

Ist die gestellte Aufgabe den SchülerInnen schon in gewissem Sinne vertraut oder zwar eher unvertraut, dafür aber relativ einfach, und hat die Lehrkraft auch noch das Gefühl, dass die SchülerInnen aufgepasst und alles mitbekommen haben (was sie z.B. aus den Blicken der SchülerInnen entnimmt), so gibt sie keine weiteren Erklärungen mehr an die ganze Klasse. Falls die Lehrkraft das Gefühl hat, die SchülerInnen haben nicht so recht aufgepasst und nicht alles mitbekommen (z.B. Blickkontakt), gibt sie noch Zusatzerklärungen an die ganze Klasse oder wiederholt den Arbeitsauftrag bzw. lässt ihn durch SchülerInnen in eigenen Worten wiederholen. Nur bei der selten vorkommenden Konstellation "Aufgabe neu, eher unvertraut und gleichzeitig kompliziert" weist sie sehr deutlich auf die Schwierigkeit oder Wichtigkeit der Aufgabe hin, erzeugt somit eine besondere Aufmerksamkeit bei den SchülerInnen und sorgt für eine Wiederholung des Arbeitsauftrags. Das kann dadurch geschehen, dass sie einen (oder mehrere) SchülerInnen bittet, den Arbeitsauftrag zu wiederholen oder dass sie selbst den Arbeitsauftrag mit anderen Worten darstellt. Nachdem der Arbeitsauftrag, je nach Vertrautheitsgrad und Kompliziertheit auf verschiedene, mehr oder weniger eindringliche Art und Weise gestellt wurde, können Fragen bei einzelnen Gruppen auftreten, die die Lehrkraft dann mit den betreffenden Gruppen klärt. Anschließend kann die eigentliche Gruppenarbeit beginnen.

14.2.2 Die Gruppenarbeitsphase

Wenn alle Gruppen zu arbeiten beginnen und Ruhe herrscht, zieht sich die Lehrkraft zurück und stört die SchülerInnen nicht. Sie fertigt in dieser Zeit eventuell eine Tafelanschrift an oder ordnet Dinge auf ihrem Pult und gibt den SchülerInnen somit erst einmal Zeit. Erst wenn sich SchülerInnen melden, geht sie zu den entsprechenden Gruppen, beantwortet deren Fragen oder gibt erbetene Informationen. Melden sich keine SchülerInnen, bleibt sie erst einmal weiter im Hintergrund.

Herrscht von Anfang an Unruhe wegen inhaltlicher Probleme, gibt die Lehrkraft den betreffenden Gruppen gezielte Hilfen. Besteht Unruhe wegen formeller Dinge (z.B. Streit um die Aufgabe des Schreibers), ignoriert dies die Lehrkraft zunächst bewusst. Nach Meinung der Lehrkraft sollen die SchülerInnen erst einmal alleine zurecht kommen. Die Lehrkraft greift nicht sofort ein, sondern beobachtet erst einmal eine Zeit lang. Ob die Lehrkraft nun gezielte Hilfen bei inhaltlichen Problemen gegeben hat oder bei formellen Problemen einige Zeit beobachtet hat, ohne etwas zu unternehmen, in den meisten Fällen ist davon auszugehen, dass sich die Unruhe legt. Wenn Meldungen von SchülerInnen vorliegen, geht die Lehrkraft wiederum zu den betreffenden Gruppen und beantwortet die Fragen oder gibt Informationen, wenn keine Meldungen vorliegen, bleibt die Lehrkraft im Hintergrund.

Wenn nun allerdings die Unruhe anhält, geht die Lehrkraft zu der betreffenden Gruppe. Nun wird noch einmal nach dem Grund der Unruhe gefragt. Bei Problemen inhaltlicher Art gibt die Lehrkraft noch einmal einen Hinweis, eine Information oder eine Erklärung, bei Problemen anderer Art, z.B. bei einem "sozialen Interaktionsproblem" (es geht um die Frage, wer schreibt?), versucht die Lehrkraft zu schlichten oder bietet eine Hilfestellung an. Hat diese Intervention Erfolg, d.h. herrscht nun Ruhe, erstreckt sich ihre Aufmerksamkeit wieder auf die ganze Klasse. Hat die Intervention der Lehrkraft keinen Erfolg, lässt sie die Gruppe in Ruhe, denn die Gruppe soll ihre sozialen Probleme selber lösen. Auf den inhaltlichen Beitrag dieser Gruppe wird verzichtet. Später, in Pausen oder nach dem Unterricht ("13-Uhr-Gespräch") wird der Konflikt dann noch einmal aufgegriffen und unter vier Augen oder in der Gruppe besprochen.

Immer wieder kann es passieren, dass eine Gruppe schon sehr früh fertig wird. Dann gibt die Lehrkraft dieser Gruppe eine Zusatzaufgabe, was meistens geplant und vorbereitet wird.

Falls sich in dieser mittleren Phase der Gruppenarbeit niemand meldet, geht die Lehrkraft von Gruppe zu Gruppe, schaut sich deren Arbeit an und gibt eventuell auch Hinweise. Wenn Meldungen auftreten, geht sie zu den entsprechenden Gruppen.

Die Lehrkraft kann mehrmals von Gruppe zu Gruppe gehen und auch mehrmals zu sich meldenden Gruppen gehen (Rückkoppelungsschleife).

Wenn die SchülerInnen ruhig und konzentriert arbeiten, sind keinerlei weitere Maßnahmen der Lehrkraft erforderlich. Arbeiten die SchülerInnen jetzt aber unruhig, lustlos und unkonzentriert, ergreift die Lehrkraft Maßnahmen, um wieder Ruhe herzustellen, z.B. werden die betreffenden SchülerInnen ermahnt oder zur Weiterarbeit aufgefordert oder die Lehrkraft geht einfach nur hin zu der unruhigen Gruppe. Dieser Prozess kann bei Bedarf mehrmals wiederholt werden (Rückkoppelungsschleife).

Für die Beendigung der Gruppenarbeit sind verschiedene Bedingungskonstellationen zu berücksichtigen. Bei Sammel- oder Brainstorming-Aufgaben beendet die Lehrkraft die Gruppenarbeit nach einem relativ kurzen Zeitlimit von drei bis fünf Minuten. Oder sie weist kurze Zeit vorher auf das Ende hin, sagt, wieviel Zeit noch zur Verfügung steht, bittet die bereits fertigen Gruppen, abzuwarten oder stellt ihnen kleine Zusatzaufgaben. Nach relativ kurzer Zeit wird auch dann die Gruppenarbeit beendet.

Bei anderen Aufgaben (außer Sammelaufgaben) kommt es darauf an, wie viele Gruppen fertig sind. Sind bis zu drei der sechs Gruppen fertig (meist die beiden guten und eine mittlere Gruppe), weist die Lehrerin auf das Ende hin und gibt noch etwas Zeit. Die fertigen Gruppen werden gebeten, abzuwarten oder die Lehrerin stellt ihnen noch eine Zusatzaufgabe. Wenn vier oder mehr Gruppen, also mehr als die Hälfte der Gruppen, fertig sind, wird die Gruppenarbeit gleich beendet.

Das Ende der Gruppenarbeit wird meist verbal angezeigt, z.B. durch einen Satz wie "Alle Stifte bitte weglegen und herschauen!"

14.2.3 Die Auswertungsphase

Sind die Ergebnisse der Gruppenarbeit teilweise gleich, trägt jede Gruppe ihr Ergebnis vor, auch wenn die Gefahr besteht, dass Sachverhalte zum Teil wiederholt werden. Die übrigen Gruppen ergänzen.

Wenn die Ergebnisse der Gruppenarbeit eher verschieden sind, kommt es darauf an, ob die Gruppen etwas erarbeitet haben, was die anderen erraten sollen (z.B. Pantomime). Ist dies der Fall, trägt jede Gruppe ihr Ergebnis vor (z.B. Rollenspiel) und die anderen SchülerInnen erraten das Dargestellte. Die Lehrkraft hält sich dabei im Hintergrund. Geht es nicht um das Erraten einer Darstellung, präsentiert ebenfalls jede Gruppe ihr Ergebnis.

Wenn etwas nicht verstanden wurde, was von einer Gruppe vorgestellt wird, fordert die Lehrkraft die betreffende Gruppe zu Zusatzerklärungen und Wiederholungen auf oder sie erklärt auch selber. Sind die Ergebnisse für Proben nicht wichtig, erfolgt eine einfache Ergebnissicherung (z.B. mündliche Zusammenfassung durch die SchülerInnen, Tafelanschrift oder Arbeitsblatt). Bei probenrelevanten Inhalten werden diese gründlich und aufwendig gesichert (z.B. noch eine "Extrastunde" oder durch einen Hefteintrag). Wenn die Ergebnisse der Gruppen unterschiedlich waren, erhalten alle SchülerInnen die wichtigsten Materialien oder Ergebnisblätter der anderen Gruppen.

Ein einfacher Sonderfall besteht, wenn es die Aufgabe der Gruppen war, eine eindeutige Lösung zu finden (z.B. Rätsellösung). Wenn alle Gruppen die Lösung gefunden haben, trägt jede Gruppe ihre Rätsellösung vor. Die Lehrkraft betont mehrmals, dass es ihr besonders darauf ankommt, jede Gruppe aufzurufen und zu würdigen (dies ist auch ein Prinzip der Lehrkraft), auch wenn es dadurch zu Wiederholungen kommt. Haben eine oder mehrere Gruppen keine oder eine falsche Lösung, werden die Gründe dafür eruiert. Bei inhaltlichen Gründen (z.B. Arbeitsauftrag wurde missverstanden, SchülerInnen sind einfach nicht darauf gekommen, Aufgabe war zu schwer) wird die Lösung von den anderen Gruppen vorgetragen. Wenn soziale Beziehungen in der Gruppe (z.B. Streitereien) die Lösung verhindert haben, wird das Problem nach dem Unterricht mit den betreffenden SchülerInnen besprochen. Auch in diesem Fall werden die Lösungen von allen Gruppen, die ein Ergebnis haben, vorgetragen, schließlich erfolgt eine einfache Ergebnissicherung (z.B. mündliche Zusammenfassung durch SchülerInnen, Tafelanschrift oder Arbeitsblatt).

14.2.4 Beurteilung der rekonstruierten Subjektiven Theorie

Unter formalen Gesichtspunkten weist die Subjektive Theorie besonders in der Phase des Arbeitsauftrags sowie zu Beginn der Auswertung einen differenzierten Charakter mit mehreren Verzweigungen auf (maximal sieben Alternativhandlungen). Interessant ist, dass die vorliegende rekonstruierte Subjektive Theorie keine Stelle aufweist, an der der Gruppenunterricht vorzeitig abgebrochen wird.

Im Laufe der Aufnahmewoche fiel es auf, dass manchmal der Arbeitsauftrag nicht richtig verstanden wurde und die SchülerInnen nicht nachfragten. In der Auswertung stellte sich dann dementsprechend heraus, dass manche Gruppen das Thema verfehlt hatten. Gegen Ende der Strukturlegewoche bemerkte die Lehrkraft selber, dass sie sich eventuell nicht genügend versichere, ob die SchülerInnen den Arbeitsauftrag auch tatsächlich verstanden haben. Nur wenn die Aufgabe sowohl kompliziert als auch relativ neu ist, findet eine Wiederholung der Anweisung statt. Ansonsten verlässt sich die Lehrkraft auf ihr Gefühl, ob die SchülerInnen weitere Erklärungen benötigen oder nicht. Dieses Gefühl, das sie davon herleitet, dass sie Blickkontakt mit den SchülerInnen herstellt, scheint nicht immer zuverlässig zu sein. Eine valide Rückversicherung, ob der Arbeitsauftrag verstanden wurde, fehlt in der Subjektiven Theorie.

Die Lehrkraft ist der Meinung, dass die Kinder in Gruppenarbeit gut geschult sind und schnell begreifen, was sie tun sollen. Die Arbeitsaufträge werden in der Regel mündlich gegeben und nur in seltenen Fällen wiederholt, weswegen es manchmal zu den oben erwähnten Unklarheiten und Missverständnissen bei den SchülerInnen kommt. Diese möglichen Unklarheiten sachlicher Art versucht die Lehrkraft dann während der Gruppenarbeit durch Zusatzerklärungen und -informationen zu beheben, was jedoch die anderen SchülerInnen bei ihrer Arbeit stören könnte.

Auch wegen sozialer Interaktionsprobleme kann es zu Problemen in den Gruppen kommen. Zuerst werden solche Konflikte bewusst ignoriert, dann wird eine Schlichtung versucht, schließlich wird die Gruppe in Ruhe gelassen. Auf den inhaltlichen Beitrag solcher Gruppen wird dann verzichtet, d.h. Störungen haben Vorrang (in diesem Kontext nannte die Lehrkraft die TZI von Ruth Cohn). Die Störungen werden nicht unmittelbar metakommunikativ aufgearbeitet, allerdings wird großer Wert auf die spätere Aufarbeitung solcher Beziehungsprobleme innerhalb der Gruppen gelegt ("13-Uhr-Gespräche"). Die insgesamt sehr ruhige und ausgeglichene Klassenatmosphäre scheint ein Indiz dafür zu sein, dass diese Methode fruchtbar ist.

Ein Prinzip, das der Lehrkraft sehr wichtig scheint, ist, dass bei der Auswertung jede Gruppe ihr Ergebnis darstellt, auch wenn es dabei zu Wiederholungen kommt. Wichtig erscheint auch der Aspekt der Ergebnissicherung, die oft ziemlich umfangreich ausfällt. Den SchülerInnen soll klar werden, dass Gruppenunterricht keine Spielerei oder Gelegenheit für Privatgespräche ist, sondern dass Gruppenunterricht von den Inhalten und Ergebnissen her durchaus dem Frontalunterricht gleichwertig und damit auch für Proben relevant sein kann. Dies ist möglicherweise auch ein Mittel, um das Niveau der Gruppenarbeit zu heben und die Arbeitsdisziplin zu steigern.

Während der Rekonstruktion der Subjektiven Theorie zeigte die Lehrkraft eine selbstkritische Haltung und erste Gedanken über eine Modifikation ihrer Unterrichtspraxis wurden geäußert. Auch halfen ihr die Rekonstruktion der Subjektiven Theorie und die intensiven Gespräche dabei, sich über ihre Schwerpunktsetzung und ihre Prinzipien bewusster zu werden. Insgesamt setzte die Methode damit den im Forschungsprogramm Subjektive Theorien erwünschten Prozess der Veränderung des Untersuchungsgegenstandes in Gang (vgl. auch Kap. 4).

14.3 Vergleich der Außen- und Innenperspektive: Sequenz "Tisch"

In diesem Kapitel wird exemplarisch einer der 38 Vergleiche vorgestellt. Dabei wird jedes Konzept, das der Pfad während der ausgewählten Gruppenunterrichtssequenz „Tisch" durchläuft, einzeln betrachtet und überprüft, ob die Inhalte des Konzepts mit der beobachteten Realität des Gruppenunterrichts übereinstimmen oder nicht. Handlungskonzepte sind einfach umrandet, Entscheidungsbedingungen mit der gewählten Alternative nach dem Spiegelstrich haben doppelte Umrandung.

14.3.1 Die Erteilung des Arbeitsauftrags

Der Pfad in der Phase des Arbeitsauftrags geht über neun Konzepte, die im folgenden der Reihe nach überprüft werden.

```
Aufgabe der Gruppenarbeit ist -
        eher begrenzt
```

Anhand der Erzählung "Ein Tisch ist ein Tisch" von Peter Bichsel wurde in der Unterrichtsstunde die Problematik der Einsamkeit alter Menschen erarbeitet. Nun bekommen die Schüler den Auftrag, sich Beispiele zu überlegen, was sie im Alltag dagegen tun können

(Turn 1 im Transkript). Dazu haben sie knapp 9 Minuten Zeit. Die Aufgabe ist also eher begrenzt.

-> **Übereinstimmung**

> Differenzierung der Aufträge
> nach Schwierigkeit möglich? -
>   nein

Die Gruppen bekommen alle dieselbe Anweisung, eine Differenzierung nach Schwierigkeit ist nicht möglich.

-> **Übereinstimmung**

> Auftrag: gleiche Aufgabe mit
>   verschiedenen Inhalten

Die Anweisung lautet zwar für alle Gruppen gleich, die inhaltliche und formale Ausgestaltung des Arbeitsauftrags bleibt ihnen aber überlassen, so dass - wie sich bei der Ergebnispräsentierung herausstellt - sehr unterschiedliche Lösungen erarbeitet werden.

-> **Übereinstimmung**

> Einsatz von Arbeitsmaterialien
>   geplant? - nein

Die Gruppen erhalten keine vorbereiteten Arbeitsmaterialien von der Lehrkraft.

-> **Übereinstimmung**

> Zu erledigende Aufgabe - eher
>   vertraut

Die SchülerInnen wissen, was zu tun ist, die Art der Aufgabe scheint ihnen vertraut zu sein.

-> **Übereinstimmung**

> Zu erledigende Aufgabe - eher
>   einfach

Die Gruppen bekommen nur eine einzige Aufgabe, wobei ihnen die Art der Bearbeitung freigestellt ist. Die Aufgabe ist also eher einfach.

-> **Übereinstimmung**

> Lehrkraft hat das Gefühl,
> SchülerInnen haben aufgepasst
> und alles mitbekommen (z.B.
>   durch Blickkontakt) - ja

Offensichtlich hat die Lehrkraft den Eindruck, dass die SchülerInnen alles mitbekommen haben, da sie keine weiteren Erklärungen an die Klasse richtet. Da die Aufgabe eher vertraut und einfach erscheint, sollten hier auch keine großen Schwierigkeiten auftreten.

-> Übereinstimmung

| Fragen einzelner Gruppen - ja |

Die Gruppen 4 und 5 haben Fragen an die Lehrkraft.
-> Übereinstimmung

| Weitere Erklärungen (bei den
betreffenden Gruppen) |

Die Lehrkraft geht zu den Gruppen 4 und 5 und gibt allem Anschein nach weitere Erklärungen.
-> Übereinstimmung

14.3.2 Die Gruppenarbeitsphase

Der Pfad in der Phase der Gruppenarbeit erstreckt sich über 16 Konzepte.

| Gruppen arbeiten. Es herrscht
Ruhe - ja |

Die Gruppen arbeiten mit der für die Klasse üblichen geschäftigen Ruhe.
-> Übereinstimmung

| Lehrkraft zieht sich zurück
(fertigt evtl. Tafelanschrift an),
gibt den SchülerInnen Zeit |

Die Lehrkraft schaut kurz bei den Gruppen 3, 2, 1 (Zielgruppe) und 4 vorbei. Bei Gruppe 3 ist die Frage zu verstehen "Fällt euch was ein?", die die Schülerinnen bejahen. Daraufhin geht die Lehrkraft sofort weiter. Bei Gruppe 2 fragt sie "Alles klar?" und geht nach der Bejahung auch gleich weiter. Die Zielgruppe antwortet positiv auf die Frage "Habt ihr 'ne Idee?" (Turn 33), die Lehrkraft entfernt sich mit den Worten "Ich will euch nicht stören!" (Turn 39). Bei Gruppe 4 spielt sich ein ähnlicher Kurzbesuch ab. Bei diesen Besuchen lassen Mimik und Gestik der Lehrkraft deutlich erkennen, dass sie nicht in das Gruppengeschehen eingreifen, sondern sich nur einen kurzen Eindruck verschaffen will. Schließlich zieht sie sich für 26 Sekunden an das Pult zurück und ordnet ihre Unterlagen.

Die Lehrkraft versucht also offensichtlich, sich von den Gruppen zurückzuziehen und ihnen Zeit zu geben, was ihr aber nicht vollständig gelingt.
-> 25% Abweichung

Schließlich geht die Lehrkraft zu Gruppe 6 und bleibt dort ziemlich lange, nämlich 1 Minute 37 Sekunden. Sie diskutiert lebhaft und ausführlich mit der Gruppe. Eine derartige Teilnahme am Gruppengeschehen ist in ihrer Subjektiven Theorie nicht vorgesehen, daher hier eine

-> **Blindstelle**

| SchülerInnen melden sich - ja |

Ein Mädchen der Zielgruppe (Gruppe 1) geht zur Lehrkraft, die gerade mit Gruppe 6 spricht, und deutet eine Meldung an. Kurze Zeit später meldet sich ein Mädchen von Gruppe 4. Schließlich sieht es so aus, als läge bei Gruppe 3 eine Meldung vor. Gruppe 3 ist zu diesem Zeitpunkt nicht im Blickwinkel der Kamera, jedoch deutet die Reaktion der Lehrkraft auf eine Meldung hin, sie läuft eilig diagonal durchs Klassenzimmer.

-> **Übereinstimmung**

| Lehrkraft geht zu betreffenden Gruppen, beantwortet Fragen, gibt Infos |

Die Lehrkraft entspricht dem Wunsch der Zielgruppe, ihr für das geplante Rollenspiel einen Ball und eine Tüte zur Verfügung zu stellen. Dann geht sie zu den Gruppen 4 und 3 und spricht mit den SchülerInnen.

-> **Übereinstimmung**

| Eine Gruppe ist schon sehr früh fertig - nein |

Es gibt keine Hinweise darauf, dass eine Gruppe schon fertig ist.

-> **Übereinstimmung**

| SchülerInnen melden sich - nein |

Es liegen keine Schülermeldungen vor.

-> **Übereinstimmung**

| Lehrkraft geht von Gruppe zu Gruppe, schaut, gibt evtl. Hinweise |

Die Lehrkraft geht zu Gruppe 2 und spricht 40 Sekunden mit den SchülerInnen, sie gibt vermutlich Hinweise.

-> **Übereinstimmung**

| SchülerInnen melden sich - ja |

Die Rückkoppelungsschleife in der Struktur führt ein zweites Mal zu diesem Konzept. Ein Mädchen der Zielgruppe meldet sich (Turn 122 im Transkript).

-> **Übereinstimmung**

| Lehrkraft geht zu der betreffenden Gruppe |

Die Lehrkraft geht zur Zielgruppe und beantwortet die Frage kurz: "Ja" (Turn 124 im Transkript).

-> **Übereinstimmung**

| SchülerInnen melden sich - nein |

Die Rückkoppelungsschleife wird ein zweites Mal durchlaufen. Nun melden sich keine SchülerInnen mehr.

-> **Übereinstimmung**

| Lehrkraft geht von Gruppe zu Gruppe, schaut, gibt Hinweise |

Die Lehrkraft geht zu Gruppe 4 und redet mit den SchülerInnen.

-> **Übereinstimmung**

| SchülerInnen arbeiten - ruhig, konzentriert |

Es herrscht die für diese Klasse übliche geschäftige Ruhe, die SchülerInnen arbeiten konzentriert.

-> **Übereinstimmung**

| Es handelt sich um "Sammelaufgaben", Brainstorming (z.B. Wortfeld) - nein |

Die Aufgabe, Hilfen gegen die Einsamkeit alter Menschen zu überlegen, ist keine Sammelaufgabe.

-> **Übereinstimmung**

| Bis zu drei Gruppen sind fertig - nein |

Es ist noch keine Gruppe fertig, da alle Gruppen auf die entsprechende Frage der Lehrkraft mit "nein" antworten (s. nächstes Konzept).

-> **Übereinstimmung**

| Lehrkraft gibt noch Zeit, weist auf Ende hin, bittet fertige Gruppen abzuwarten oder stellt Zusatzaufgaben |

Mit Turn 128 fragt die Lehrkraft die ganze Klasse: "Seid ihr dann so weit, oder braucht ihr noch Zeit?" Ein vielstimmiges Nein aus der Klasse antwortet ihr, auch aus der Zielgruppe: "Brauchn noch Zeit" (Turn 129). Die Lehrkraft lässt die Klasse daraufhin noch 1 Minute und 24 Sekunden weiterarbeiten. Sie weist auf das Ende hin und gibt noch Zeit, bevor sie die Gruppenarbeit beendet.

-> **Übereinstimmung**

```
    Lehrkraft beendet
Gruppenarbeit (z.B.: "Alle Stifte
bitte weglegen und herschauen")
```

Nach diesen knapp eineinhalb Minuten, die die Lehrkraft im Gespräch mit einem Mitglied des Forschungsteams bzw. wartend am Pult verbringt, beendet sie mit Turn 142 die Gruppenarbeit endgültig: "Bitte Stift weglegen".

-> **Übereinstimmung**

14.3.3 Die Auswertungsphase

Der Pfad in der Auswertungsphase geht über sechs Konzepte.

```
Ergebnisse sind - eher
    verschieden
```

Die Gestaltungsmöglichkeiten der Aufgabe waren so frei, dass alle Gruppen recht verschiedene Ergebnisse präsentieren.

-> **Übereinstimmung**

```
War es Aufgabe der Gruppen,
etwas zu erarbeiten, was andere
erraten sollen (z.B. Pantomime)
        - nein
```

Der Auftrag für die Gruppenarbeit war nicht, den MitschülerInnen ein Rätsel zu stellen.

-> **Übereinstimmung**

```
Lehrkraft fordert jede Gruppe
auf, ihre Ergebnisse vorzutragen
```

Jede Gruppe trägt ihre Ergebnisse vor, und zwar in folgender Reihenfolge: Gruppe 3 (lesen vorne vor der Klasse vor, ab Turn 153), Gruppe 2 (lesen am Tisch vor, ab Turn 178), Gruppe 1 (Zielgruppe) (Rollenspiel, ab Turn 183), Gruppe 4 (lesen am Tisch vor, ab Turn 242), Gruppe 5 (lesen am Tisch vor, ab Turn 316), Gruppe 6 (Rollenspiel, ab Turn 325).

-> **Übereinstimmung**

```
Haben andere Gruppen
verstanden, was die jeweiligen
Gruppen erarbeitet haben - ja
```

Es gibt keine inhaltlichen Verständnisfragen der anderen SchülerInnen, was bei der Art der Aufgabe auch nicht zu erwarten war.

-> Übereinstimmung

Die Lehrkraft fordert die Klasse immer wieder dazu auf, Kritik und Bewertungen der Ergebnisse zu äußern, z.b. mit Turn 202: "Was/ was haltet ihr davon? Da müssen jetzt schon ein paar Meldungen kommen". Sie bewertet auch selbst die Ergebnisse (Gruppe 3 mit Turn 171, Gruppe 2 mit Turn 182, Gruppe 1 mit Turn 230, Gruppe 5 mit Turn 317, Gruppe 6 mit Turn 339).

Das Unterrichtsgespräch entfernt sich zeitweise ziemlich weit von den vorgestellten Ergebnissen, die SchülerInnen erzählen Begebenheiten mit alten Menschen aus ihrem Leben. Kritik und Bewertung der Ergebnisse sowie persönliche Erfahrungsberichte von SchülerInnen sind in der Subjektiven Theorie der Lehrkraft nicht vorgesehen, daher hier eine

-> Blindstelle

| Inhalte wichtig für Proben - nein |

Es gibt keine Hinweise darauf, dass der Inhalt der Gruppenarbeit direkt probenrelevant ist.

-> Übereinstimmung

Einfache Ergebnissicherung in
irgendeiner Form (z.B.
mündliche Zusammenfassung
durch SchülerInnen,
Tafelanschrift oder Arbeitsblatt)

Im Anschluss an diese Gruppenarbeitssequenz teilt die Lehrkraft ein Arbeitsblatt mit einem Lückentext aus, das die SchülerInnen anhand einer vorbereiteten Folie ergänzen sollen.

-> Übereinstimmung

14.3.4 Zusammenfassende Beurteilung

Der Pfad, den die Lehrkraft durch ihre Subjektive Theorie geht, lässt sich gut nachvollziehen. Bei der Erteilung des Arbeitsauftrags (Dauer 1 Minute) sind 9 Übereinstimmungen zu verzeichnen, in der Phase der Gruppenarbeit (Dauer 8 Minuten 40 Sekunden) sind es 15 Übereinstimmungen, eine geringe Abweichung (A=0.25) sowie eine Blindstelle. Bei der Auswertung (Dauer 19 Minuten 55 Sekunden) sind es 6 Übereinstimmungen und zusätzlich eine Blindstelle. In der gesamten Gruppenunterrichtssequenz werden 31 Konzepte beurteilt. Es sind 30 Übereinstimmungen und eine geringe Abweichung (A=0.25), zusätzlich sind zwei Blindstellen vorhanden. Insgesamt herrscht hohe Übereinstimmung zwischen beobachtetem Unterricht und Subjektiver Theorie der Lehrkraft.

Die geringe Abweichung (A=0.25) während der *Phase der eigentlichen Gruppenarbeit* kommt daher, dass die Lehrkraft sich nicht vollständig von den Gruppen zurückzieht, sondern durch Kurzbesuche sicherstellen will, dass der Einstieg in die Gruppenarbeit gelingt. Die Blindstelle beinhaltet ein ausführliches Gespräch der Lehrkraft mit einer Gruppe.

Die Blindstelle in der *Auswertungsphase* entsteht dadurch, dass die Lehrkraft die SchülerInnen bei der Ergebnisdarstellung auffordert, Kritik und Bewertungen zu äußern. Außerdem lässt sie Erfahrungsberichte von einzelnen SchülerInnen zum Thema zu. Damit will sie vermutlich Kritik- und Ausdrucksfähigkeit der SchülerInnen trainieren und die Auseinandersetzung mit dem Thema fördern. Dies ist in der Subjektiven Theorie nicht enthalten.

Die vorliegende Sequenz „Tisch" ist diejenige der vier Gruppenunterrichtssequenzen der Lehrkraft 06, die den höchsten Grad der Übereinstimmung mit der dazugehörenden Subjektiven Theorie (vgl. Tab. 8) hat. Hier und auch bei den Vergleichen der anderen drei Sequenzen dieser Lehrkraft sind keine Sprünge zu finden. Alle Nicht-Übereinstimmungen (Blindstellen und Abweichungen) bei dieser Lehrkraft beziehen sich auf Handlungskonzepte.

14.4 Gemeinsamkeiten, Verzweigungen und Hauptlinien der vier Gruppenunterrichtssequenzen einer Lehrkraft

Nun sollen alle vier Pfade der Gruppenunterrichtssequenzen von Lehrkraft 06 in ihren Gemeinsamkeiten, Verzweigungen und Hauptlinien näher beschrieben werden. Die vier Sequenzen haben die thematischen Kürzel „Bildzeichen", „Sprachzeichen", Fliege" und „Tisch" (vgl. Tab. 8).

Tab. 8: Übersicht über die vier Sequenzen der Lehrkraft 06

a. Bildzeichen			
AA:	11 Karten	35 sec	Ü 11
GA:	12 Karten	10 min	Ü 11, 0.5-A 1 + B 1
AW:	6 Karten	10 min 35 sec	Ü 5, 0.25-A 1 + B 3
GU:	29 Karten	21 min 10 sec	Ü 27, 0.25-A 1, 0.5-A 1 + B 4.
b. Sprachzeichen			
AA:	12 Karten	2 min	Ü 11, A 1 + B 1
GA:	14 Karten	7 min 5 sec	Ü 12, 0.5-A 1, A 1 + B 1
AW:	5 Karten	6 min 50 sec	Ü 3, 0.75-A 1, A 1 + B 1
GU:	31 Karten	15 min 55 sec	Ü 26, 0.5-A 1, 0.75-A 1, A 3 + B 3.
c. Fliege			
AA:	10 Karten	20 sec	Ü 10
GA:	16 Karten	15 min 15 sec	Ü 16 + B 1
AW:	7 Karten	13 min 45 sec	Ü 6, A 1 + B 1
GU:	33 Karten	29 min 20 sec	Ü 32, A 1 + B 2.
d. Tisch			
AA:	9 Karten	1 min	Ü 9
GA:	16 Karten	8 min 40 sec	Ü 15, 0.25-A 1 + B 1
AW:	6 Karten	19 min 55 sec	Ü 6 + B 1
GU:	31 Karten	29 min 35 sec	Ü 30, 0.25-A 1 + B 2.

Legende: A Abweichung; AA Arbeitsauftrag; AW Auswertung; B Blindstelle; GA Gruppenarbeit; GU Gruppenunterricht; Ü Übereinstimmung; 0.25-A geringe Abweichung; 0.5-A mittlere Abweichung; 0.75-A weitgehende Abweichung

Die vier Gruppenunterrichts-Sequenzen finden innerhalb des Faches Deutsch statt. In der Sequenz „Bildzeichen" sollen verschiedene Klassendienste als Piktogramme dargestellt werden; bei den „Sprachzeichen" geht es um eine Geschichte über nachbarliche Missverständnisse, die in der Gruppe weiterentwickelt werden soll; in der Sequenz „Fliege" geht es um das Gestalten eines Dialogs wie in einer Fabel und in der Sequenz „Tisch" wird, ausgehend von einem Gedicht, die Vereinsamung älterer Menschen zum Thema. Die vier Pfade, die im folgenden beschrieben werden, können im Anhang nachvollzogen werden.

14.4.1 Die Erteilung des Arbeitsauftrags

Bei der Erteilung des Arbeitsauftrags sind am Anfang zwei Hauptlinien festzustellen, die sich darin unterscheiden, dass die Aufgabe für die Gruppenarbeit mehr oder weniger umfangreich ist. Der Sonderfall, bei dem es um eine kurze und eindeutige Lösung geht, tritt nicht auf. Bei den beiden eher begrenzten Aufgabenstellungen ist keine Differenzierung der Aufträge nach Schwierigkeit möglich, so dass alle Gruppen den Auftrag erhalten, die gleiche Aufgabe anhand verschiedener Inhalte zu erarbeiten: Das sind einmal die Skizzen verschiedener Klassendienste (Sequenz „Bildzeichen"), zum anderen das Erarbeiten von Möglichkeiten, was man selber gegen die Vereinsamung älterer Personen tun kann (Sequenz „Tisch").

Bei der eher umfangreichen Aufgabenstellung der "Sprachzeichen" mit fünf Teilaufträgen kommt es auf die vollständige Bearbeitung des Themas an, eine Differenzierung der Aufträge nach Schwierigkeit ist nicht möglich. An dieser Stelle ist in der Subjektiven Theorie eine arbeitsteilige Gruppenarbeit (Auftrag mit verschiedenen Aufgaben und verschiedenen Inhalten) vorgesehen, wovon die Lehrkraft allerdings vollständig abweicht: Alle Gruppen haben den gleichen umfangreichen Arbeitsauftrag zu bewältigen.

Im zweiten Fall der eher umfangreichen Aufgabenstellung (Fabel "Fliege") kommt es nicht auf die vollständige Bearbeitung, sondern vielmehr auf verschiedene Sichtweisen und Aspekte des ausgewählten Bereichs an; die Gruppen erhalten den Auftrag, eine gleiche Aufgabe bei inhaltlicher Differenzierung zu bearbeiten, sie sollen ein Streitgespräch zwischen zwei Parteien vorbereiten.

Schließlich münden alle vier Pfade in das Konzept, das die Arbeitsmaterialien betrifft. In drei Fällen ist ein Einsatz geplant, so dass sie die Lehrkraft hier austeilt.

Nun geht es um den Vertrautheitsgrad und die Schwierigkeit der zu erledigenden Aufgabe. Nur die relativ seltene Kombination "sowohl unvertraut als auch kompliziert" erfordert ein besonderes Vorgehen, das jedoch in keinem der vier Sequenzen durchlaufen wird. Die übrigen drei Kombinationen (Aufgabe eher vertraut und einfach - Aufgabe eher vertraut und kompliziert - Aufgabe eher neu und einfach) führen alle zu einer weiteren Entscheidungsbedingung. In der Sequenz "Sprachzeichen" existiert hier eine Blindstelle, der Arbeitsauftrag mit den fünf Teilaufträgen wird nach Aufforderung durch die Lehrkraft von einer Schülerin vorgelesen.

In der Entscheidungsbedingung, in der sich alle Pfade treffen, geht es um das Gefühl der Lehrkraft, ob die SchülerInnen aufgepasst und alles mitbekommen haben. Ist das der Fall (nur bei "Tisch"), ist die Erteilung des Arbeitsauftrags im Klassenverband abgeschlossen. Bei drei der vier Sequenzen hat die Lehrkraft allerdings nicht das Gefühl, dass die SchülerInnen aufgepasst und alles mitbekommen haben, so dass sie eine weitere Erklärung an die gesamte Klasse richtet. Nun kommt es lediglich noch darauf an, ob in den einzelnen Gruppen Fragen auftauchen (in drei Fällen), die die Lehrkraft in den betreffenden Gruppen klärt.

14.4.2 Die Gruppenarbeitsphase

Die Gruppenarbeitsphase verläuft relativ gleichförmig für alle vier Sequenzen. Zu Anfang der Gruppenarbeit herrscht jedes Mal Ruhe, worauf die Lehrkraft sich erst einmal zurückziehen und den SchülernInnen Zeit geben will. Doch dies gelingt ihr nur in einem Fall (Fabel "Fliege") vollständig, in den anderen drei Sequenzen sind Bemühungen erkennbar, die Abweichungen sind partiell (A=0.25-0.5). Der Lehrkraft fällt es sichtlich schwer, sich ganz zurückzuziehen. Danach sind ebenfalls bei drei Sequenzen (Ausnahme wieder die Fabel „Fliege") eine Handlung oder ein ganzer Handlungskomplex zu beobachten, die in der Subjektiven Theorie nicht vorgesehen sind: Bei den "Bildzeichen" gibt sie noch Anweisungen an die Klasse bezüglich der Gruppenarbeit und der Auswertung und macht dann schon einen Rundgang von Gruppe zu Gruppe. Auch bei der Sequenz "Sprachzeichen" begibt sich die Lehrkraft auf einen Rundgang durch die Klasse, um sicherzustellen, dass die Gruppenarbeit gut anläuft. Bei der Sequenz "Tisch" geht die Lehrkraft nur zu einer Gruppe und beginnt dort eine lebhafte und ausführliche Diskussion.

In allen vier Sequenzen melden sich schließlich einige SchülerInnen, worauf hin die Lehrkraft zu den entsprechenden Gruppen geht und deren Fragen klärt. An dieser Stelle tritt eine Blindstelle bei der Fabel-Sequenz ("Fliege") auf, die bisher absolut konform mit der Subjektiven Theorie war. Die Blindstelle betrifft mehrere Minuten, in denen sich die Lehrkraft allem Anschein nach zurückziehen möchte, jedoch immer wieder von Gruppen gerufen wird. Schließlich muss die Lehrkraft auch ermahnen, zur weiteren Arbeit anhalten und zwischendurch für Ruhe sorgen.

Bei allen vier Gruppenunterricht-Sequenzen ist keine Gruppe sehr früh fertig. Nun kommt es für den weiteren Verlauf darauf an, ob sich SchülerInnen melden oder nicht. Hier ist eine Rückkoppelungsschleife in die Struktur eingetragen, die durchlaufen wird, falls sich mehrere SchülerInnen melden. Je nach Dauer und Verlauf der vier Sequenzen wird die Rückkoppelungsschleife verschieden oft durchlaufen: Wenn keine Schülermeldungen vorliegen, geht der Weg unten herum, d.h. die Lehrkraft geht von Tisch zu Tisch und beobachtet die Gruppen, wenn Schülermeldungen vorliegen, geht der Weg oben herum, d.h. die Lehrkraft geht zu den betreffenden Gruppen und klärt die Fragen dort ab. In allen vier Sequenzen arbeiten die Gruppen zu diesem Zeitpunkt recht ruhig und konzentriert, so dass keine Maßnahmen diesbezüglich notwendig sind.

Auch die Bedingungen, die zur Beendigung der Gruppenarbeit führen, sind für alle vier Sequenzen gleich. Es handelt sich in keinem Fall um Sammelaufgaben, so dass es auf die Anzahl der fertigen Gruppen ankommt. In allen vier Sequenzen sind die Hälfte oder weniger der sechs Gruppen fertig, die Lehrkraft gibt noch etwas Zeit und weist auf das Ende der Gruppenarbeit hin, bevor die Gruppenarbeit dann endgültig beendet wird. Bei der Sequenz "Sprachzeichen" allerdings beendet die Lehrkraft sehr abrupt die Gruppenarbeit, obwohl es so aussieht, als sei noch keine Gruppe so recht fertig. Damit weicht die Lehrkraft von ihrer Subjektiven Theorie ab.

14.4.3 Die Auswertungsphase

Bei der Sequenz "Bildzeichen" ist es zu Anfang der Auswertung recht laut und unruhig, so dass die Lehrkraft erst mehrere Male ermahnen und für Ruhe sorgen muss, um überhaupt mit der Auswertung beginnen zu können. Dies ist in der Subjektiven Theorie nicht vorgesehen (Blindstelle). Die Auswertung richtet sich nach der Unterschiedlichkeit der Gruppenergebnisse. Die Sequenz "Sprachzeichen" ergab teilweise sich überschneidende Ergebnisse. Die Auswertung beginnt hier mit einem Unterrichtsgespräch, dabei werden zunächst nicht die einzelnen Gruppen angesprochen, sondern einzelne SchülerInnen, die sich melden. Dies ist in einer Blindstelle zusammengefasst; lediglich zwei Mal in dieser Auswertung fordert die Lehrkraft Gruppenleistungen, jedoch ergänzen die übrigen Gruppen nicht (weitgehende Abweichung A=0.75).

Die anderen drei Sequenzen haben zu eher verschiedenen Ergebnissen geführt, wobei in zwei Fällen nichts erarbeitet wurde, was die anderen Gruppen erraten sollten. So wurde jede Gruppe von der Lehrkraft aufgefordert, ihre Ergebnisse vorzutragen. In der Sequenz "Bildzeichen" sollten die Gruppen Zeichen für verschiedene Klassendienste erfinden und den übrigen Gruppen auf einer Folie zum Erraten präsentieren. Jede Gruppe kam hier der Reihe nach dran, allerdings hielt sich die Lehrkraft nicht durchgängig im Hintergrund, deshalb hier eine geringe Abweichung (A=0.25).

Nun münden alle vier Pfade in ein Konzept, bei dem es darum geht, ob alle Gruppen verstanden haben, was von den anderen Gruppe präsentiert wurde. Nur bei der Sequenz "Fliege" gibt es Verständnisschwierigkeiten, worauf die Lehrkraft gemäß ihrer Subjektiven Theorie zu Wiederholungen oder Zusatzerklärungen auffordert oder auch selber erklärt.

In drei Sequenzen (Ausnahme "Sprachzeichen") fordert die Lehrkraft schließlich die SchülerInnen explizit zu Lob und Kritik, zu Bewertung und zu Verbesserungsvorschlägen auf (dreifache Blindstelle). In der Sequenz "Bildzeichen" werden noch zusätzlich die Ergebnisse zweier Gruppen miteinander verglichen, weil es sich als sinnvoll erweist. Auch dies ist nicht in der Subjektiven Theorie vorgesehen.

Schließlich geht es darum, ob die Inhalte der Gruppenarbeit probenrelevant sind, was für alle vier Fälle verneint werden kann, so dass am Ende der Auswertung nur eine einfache Ergebnissicherung vorgesehen ist; für die Sequenzen "Sprachzeichen" und "Fliege" fällt die Sicherung jedoch weg (zweifache Abweichung).

14.4.4 Charakterisierung der Nicht-Übereinstimmungen

14.4.4.1 Die Erteilung des Arbeitsauftrags
In der Phase der Erteilung des Arbeitsauftrags gibt es eine Abweichung und eine Blindstelle, beide in der Sequenz "Sprachzeichen" (siehe Tab. 8).

Bei umfangreichen Aufgabenstellungen, bei denen es auf die vollständige Bearbeitung ankommt, ist in der Subjektiven Theorie Arbeitsteilung vorgesehen, hier bearbeiten jedoch alle Gruppen den gleichen umfangreichen Arbeitsauftrag. Die Blindstelle betrifft die Tatsache, dass der schriftlich vorliegende Arbeitsauftrag nach Aufforderung der Lehrkraft von einer Schülerin vorgelesen wird, was nicht in der Subjektiven Theorie vorgesehen ist.

14.4.4.2 Die Gruppenarbeitsphase
In der Phase der eigentlichen Gruppenarbeit gibt es eine dreifache partielle Abweichung und eine vollständige Abweichung. Außerdem gibt es eine dreifache und eine einfache Blindstelle (siehe Tab. 8).

Die drei partiellen Abweichungen betreffen jeweils das Konzept "Lehrkraft zieht sich zurück, gibt den Schülern Zeit". In drei der vier Sequenzen zieht sich die Lehrkraft nur teilweise zurück. Bis zu einem gewissen Grad kann sie die Kontrolle über das Geschehen nicht abgeben.

Die Abweichung betrifft die Beendigung der Gruppenarbeit in der Sequenz "Sprachzeichen". Es sind erst weniger als die Hälfte der Gruppen fertig, und trotzdem beendet die Lehrkraft die Gruppenarbeit. Sie hat während der Gruppenarbeit feststellen müssen, dass

Teilaufträge des Arbeitsauftrags in manchen Gruppen nicht gut bearbeitet werden, außerdem besteht Zeitnot, bis Stundenende sind es nur noch 8 Minuten.

Die dreifache Blindstelle zu Anfang der Gruppenarbeit ist eng mit der dreifachen partiellen Abweichung verbunden, sie kommt auch direkt danach. Die Lehrkraft mischt sich immer wieder in die Gruppenarbeit ein, sie macht Rundgänge von Gruppe zu Gruppe, um sicherzustellen, ob auch alle Gruppen anfangen zu arbeiten.

Die Blindstelle in der Mitte der Gruppenarbeit der Sequenz „Fliege" ist von größerer zeitlicher Dauer (6 Min. 45 Sek.): Die Lehrkraft ermahnt verschiedene SchülerInnen, weiter zu arbeiten. Zuvor hat sie sich längere Zeit (über 4 Min.) mit einem Mitglied des Forschungsteams unterhalten, so dass sich die Klasse eine Zeitlang unbeobachtet fühlte.

14.4.4.3 Die Auswertungsphase

In der Phase der Auswertung sind zwei partielle Abweichungen, eine doppelte Abweichung, eine dreifache Blindstelle und noch drei einfache Blindstellen zu verzeichnen (siehe Tab. 8).

Die beiden partiellen Abweichungen beziehen sich auf den Vortrag der Ergebnisse durch die Gruppen. In der Sequenz "Bildzeichen" bemüht sich die Lehrkraft, sich im Hintergrund zu halten, allerdings greift sie doch ab und zu strukturierend in das Gespräch ein. In der Sequenz "Sprachzeichen" wird die Lehrkraft ihrem Prinzip, dass jede Gruppe drankommen soll, nicht ganz gerecht, denn sie fragt nur zwei Mal Gruppenergebnisse ab.

Die beiden vollständigen Abweichungen beziehen sich auf die einfache Ergebnissicherung, die zwei Mal ersatzlos wegfällt. Bei "Sprachzeichen" spielt Zeitdruck sicher eine entscheidende Rolle, weitere denkbare Gründe könnten die geringe Relevanz dieser Ergebnisse oder die Unzufriedenheit der Lehrkraft mit den Ergebnissen sein. Bei der Sequenz "Fliege" erfolgt ebenfalls keine Sicherung der Ergebnisse.

In der Sequenz "Bildzeichen" tritt eine Blindstelle auf, weil die Lehrkraft erst für Ruhe sorgen und einige Schüler ermahnen muss um überhaupt mit der Auswertung beginnen zu können.

Eine Blindstelle (Sequenz "Sprachzeichen") besteht darin, dass die Lehrkraft durch Nachfragen bei einzelnen Schülern in einer Art Unterrichtsgespräch versucht, die gewünschten Ergebnisse zu erzielen, die anscheinend als Gruppenergebnisse nicht in brauchbarer Form vorliegen. Hier scheint schon beim Arbeitsauftrag und auch bei der Gruppenarbeit etwas schief gelaufen zu sein, was auch verschiedenartige Maßnahmen der Lehrkraft bis zu diesem Zeitpunkt nicht verhindern konnten.

Eine weitere Blindstelle (Sequenz "Bildzeichen") betrifft den Vergleich zweier Gruppenergebnisse, was sich in dieser Situation spontan als sinnvoll erweist.

Die dreifache Blindstelle betrifft die Ergebnispräsentation. Während die einzelnen Gruppen
ihre Ergebnisse vorstellen, fordert die Lehrkraft die Schüler immer wieder auf, dass sie Lob
und Kritik äußern und diese auch begründen sollen, worauf die Schüler auch rege eingehen.
Eine Diskussion und Bewertung der Ergebnisse, Lob und Kritik ist in der Subjektiven Theorie nicht vorgesehen, entspricht aber sehr wohl dem Prinzip der Lehrkraft "Würdigung jedes
Ergebnisses".

14.5 Die Basisdaten aller Vergleiche

Die folgende Tabelle enthält einen Überblick über die Vergleiche aller 38 Gruppenunterrichts-Sequenzen. Es sind die Anzahl der durchlaufenen Karten und die Übereinstimmungen
und Nicht-Übereinstimmungen (partielle und vollständige Abweichungen, Sprünge und
Blindstellen) pro Gruppenunterrichtssequenz und auch für die drei Phasen des Gruppenunterrichts (Arbeitsauftrag, Gruppenarbeit und Auswertung) angegeben.

Tab. 9: Überblick über die Anzahl der Abweichungen, Sprünge und Blindstellen bei allen 38
Sequenzen/bei den 10 Subjektiven Theorien, geordnet nach den drei Phasen des Gruppenunterrichts

Sequenz Subjektive Theorie	AA (Zeit)	GA (Zeit)	AW (Zeit)	GU (Zeit)
Auf dem Lande 02	K 4 (4:05) Ü 4 B 1	K 49 (22:30) Ü 49 B 5	K 8 (11:25) Ü 8 B 1	K 61 (38:00) Ü 61 B 7
Haltungsschäden 02	K 5 (1:15) Ü 5	K 33 (10:35) Ü 33 B 2	K 8 (5:50) Ü 8 B 2	K 46 (17:40) Ü 46 B 4
Armgelenke 02	K 5 (2:30) Ü 5 B 1	K 39 (12:00) Ü 38 A 1 B 2	K 5 (12:30) Ü 5 B 3	K 49 (27:00) Ü 48 A 1 B 6
New York 02	K 6 (1:10) Ü 5 A 1	K 30 (9:45) Ü 30 B 1	K 10 (9:35) Ü 10 B 2	K 46 (20:30) Ü 45 A 1 B 3
Ärger 03	K 3 (0:25) Ü 3	K 23 (8:35) Ü 23 B 1	K 10 (7:40) Ü 9 A 1 B 1	K 36 (16:40) Ü 35 A 1 B 2
Mödlareuth 03	K 3 (0:35) Ü 1 0.5-A 2	K 9 (5:20) Ü 7 0.25-A 1 A 1	K 9 (7:35) Ü 6 0.25-A 1 0.5-A 1 A 1	K 21 (13:30) Ü 14 0.25-A 2 0.5-A 3 A 2

		B 1	B 1
Gedicht 03	K 3 (0:15) Ü 3	K 29 (7:05) Ü 28 A 1 B 2	K 9 (2:30) Ü 7 0.25-A 1 A 1	K 41 (9:50) Ü 38 0.25-A 1 A 2 B 2
New York 03	K 3 (0:35) Ü 3	K 21 (5:25) Ü 21	K 8 (4:25) Ü 5 0.75-A 1 A 2 B 2	K 32 (10:25) Ü 29 0.75-A 1 A 2 B 2
Bildgeschichten 05	K 8 (0:25) Ü 7 S 1	K 18 (12:10) Ü 16 A 2	K 6 (5:30) Ü 5 A 1	K 32 (18:05) Ü 28 A 3 S 1
Mönch 05	K 8 (2:15) Ü 8	K 16 (12:40) Ü 16	K 6 (15:00) Ü 6	K 30 (29:55) Ü 30
Comics 05	K 6 (1:10) Ü 6 B 1	K 18 (4:50) Ü 17 S 1	K 4 (6:15) Ü 3 S 1	K 28 (12:15) Ü 26 S 2 B 1
Eulenspiegel 05	K 6 (2:25) Ü 6	K 15 (5:40) Ü 14 A 1	K 6 (15:00) Ü 6	K 27 (23:05) Ü 26 A 1
Bildzeichen 06	K 11 (0:35) Ü 11	K 12 (10:00) Ü 11 0.5-A 1 B 1	K 6 (10:35) Ü 5 0.25-A 1 B 3	K 29 (21:10) Ü 27 0.25-A 1 0.5-A 1 B 4
Sprachzeichen 06	K 12 (2:00) Ü 11 A 1 B 1	K 14 (7:05) Ü 12 0.5-A 1 A 1 B 1	K 5 (6:50) Ü 3 0.75-A 1 A 1 B 1	K 31 (15:55) Ü 26 0.5-A 1 0.75-A 1 A 3 B 3
Fliege 06	K 10 (0:20) Ü 10	K 16 (15:15) Ü 16 B 1	K 7 (13:45) Ü 6 A 1 B 1	K 33 (29:20) Ü 32 A 1 B 2
Tisch 06	K 9 (1:00) Ü 9	K 16 (8:40) Ü 15 0.25-A 1 B 1	K 6 (19:55) Ü 6 B 1	K 31 (29:35) Ü 30 0.25-A 1 B 2
Taschengeld 07	K 5 (1:20) Ü 5	K 30 (9:55) Ü 26 A 1 S 3	K 6 (11:05) Ü 5 0.5-A 1 B 1	K 41 (22:20) Ü 36 0.5-A 1 A 1 S 3 B 1
Minute 07	K 5 (0:30) Ü 4 A 1	K 26 (8:20) Ü 25 S 1 B 1	K 5 (4:00) Ü 5 B 1	K 36 (12:50) Ü 34 A 1 S 1 B 2
Wortspielerei 07	K 6 (0:40) Ü 4 0.25-A 1 A 1	K 23 (14:40) Ü 22 S 1 B 1	K 5 (10:10) Ü 5 B 1	K 34 (25:30) Ü 31 0.25-A 1 A 1

				S 1 B 2
Wörterbuch 07	K 6 (0:50) Ü 5 0.5-A 1	K 26 (5:35) Ü 23 A 1 S 2	K 7 (7:25) Ü 6 S 1	K 39 (13:50) Ü 34 0.5-A 1 A 1 S 3
Redensarten 08	K 3 (0:30) Ü 3	K 7 (2:45) Ü 6 0.25-A 1	K 7 (9:10) Ü 6 0.25-A 1	K 17 (12:25) Ü 15 0.25-A 2
Bericht 08	K 3 (0:35) Ü 3	K 9 (4:20) Ü 7 0.5-A 1 S 1 B 1	K 7 (3:05) Ü 7 B 1	K 19 (8:00) Ü 17 0.5-A 1 S 1 B 2
Suchmeldung 08	K 3 (0:30) Ü 3 B 1	K 11 (8:05) Ü 11	K 7 (6:40) Ü 7 B 1	K 21 (15:15) Ü 21 B 2
Personenbeschreibung 08	K 3 (0:55) Ü 3	K 7 (4:55) Ü 7 B 1	K 7 (5:20) Ü 7 B 1	K 17 (11:10) Ü 17 B 2
Ständeordnung 09	K 4 (1:25) Ü 3 0.25-A 1	K 24 (7:15) Ü 22 A 2 B 1	K 9 (5:20) Ü 6 0.25-A 1 0.5-A 1 A 1 B 1	K 37 (14:00) Ü 31 0.25-A 2 0.5-A 1 A 3 B 2
Mittelalterliche Stadt 09	K 4 (2:45) Ü 3 0.25-A 1 B 2	K 31 (11:05) Ü 25 0.5-A 1 A 2 S 3	K 29 (15:35) Ü 23 A 6 B 2	K 64 (29:25) Ü 51 0.25-A 1 0.5-A 1 A 8 S 3 B 4
Grille und Ameise II 10	K 6 (0:20) Ü 6	K 18 (6:35) Ü 17 A 1 B 1	K 6 (4:00) Ü 6 B 1	K 30 (10:55) Ü 29 A 1 B 2
Grille und Ameise III 10	K 7 (0:55) Ü 7 B 1	K 15 (4:25) Ü 14 S 1	K 16 (3:25) Ü 15 A 1 B 1	K 38 (8.45) Ü 36 A 1 S 1 B 2
Fabeltiere 10	K 7 (0:40) Ü 6 A 1	K 17 (6:40) Ü 14 0.25-A 1 0.5-A 1 S 1 B 1	K 10 (16:00) Ü 9 A 1 B 2	K 34 (23:20) Ü 29 0.25-A 1 0.5-A 1 A 2 S 1 B 3
Herr Moritz 12	K 13 (0:35) Ü 13	K 30 (5:15) Ü 29 S 1	K 49 (2:10) Ü 45 0.25-A 1 0.5-A 1 A 2	K 92 (8:00) Ü 87 0.25-A 1 0.5-A 1 A 2 S 1
Igel 12	K 16 (0:50) Ü 15	K 34 (6:40) Ü 28	K 75 (4:30) Ü 65	K 125 (12:00) Ü 108

	A 1 B 1	0.5-A 4 A 1 S 1	05-A 7 A 2 S 1 B 2	0.5-A 11 A 4 S 2 B 3
Paar-paar 12	K 13 (1:10) Ü 13 B 2	K 28 (6:10) Ü 22 0.5-A 4 A 1 S 1 B 1	K 68 (6:35) Ü 56 0.5-A 6 A 6 B 11	K 109 (13:55) Ü 91 0.5-A 10 A 7 S 1 B 14
Sprechweise 12	K 15 (1:25) Ü 12 0.5-A 2 A 1 B 1	K 30 (12:10) Ü 25 0.5-A 3 A 2 B 3	K 49 (11:35) Ü 46 0.25-A 1 0.5-A 1 S 1	K 94 (25:10) Ü 83 0.25-A 1 0.5-A 6 A 3 S 1 B 4
Indianerreise 14	K 11 (0:45) Ü 11	K 51 (6:35) Ü 47 0.25-A 1 0.5-A 1 S 2 B 2	K 35 (14:00) Ü 33 S 2 B 5	K 97 (21:20) Ü 91 0.25-A 1 0.5-A 1 S 4 B 7
Bildbeschreibung 14	K 12 (0:50) Ü 11 S 1	K 65 (5:10) Ü 58 0.5-A 4 A 2 S 1 B 2	K 64 (8:40) Ü 52 0.5-A 5 A 7 B 7	K 141 (14:40) Ü 121 0.5-A 9 A 9 S 2 B 9
Bildgeschichte 14	K 11 (0:50) Ü 11	K 46 (8:05) Ü 40 0.25-A 1 0.5-A 1 A 1 S 3 B 2	K 9 (1:45) Ü 7 A 1 S 1 B 2	K 66 (10:40) Ü 58 0.25-A 1 0.5-A 1 A 2 S 4 B 4
Landkarten 14	K 10 (0:25) Ü 10	K 62 (7:25) Ü 58 025-A 1 0.5-A 2 A 1 B 3	K 22 (2:50) Ü 19 0.5-A 1 A 1 S 1	K 94 (10:40) Ü 87 0.25-A 1 0.5-A 3 A 2 S 1 B 3
Groß und klein 14	K 10 (2:30) Ü 10	K 41 (7:30) Ü 41 B 4	K 59 (3:50) Ü 55 0.25-A 1 A 3	K 110 (13:50) Ü 106 0.25-A 1 A 3 B 4

Legende: A Abweichung; AA Arbeitsauftrag; AW Auswertung; B Blindstelle; GA Gruppenarbeit; GU Gruppenunterricht; K Karten; S Sprung; Ü Übereinstimmung; 0.25-A geringe Abweichung; 0.5 mittlere Abweichung; 0.75-A weitgehende Abweichung

Die Phase des Arbeitsauftrags ist zeitlich (15 Sekunden bis 4 Minuten 5 Sekunden, im Durchschnitt 1 Minute 7 Sekunden) als auch von den durchlaufenen Karten her (3 bis 16 Karten, im Durchschnitt 7,2) die kürzeste Phase. Der häufigste Wert (Modalwert) ist der

Wert mit drei durchlaufenen Karten. Die Verteilung ist extrem rechtsschief, d.h. es werden eher weniger als mehr Karten in der Phase des Arbeitsauftrags durchlaufen.

Die Phase der Gruppenarbeit dauert zwischen 2 Minuten 45 Sekunden und 22 Minuten 30 Sekunden, im Durchschnitt 8 Minuten 21 Sekunden. In dieser Phase werden 7 bis 65 Karten durchlaufen, im Durchschnitt 26 Karten. Die Verteilung ist sehr breit gestreut, der häufigste Wert (Modalwert) ist der Wert mit 30 durchlaufenen Karten.

Die Phase der Auswertung dauert von 1 Minute 45 Sekunden bis 19 Minuten 55 Sekunden (im Durchschnitt 8 Minuten 12 Sekunden). Dabei werden von 4 bis 75 Karten durchlaufen, im Durchschnitt 17,5 Karten. Die Spannweite ist sehr groß, die Verteilung ist stark rechtsschief, d.h. es werden eher weniger als mehr Karten durchlaufen. Der häufigste Wert (Modalwert) ist der Wert mit 6 durchlaufenen Karten. Die meisten Werte liegen zwischen 4 und 10 Karten.

Insgesamt dauert der Gruppenunterricht zwischen 8 Minuten und 38 Minuten (im Durchschnitt 17 Minuten 39 Sekunden). Es werden zwischen 17 und 141 Karten durchlaufen (Durchschnitt 50,7 Karten). Auch diese Verteilung ist sehr breit gestreut. Es lässt sich eine Gruppe mit wenigen bis mittleren (n=30) und eine Gruppe mit vielen Karten (n=8) identifizieren.

Insgesamt handelt es sich um 285 (partielle oder vollständige) nicht-übereinstimmende Stellen in den 38 Gruppenunterrichtssequenzen. Diese Stellen verteilen sich folgendermaßen auf die verschiedenen Phasen und den Gruppenunterricht insgesamt:

Tab. 10: Übersicht über alle Nicht-Übereinstimmungen (Abweichungen, Sprünge, Blindstellen) (N=285)

Phase	A=0,25	A=0,5	A=0,75	A=1	S	B	Σ
Arbeitsauftrag	3	5	0	7	2	12	29
Gruppenarbeit	7	24	0	22	23	41	117
Auswertung	8	24	2	39	8	58	139
Gruppenunterricht insgesamt	18	53	2	68	33	111	285

Legende: A=0,25: geringe Abweichung; A=0,5: mittlere Abweichung; A=0,75: weitgehende Abweichung; A=1: vollständige Abweichung; S: Sprung; B: Blindstelle.

Bei den Vergleichen wurden 141 (partielle oder vollständige) Abweichungen, 33 Sprünge und 111 Blindstellen festgestellt. In der Phase der Gruppenarbeit, in die die Lehrkraft den geringsten Einblick hat, kommen die meisten Sprünge (23) vor. Die Phase des Arbeitsauftrags, die sowohl zeitlich als auch von der Struktur her die geringste Ausdehnung hat, enthält auch wenige Nicht-Übereinstimmungen (29). Die Phase der Auswertung, die dem bekannten Frontalunterricht am ähnlichsten ist, allerdings sehr viele Schwierigkeiten birgt, enthält die meisten Nicht-Übereinstimmungen.

Im nächsten Kapitel 15 über die Realitätsadäquanz der Subjektiven Theorien geht es genau um diese Nicht-Übereinstimmungen.

15 Verlässlichkeitsprüfung der Instrumente und Realitätsadäquanz der Subjektiven Theorien

Jedes Verfahren zur Erhebung psychologischer Daten, das ernst genommen werden will, muss auf die Erfüllung bestimmter Gütekriterien überprüft werden. Psychometrische Verfahren werden seit einiger Zeit nach den Kriterien des Testkuratoriums der Föderation deutscher Psychologenverbände (1986) beurteilt. Aber auch Struktur-Lege-Verfahren haben sich den Ansprüchen einer Verlässlichkeitsprüfung zu stellen. Dabei müssen allerdings alternative Ansätze zur klassischen Testtheorie gegangen werden, die dem Untersuchungsgegenstand angemessen sind. Denn im Rahmen des Forschungsprogramms Subjektive Theorien wird nicht nur das reine Verfahren bewertet, sondern die diagnostische Gesamtsituation, die Erkenntnis-Subjekt und Erkenntnis-Objekt mit einbezieht.

Im folgenden Kapitel geht es (1) *um die Verlässlichkeitsprüfung des Instruments ILKHA* (Interview- und Legetechnik zur Rekonstruktion kognitiver Handlungsstrukturen, Dann & Barth, 1995), vor allem um die Überprüfung der Gültigkeit (explanative Validität) dieser Methode zur Rekonstruktion von Subjektiven Theorien durch den systematischen Vergleich zwischen Außen- und Innenperspektive. Mit der Verlässlichkeitsprüfung des Instruments wird gleichzeitig (2) *das Ausmaß der Übereinstimmung zwischen dem Denken und Handeln* der untersuchten Lehrkräfte erhoben und (3) *die Realitätsadäquanz* der von uns erhobenen Subjektiven Theorien festgestellt. Die Auswertungen und Ergebnisse in diesem Kapitel stellen einen zentralen Teil des Projekts ,Unterrichtskommunikation' dar, hiermit wird das erste **Hauptergebnis** der Arbeit präsentiert.

15.1 Die Auswahl adäquater Gütekriterien für Struktur-Lege-Verfahren

Auf die Frage, ob die Kriterien der klassischen Messtheorie auf Struktur-Lege-Verfahren übertragbar seien, antwortet Birkhan (1992, S. 288) mit „Ja und Nein". Struktur-Lege-Verfahren sind in ihrer Form und bezogen auf den zu diagnostizierenden Gegenstand weitgehend anders konzipiert und strukturiert als Tests und Fragebogen. Allerdings existieren diese Kriterien nicht nur innerhalb der klassischen Messtheorien, sondern beziehen sich auf die Gesamtheit empirisch wissenschaftlicher Tätigkeit, speziell auf die der Datenerhebung.
Da Struktur-Lege-Verfahren das zentrale Erhebungsinstrumentarium des Forschungsprogramms Subjektive Theorien darstellen, müssen diese Instrumente einer Verlässlichkeitsprüfung unterzogen werden. Dies ist bei adäquaten Operationalisierungen der Gütekriterien

möglich. Birkhan (1992, S. 289) ist überzeugt: „Dabei können sogar Maßzahlen entstehen, die einen Vergleich mit denen klassischer Tests formal ermöglichen und auch nicht zu scheuen brauchen...". Da jedoch Struktur-Lege-Verfahren dem Anwender viel größere Freiheitsgrade als klassische Testverfahren lassen, bedarf es einer genauen Analyse der Faktoren, die im methodischen Paradigma des Forschungsprogramms Subjektive Theorien als Störfaktoren angesehen werden (vgl. Scheele & Groeben, 1984, 1988a; Scheele, 1988; Wahl, 1988a,b,c).

Ein Struktur-Lege-Verfahren untersucht beliebige Inhalte, solange sie sich in Form Subjektiver Theorien äußern. Für den Anwender bedeutet das, dass er sich zwar auf standardisierte Verfahrensregeln berufen kann, jedoch bei der Festlegung des zu rekonstruierenden Inhaltsbereiches und damit bei der Auswahl der Fragen für das Interview auf sich gestellt ist (vgl. Gesprächsleitfaden zum Thema Gruppenunterricht in unserem Projekt in Anhang C). *Somit lässt sich eine Bestimmung der Gütekriterien für ein bestimmtes Struktur-Lege-Verfahren gar nicht vornehmen, sondern nur für eine konkrete Anwendung des Verfahrens auf einen bestimmten Inhaltsbereich.*

Die folgenden ausgewählten Kriterien der Objektivität, Reliabilität und Validität wurden derart modifiziert, so dass sie sich nicht mehr auf das reine Instrument, sondern auf die Interaktionseinheit von Erkenntnis-Subjekt, Rekonstruktionsverfahren und Erkenntnis-Objekt beziehen und sind entsprechend operationalisiert.

15.1.1 Zur Objektivität des Verfahrens

In der Methodologie der klassischen Testverfahren spielt der Testanwender keine oder nur eine sehr untergeordnete Rolle, bei den Struktur-Lege-Verfahren ist das ganz anders: Hier sind Erkenntnis-Subjekt und Erkenntnis-Objekt im Dialog damit beschäftigt, einen Konsens über das Verständnis der bis dahin rekonstruierten Subjektiven Theorie zu erlangen. Eine häufig an den Struktur-Lege-Verfahren geübte Kritik bezieht sich auf ein Phänomen, das in der Quantenphysik als „Unschärferelation" beschrieben wird: In jedem Messverfahren wirken Messobjekt und Messverfahren wechselseitig aufeinander ein. Dass die Art der Fragen oder vorgegebene Antwortmöglichkeiten die Ergebnisse beeinflussen können, ist bekannt, bleibt aber allzu oft unberücksichtigt oder wird sogar verleugnet. Bei den Struktur-Lege-Verfahren wird die dem Verfahren immanente Reaktivität thematisiert und konstruktiv bewältigt, indem für die Verfahrensdurchführung sowie für die kommunikative Validierung Regeln angegeben werden, die der erforschten Person größtmögliche Chancen lassen, die eigenen Vorstellungen zu artikulieren. Ausführliche Handlungsregeln sollen gewährleisten, dass bei einer Rekonstruktion nicht mehr als jene Subjektive Theorie herauskommt, zu deren Grad an Explikation die befragte Person grundsätzlich fähig ist, wenn auch vielleicht erst nach anstrengender Exploration und mit fremder Hilfe.

Im einzelnen dienen folgende konkrete Maßnahmen zur Gewährleistung der Objektivität bei der Durchführung, Auswertung und Interpretation.

15.1.1.1 Durchführungsobjektivität

Forscher und Subjektiver Theoretiker rekonstruieren die Subjektive Theorie gemeinsam und in Interaktion. Um die Objektivität bei der Durchführung zu gewährleisten, werden bestimmte Regeln eingehalten, die sich auf beide Verfahrensteile (Interviewteil und Rekonstruktionsteil) beziehen: Erstens liegt dem Interview ein Leitfaden zugrunde; die Fragen werden in weitgehender Anlehnung an diesen Interview-Leitfaden gestellt, wobei jedoch Anpassungen an den Gesprächsverlauf möglich bleiben müssen. Weiterhin soll das Interview eine möglichst weitgehende Annäherung an das Gesprächsmodell der idealen Sprechsituation darstellen (vgl. Scheele, 1988; Obliers, 1992). Und schließlich existieren die formalen Regeln des Strukturlegens, die durch das Struktur-Lege-Verfahren ILKHA festgelegt sind.

Bei den Struktur-Lege-Verfahren sind Verfahren und Verfahrensanwender nicht mehr sinnvoll voneinander zu trennen, sie bilden eine Einheit. Der Verfahrensanwender übernimmt auch Funktionen des Verfahrens. Die Menge der Handlungsregeln (formale Regeln, halbstrukturierter Interview-Leitfaden, Annäherung an des Gesprächsmodell der idealen Sprechsituation) stecken den Rahmen ab, den der Verfahrensanwender dann auszugestalten hat. Eine sorgfältige Schulung der Verfahrensanwender ist unabdingbar, gerade die Annäherung an die ideale Gesprächssituation beinhaltet einige Probleme, wie v.Hanffstengel (1997) aufzeigen konnte.

15.1.1.2 Auswertungsobjektivität

Zur Feststellung der Übereinstimmungen und Nicht-Übereinstimmungen (Abweichungen, Blindstellen und Sprünge) zwischen Außensicht und Innensicht werden jeweils zwei Rater eingesetzt, die unabhängig voneinander die Pfade durch die Strukturen und die Einschätzungen der Nicht-Übereinstimmungen bestimmen. Die unabhängigen Einschätzungen beider Rater werden miteinander verglichen. Von den insgesamt 1928 zu beurteilenden Konzepten wurden 70 Konzepte zunächst unterschiedlich beurteilt (das sind 3.6% unterschiedliche Urteile), im anschließenden Gespräch kam es in der Regel zu einer Einigung, da einer der beiden Rater den anderen argumentativ überzeugen konnte. In zwei Fällen wurde eine Qualitative Verlaufsanalyse (Diegritz & Rosenbusch, 1995) durchgeführt. Lediglich in vier Fällen fehlten Informationen, die durch eine Befragung der jeweiligen Lehrkraft eingeholt wurden, dann war auch hier eine Entscheidung klar. In einem Fall wurde ein „Schiedsgericht" einberufen, die Argumente also allen Projektmitgliedern vorgetragen, wobei dann dort eine Entscheidung gefällt wurde.

15.1.1.3 Interpretationsobjektivität

Hier geht es um die psychologischen Gründe der Nicht-Übereinstimmungen (Abweichungen, Blindstellen, Sprünge), also um die Zuordnung der Abweichungen, Blindstellen und Sprünge zu den verschiedenen Kategorien (vgl. Kap. 13 und 16). Dies geschah wiederum durch zwei unabhängige Rater, die sich anschließend bei unterschiedlichen Urteilen im Gespräch einigten.

Bei den insgesamt 29 Stellen des Arbeitsauftrags waren es 20 Stellen, die unabhängig voneinander der gleichen Kategorie zugeordnet wurden, das entspricht einer übereinstimmenden Einschätzung von 69%. Bei den 117 Stellen der Gruppenarbeit ordneten beide Rater 99 Stellen unabhängig voneinander der gleichen Kategorie zu, das sind 85% gleiche Ratings. Und bei den 139 Stellen der Auswertungsphase lagen 115 gleiche unabhängige Ratings vor, das sind 83%. Das mit 69% relativ niedrige Ergebnis für die Arbeitsauftragsphase ist auf das zu diesem Zeitpunkt noch nicht endgültig vorliegende Kategoriensystem und auf die erst zu erfolgende Einarbeitung in das Kategoriensystem zurückzuführen. Ansonsten ist davon auszugehen, dass das Kategoriensystem mit über 80% gleichen unabhängigen Zuordnungen recht leistungsfähig ist. Im übrigen bereitete die endgültige Einordnung und Einigung, die im Gespräch miteinander erfolgte, keinerlei Schwierigkeiten, denn durch Darlegung der Argumente stellte sich ganz deutlich jeweils ein Standpunkt für beide Rater als der überzeugendere dar.

15.1.2 Zur Reliabilität des Verfahrens

Die klassischen Methoden zur Bestimmung der Reliabilität (Paralleltest-, Retest- oder Splithalf-Methode) sind hier nicht anwendbar, die Strukturen können zur Kontrolle nicht zweimal gelegt werden, auch gibt es kein geeignetes Parallelverfahren. „Welches eine geeignete

Äquivalenzrelation für Subjektive Theorien sein soll, ist noch unklar" (Birkhan, 1992, S. 263). In diesem Projekt wurde die Zuverlässigkeit des Verfahrens sichergestellt, indem die Lehrkräfte jeweils an den folgenden Tagen den vorher gelegten Strukturteilen zustimmten und damit jedes Mal bestätigten, dass die Struktur noch gilt. Neue Gesichtspunkte wurden jeweils passend eingearbeitet, und das an mehreren Tagen.

Insofern wird durch den Dialog-Konsens die Zuverlässigkeit des Verfahrens an mehreren Tagen festgestellt und immer wieder erhöht.

Während der klassischen Messtheorie das zweigliedrige Diagnosekonzept zugrunde liegt, also von einer direkten Interaktion zwischen der Eigenschaft eines Individuums und dem Messinstrument ausgegangen wird, tritt beim Forschungsprogramm Subjektive Theorien das reflektierende und kommunizierende Individuum hinzu (Paradigma des dreigliedrigen Diagnosekonzepts, vgl. Gigerenzer, 1981, S. 91 oder Birkhan, 1992). Insofern wird im Rahmen des Forschungsprogramms Subjektive Theorien eine Veränderung des Subjektiven Theoretikers durch die Beschäftigung mit dem Forschungsgegenstand ausdrücklich postuliert und erwünscht. Dabei besteht die Hoffnung auf eine dauerhafte Veränderung im Sinne eines höheren Grades an Reflexivität, eine nur vorübergehende Veränderung wäre lediglich ein Artefakt der Untersuchung.

Reliabilität bedeutet aber auch die Nicht-Mehrdeutigkeit oder Präzision der Aussagen, die durch die formalen Regeln (z.B. eine Entscheidung führt nur zu einer einzigen Handlung) oder die Angabe von Beispielen gewährleistet ist, aber auch durch eine Art der „Supervision": Während des Rekonstruktionsprozesses wurden die entstehenden Subjektiven Theorien in der Regel zwei Mal einem weiteren Wissenschaftler (der beim Strukturlegen nicht anwesend war) vorgelegt, der die Konzepte auf Nicht-Mehrdeutigkeit, Präzision und Logik überprüfte, so dass in der nächsten Sitzung mit dem Subjektiven Theoretiker diese Punkte geklärt und präzisiert werden konnten.

15.1.3 Zur Validität des Verfahrens

Es muss zwischen der zeitlich vorgeordneten kommunikativen Validierung und der nachgeordneten explanativen Validierung unterschieden werden (vgl. Abb. 3).

15.1.3.1 Kommunikative Validierung

Subjektive Theorien haben handlungsleitende Funktion. Diese zu ergründen, zu beschreiben und zu verstehen ist eines der beiden vorrangigen Ziele des Erkenntnis-Subjekts. Adäquat für diese Forschungsphase sind dialogische Methoden, in denen alle Fragen nach der „Wahrheit" des Gesagten auf die Grundfrage „Habe ich dich richtig verstanden?" rückführbar sind. Diese kommunikative Validierung als verstehendes Beschreiben unter dialog-konsenstheoretischem Wahrheitskriterium ist im Forschungsablauf (zeitlich) vorgeordnet, der anschließenden wissenschaftlichen Erklärung (explanative Validierung) allerdings untergeordnet (Groeben, 1986, S. 326ff).

Die Validität der Rekonstruktion, d.h. ob das, was gelegt wurde, dem entspricht, was der Subjektive Theoretiker denkt, darüber entscheidet das konsensuale Wahrheitskriterium. Die kommunikative Validierung findet beim Strukturlegen im Gespräch zwischen Forscher und Subjektivem Theoretiker statt. Sie ist hoch, wenn der Subjektive Theoretiker am Ende zufrieden mit seiner Struktur ist, was er wörtlich so ausdrücken kann: „Das ist jetzt meine Theorie über Gruppenunterricht. Das kann man jetzt nicht mehr verbessern, so ist es gut". Sinngemäß sagten so etwas alle zehn Lehrer der Untersuchung, womit der Dialog-Konsens erreicht war.

Die kommunikative Validierung liefert in dieser Form keine Korrelationskoeffizienten oder andere statistische Übereinstimmungsmaße, sie ist allerdings die Voraussetzung zur Bestimmung der Kriteriumsvalidität.

15.1.3.2 Explanative Validierung

Durch Beobachtung muss schließlich überprüft werden, ob die vom Individuum angegebenen Gründe, Motive und Ziele seines Handelns auch objektive Ursachen seines Handelns sind. Diese explanative Validierung unter dem falsifikationstheoretischen Wahrheitskriterium wird als methodologisch nachgeordnet, bezüglich der wissenschaftlichen Erklärung aber als übergeordnet aufgefasst (Groeben, 1986, S. 326ff).

Varianten der explanativen Validität sind Kriteriumsvalidität, inhaltliche Validität und Konstruktvalidität. In vorliegendem Fall erscheint die Kriteriumsvalidität als das angemessene Maß, bei dem mittels Retrognosen vergangene Handlungen erklärt werden. Aus den rekonstruierten Subjektiven Theorien werden Hypothesen abgeleitet, deren Übereinstimmung mit der vorher aufgezeichneten Realität überprüft wird. Die relative Anzahl richtiger Retrognosen ist ein Maß für die Validität des verwendeten Struktur-Lege-Verfahrens und damit ein Maß für die Realitätsadäquanz der überprüften Subjektiven Theorien.

Die explanative Validierung geschieht im Vergleich der Außensicht mit der Innensicht. Enthalten Subjektive Theorien richtige Erklärungen für vergangene Handlungen (Retrognosen), so ist dies ein Indikator für deren explanative Validität. Dieses Vorgehen ist *allerdings nur sinnvoll, wenn die Innensicht- und die Außensicht-Daten voneinander unabhängig sind, also nicht auf demselben Datenmaterial beruhen.* Für die Außensicht wurden Filmaufzeichnungen angefertigt, die Rekonstruktion der Subjektiven Theorien erfolgte in einem späteren Unterricht, der nicht aufgezeichnet wurde, sondern bei dem ein Wissenschaftler als Beobachter im Unterricht anwesend war (Retrognosemodell). Der beobachtende Wissenschaftler, der nach dem Unterricht zusammen mit der Lehrkraft die Subjektive Theorie rekonstruierte, hatte die vorhergehenden Unterrichtsaufnahmen bis dahin nicht gesehen. Für den Vergleich der Innen- mit der Außensicht lag also voneinander unabhängiges Datenmaterial vor.

Begründung der Auswahl des Retrognosemodells:

Als alternative Modelle werden in der Literatur (vgl. Kap. 4.4) Korrelations-, Prognose- und Modifikationsstudien genannt. Korrelationsstudien erweisen sich aus dem soeben dargestellten Grund als nicht geeignet, weil die Innen- und Außensicht-Daten zum selben Zeitpunkt erhoben werden und somit nicht voneinander unabhängig sind; Modifikationsstudien entsprechen nicht der Fragestellung, da keine Modifikation angestrebt ist. Als „echte" Alternative blieb zu Anfang die Prognose (zuerst Rekonstruktion der Subjektiven Theorie, dann Unterrichtsaufzeichnungen). Prognosen wurden verworfen, weil durch die intensive gedankliche Beschäftigung während der Erhebung der Subjektiven Theorien der Gruppenunterricht danach nicht mehr in seiner ursprünglichen Form stattfindet. Auch auf die Einführung eines Doppelgängers wurde verzichtet, weil dadurch eine dritte Person mit ins Spiel gebracht wird, die ihre eigenen Sichtweisen (Subjektive Theorien) bei der Beurteilung zusätzlich einbringt. Dieser Einfluss kann schwer abgeschätzt werden, zudem wird der forschungspraktische Aufwand dadurch noch erhöht. Damit ist die Auswahl des Retrognosemodells begründet.

Es wurden drei Validitätsmaße entwickelt: Der Übereinstimmungsgrad ÜG, die Vollständigkeit V und die Realitätsangemessenheit R. Der Übereinstimmungsgrad errechnet sich aus der Summe aller Übereinstimmungen dividiert durch die Anzahl der durchlaufenen Karten der Struktur (ÜG=Ü/K). In dieses Maß gehen somit die Abweichungen und Sprünge ein. Die Vollständigkeit berücksichtigt die Anzahl der „fehlenden" Stellen (Blindstellen) in Relation zu den durchlaufenen Karten in der Struktur (V=1-B/K). Die Realitätsangemessenheit ist ein kombiniertes Maß, das alle drei Arten der Nicht-Übereinstimmung (Abweichungen, Sprünge und Blindstellen) beinhaltet (R=ÜG+V-1). Die Werte der drei Maße können zwischen 0 und 1 variieren, wobei 1 die optimale Ausprägung des jeweiligen Maßes darstellt, also die optimale Übereinstimmung zwischen Innen- und Außensicht, die optimale Vollständigkeit oder die optimale Realitätsadäquanz der Struktur.

Tab. 11: Übersicht über verschiedene Validitätsmaße der zehn Subjektiven Theorien

Strukturen	ÜG	V	R
02	0.990	0.903	0.893
03	0.910	0.946	0.856
05	0.942	0.991	0.933
06	0.950	0.910	0.860
07	0.913	0.965	0.878
08	0.973	0.921	0.894
09	0.854	0.942	0.796
10	0.935	0.931	0.866
12	0.918	0.951	0.869
14	0.932	0.947	0.879
Durchschnitt	0.936	0.941	0.877

Legende: ÜG Übereinstimmungsgrad; V Vollständigkeit; R Realitätsangemessenheit;

Der durchschnittliche Übereinstimmungsgrad über alle 38 Sequenzen der zehn Lehrkräfte ist ÜG=0.936, d.h. die Übereinstimmung zwischen Außen- und Innensicht beträgt über 93%, die Nicht-Übereinstimmungen (Abweichungen und Sprünge) machen nur 7% aus. Nur eine Lehrkraft hat einen etwas niedrigen Wert von 0.854.

Die durchschnittliche Vollständigkeit beträgt über alle 38 Sequenzen der zehn Lehrkräfte V=0.941; dieser Koeffizient besagt, dass zu 94% die Außensicht durch die Subjektive Theorie beschrieben wird und nur zu 6% sind zusätzliche Elemente in der Realität (Blindstellen) zu beobachten, die nicht in der Subjektiven Theorie enthalten sind.

Die Realitätsangemessenheit R aller Strukturen berücksichtigt alle drei Arten der Nicht-Übereinstimmung (Abweichungen, Sprünge und Blindstellen) und beträgt R=0.877, auch ein sehr hoher Wert (Variation zwischen 0.796 und 0.933).

Die drei Validitätsmaße können als sehr hoch bezeichnet werden. Die Vorüberlegungen und die davon abgeleiteten methodologischen Konsequenzen zielten auf eine möglichst hohe Konsistenz zwischen Denken und Handeln, die Bemühungen waren somit erfolgreich. Neben großer Freude über das Gelingen des Vorhabens geben diese Werte aber auch Anlass für kritische Überlegungen.

15.2 Kritische Hinterfragung der hohen Realitätsadäquanz der Subjektiven Theorien

Für die Beschreibung der Realitätsadäquanz der Subjektiven Theorien wurden drei Maße entwickelt. Der Übereinstimmungsgrad ÜG als das Maß, das die Abweichungen und Sprünge berücksichtigt, liegt für die zehn Subjektiven Theorien zwischen 0.854 und 0.990 mit einem Durchschnitt von 0.936; das bedeutet, dass die Übereinstimmung zwischen Denken und Handeln der Lehrkräfte zu über 93% gegeben ist. Die Vollständigkeit V als ein Maß, das die Blindstellen betrifft, liegt für die 10 Subjektiven Theorien zwischen 0.903 und 0.991 mit einem Durchschnitt vom 0.941; das bedeutet, dass die Außensicht zu 94% durch die Subjektiven Theorien beschrieben wird, nur zu 6% sind zusätzliche Elemente in der Realität zu beobachten. Das dritte Maß der Realitätsangemessenheit R vereinigt beide Maße und liegt zwischen 0.796 und 0.933 mit einem Durchschnitt von 0.877. Anhand dieser Werte (vgl. Tab. 11) ist eindeutig nachgewiesen, dass Denken und Handeln von Lehrkräften sehr eng miteinander verbunden sind und in hohem Maß übereinstimmen. Diese hohen Werte, die in anderen Studien nicht erreicht werden (vgl. Kap. 6.5), geben natürlich Anlass zur kritischen Hinterfragung.

Drei mögliche Einwände gegen die hohen Validatäten:

Zu einer ungerechtfertigten Erhöhung der Validitäten kann eine mögliche Abhängigkeit der Konzepte in den Subjektiven Theorien beitragen. Die vorhandene Abhängigkeit der Handlungen von ihren jeweils vorhergehenden Entscheidungsbedingungen (Entscheidungs-Handlungs-Einheiten) spielt in diesem Zusammenhang keine Rolle; im Gegenteil, sie macht ja gerade die Präzision des Instruments ILKHA (Interview- und Legetechnik zur Rekonstruktion kognitiver Handlungsstrukturen, Dann & Barth, 1995) aus: Nach einer einmal getroffenen Entscheidung soll tatsächlich nur eine einzige, eindeutige Handlung möglich sein und folgen. Insofern kommt es hier auf die Unabhängigkeit der einzelnen Entscheidungen an: Jede einzelne Entscheidung (oder Entscheidungs-Handlungs-Einheit) muss von den anderen Entscheidungen vollkommen unabhängig sein. Dies ist von der Logik und dem Aufbau des Instruments ILKHA gegeben.

Ein weiterer kritischer Punkt, der zu einer ungerechtfertigten Erhöhung der Validitäten führen kann, betrifft die „base rate fallacy", d.h. dass in den 38 Sequenzen öfter die gleichen oder sehr ähnliche Pfade durch die Strukturen beschritten werden. Die vorliegenden zehn Subjektiven Theorien sind äußerst heterogen (im Gegensatz zu den homogenen Subjektiven Theorien bei Wagner, 1995), sowohl von den Inhalten der Konzepte als auch von deren Anzahl her, die Rückkoppelungsschleifen erhöhen noch die Variationsmöglichkeiten. Insofern ist die Unterschiedlichkeit der Pfade (v.a. da nur 2 bis 5 Pfade durch jeweils eine Subjektive Struktur laufen), so groß, dass kein Pfad gleich oder ähnlich einem anderen ist. In den Strukturen sind einige Konzepte ohne Alternative enthalten, an denen dann auch alle (2 bis 5) Pfade zusammenkommen (müssen), doch sobald es Alternativen gibt, sind die Pfade wieder sehr unterschiedlich.

Schließlich soll noch auf das Prinzip „in dubio pro reo" eingegangen werden, das möglicherweise zu der hohen Validität beigetragen haben könnte. In der Anleitung zum Vergleich (Anhang D, S. 4) heißt es dazu: „Falls allerdings das nicht eindeutig erkennbare bzw. nicht sichtbare Handeln relativ sicher interpretiert bzw. erschlossen werden kann, gilt „in dubio pro reo", d.h. man geht von einer Übereinstimmung mit der Subjektiven Theorie aus". In dem exemplarischen Vergleich der Sequenz „Tisch" in Kapitel 14.3 sind einige Stellen dazu enthalten. Allerdings gingen die beiden Beurteilerinnen mit großer Sorgfalt allen möglichen Hinweisen nach und nur wenn beide mit hoher Gewissheit zu dem selben Schluss kamen, wurde nach diesem Prinzip eine Übereinstimmung festgestellt.

15.3 Enges Verhältnis zwischen Denken und Handeln – das erste Hauptergebnis

Nachdem auf drei Einwände, die die hohe Realitätsadäquanz in Frage stellen könnten, eingegangen wurde, werden nun Erklärungen zur Begründung aufgeführt.

Bei der Auswahl adäquater Gütekriterien (Kap. 15.1) wurde darauf hingewiesen, dass nur die konkrete Anwendung des Verfahrens auf einen bestimmten Inhaltsbereich, nicht aber das Struktur-Lege-Verfahren als Methode generell beurteilt werden kann. Und hier stellt sich der Inhaltsbereich „Gruppenunterricht" als validitätserhöhend heraus: Gruppenunterricht bedeutet geplanten Unterricht, ihm liegen Unterrichtsvorbereitungen der Lehrkräfte zugrunde im Gegensatz zu anderen Studien, deren Subjektive Theorien sich mit unvorhersehbarem und somit unplanbarem Handeln, z.B. bei Unterrichtsstörungen durch Schüler beschäftigen (vgl. auch Hofer, 1997, S. 231). Diese Pläne unserer Lehrkräfte liegen teilweise sogar in schriftlicher Form vor, z.B. schriftlich fixierte Arbeitsaufträge oder vorgefertigte Tafelanschriften oder Arbeitsblätter. In Zusammenhang mit dem Gegenstandsbereich möchte ich den Kreis schließen und auf Ergebnisse der Einstellungsforschung (vgl. Kap. 1.3 und 1.4) verweisen: Der Gegenstandsbereich „Gruppenunterricht" weist die Ausprägung der drei Merkmale nach Six (1998) auf, die die höchste Konsistenz zwischen Denken und Handeln erwarten lassen.

Eine zweite sehr wichtige Erklärung betrifft das speziell entwickelte Instrument ILKHA, das auf einer sehr konkreten Ebene die Entscheidungsbedingungen und Handlungen erfasst, so dass ein direkter Vergleich zwischen der Subjektiven Theorie und dem beobachtbaren Unterrichtshandeln erleichtert oder sogar erst möglich wird. Ein vorrangiges Mittel dazu ist die Angabe von Beispielen auf den Konzepten. Auch wird die zeitliche Abfolge des konkreten Handelns, das ja auch nur nacheinander geschehen kann, in dem Instrument abgebildet. Mit dieser Argumentation ist wieder eine Verbindung zu den Ergebnissen der Einstellungsforschung gegeben, dem Prinzip der Kompatibilität (Ajzen & Fishbein, 1977; Ajzen, 1988; vgl. Kap. 1.2.3): Je ähnlicher (und konkreter) die Ebene ist, auf der die Ziel-, Handlungs-, Kontext- und Zeit-Elemente erfasst werden, desto enger ist die Übereinstimmung zwischen Denken und Handeln.

Schließlich wurde das Retrognosemodell ausgewählt, um die Konsistenzen realistisch einzuschätzen. Im Fall von Prognosen könnte der Vorwurf erhoben werden, dass die Konsistenzen überschätzt werden, weil die intensive gedankliche Beschäftigung mit dem Thema das weitere Handeln der Lehrkräfte beeinflusst. Dies ist durch Retrognosen ausgeschlossen.

Schon Hofer (1997) stellt fest, dass in Arbeiten, die auf die Rekonstruktion von Subjektiven Theorien abzielen (im Vergleich zu anderen Ansätzen), Zusammenhänge zwischen Kognitionen und beobachtbarem Handeln von beachtlich hohem Ausmaß ermittelt wurden. Doch übertreffen die in dieser Arbeit ermittelten Werte alle bisherigen Ergebnisse. Vor dem Hintergrund Jahrzehnte langer Bemühungen in verschiedenen Bereichen der Psychologie handelt es sich hierbei um ein beinahe sensationelles Ergebnis, die Fragestellung nach dem Verhältnis zwischen Denken und Handeln wurde auf eine neue Art und Weise angegangen. Damit wurde das erste Hauptergebnis der Arbeit präsentiert. Die explanative Validierung wurde bisher nur in wenigen Untersuchungen geleistet (vgl. Kap. 6.5), weil sie ein sehr aufwendiges Verfahren ist. Die sorgfältigen Vorüberlegungen und die große Mühe haben sich jedoch gelohnt, wenn man dieses Ergebnis betrachtet.

Es wurde die Verlässlichkeitsprüfung der Methode ILKHA (Dann & Barth, 1995) zur Rekonstruktion von Subjektiven Theorien geleistet und gleichzeitig die hohe Konsistenz zwischen Denken und Handeln von Lehrkräften während ihres Gruppenunterrichts belegt. Damit sind die Fragestellungen 2 und 3 aus Kapitel 12.1 beantwortet.

16 Die Gründe für die Nicht-Übereinstimmungen zwischen Subjektiven Theorien und beobachtetem Handeln – das zweite Hauptergebnis

Nachdem im vorhergehenden Kapitel der hohe Übereinstimmungsgrad zwischen Denken und Handeln belegt werden konnte, geht es nun um die Nicht-Übereinstimmungen und deren Gründe. Damit geht es um die in Punkt 4 formulierte Fragestellung in Kap. 12.1. Insgesamt konnten 285 Nicht-Übereinstimmungen identifiziert werden (vgl. Kap. 14), die durch zwei unabhängige Beurteilerinnen[1] den Kategorien des in Kapitel 13 entwickelten Kategoriensystems zugeordnet wurden. Auf die Übereinstimmung der Urteile (Interpretationsobjektivität) wird in Kap. 15.1.1.3 näher eingegangen. Die 285 Nicht-Übereinstimmungen verteilen sich auf die verschiedenen Phasen des Gruppenunterrichts folgendermaßen (vgl. Tab. 10): 29 Stellen treten in der Phase des Arbeitsauftrags auf, 117 Stellen kommen während der Gruppenarbeit vor und 139 Stellen ereignen sich in der Phase der Auswertung; insgesamt handelt es sich dabei um 141 (vollständige oder partielle) Abweichungen, um 33 Sprünge und um 111 Blindstellen.

16.1 Ergebnisse zu den Abweichungen

Die 141 Abweichungen können insgesamt neun Kategorien (Unterpunkte 1a-c) zugeordnet werden, die in Tabelle 12 in der ersten Spalte aufgeführt sind. Die Ergebnisse sind für die drei Phasen des Gruppenunterrichts und für den Gruppenunterricht insgesamt aufgelistet. Die Zahlen in den Klammern geben die ungewichteten Abweichungen (abweichende Stellen) an. Da auch partielle Abweichungen auftreten, werden die einzelnen Stellen gewichtet (von 0.25 bis 0.75); das sind die Zahlen ohne Klammern.

Bei Betrachtung von Tabelle 12 fällt auf, dass Abweichungen durch neue Informationen, die weder positiv noch negativ besetzt sind (1c), nicht auftreten. Zu diesem Grund lagen von Anfang an widersprüchliche Meinungen vor (Kap. 13.1.1), anscheinend spielt die Neuartigkeit der Informationen nicht die entscheidende Rolle, sondern die Besetzung mit Gefühlen (vgl. Abele, 1995). Auch konnten keine Abweichungen Lernprozessen, die durch die Untersuchungssituation ausgelöst wurden, zugeordnet werden; dies mag an dem relativ kurzen Untersuchungszeitraum liegen, so dass sich noch keine Lernprozesse in Abweichungen niederschlagen. Alle anderen Kategorien sind besetzt. Knapp 60% der Abweichungen sind auf

---

[1] Eine gut eingearbeitete wissenschaftliche Hilfskraft und die Autorin

methodologische Gründe (Kategorien 5 bis 7) zurückzuführen, nur der geringere Teil lässt sich also Gründen inhaltlicher Art (Kategorien 1 bis 4) zuordnen.

Tab. 12: Übersicht über die gewichteten (und ungewichteten) Abweichungen des Gruppenunterrichts und seiner drei Phasen

gewichtete Abweichungen (ungewichtete Abweichungen)	AA	GA	AW	GU
1. Veränderungen durch Umbrüche in der persönlichen Genese				
1a. durch negative Erfahrungen	0,5	6,0	7,25	13,75
	(1)	(7)	(9)	(17)
1b. durch positive Erfahrungen	0	3,5	0	3,5
		(5)		(5)
1c. durch neue Informationen	0	0	0	0
2. Intransparenz-Situationen	1,0	1,0	0	2,0
	(2)	(1)		(3)
3. Inkohärentes kognitives System	0	6,0	0	6,0
		(6)		(6)
4. Diskrepanz zwischen Sollvorstellung und Realität	2,5	8,5	5,5	16,5
	(3)	(12)	(7)	(22)
5. Fehlerhafte Explikation	2,5	8,5	35,75	46,75
	(3)	(18)	(50)	(71)
6. Lernprozesse, durch Untersuchungssituation ausgelöst	0	0	0	0
7. Wissensverdichtung von Experten, didaktische Routinen	3,75	2,25	6,0	12,0
	(6)	(4)	(7)	(17)
Gesamt	10,25	35,75	54,5	100,5
	(15)	(53)	(73)	(141)

Legende: AA Phase des Arbeitsauftrags; GA Phase der Gruppenarbeit; AW Phase der Auswertung; GU Gruppenunterricht

Bei Betrachtung der psychologischen Gründe für die Abweichungen (Tab. 12) sind drei Hauptklassen zu unterscheiden: Zum einen die in der Untersuchungsmethode liegenden

Gründe, worunter eine ungenaue, missverständliche oder andersartig fehlerbehaftete Rekonstruktion von Teilen der Subjektiven Theorie zu verstehen ist oder didaktische Routinen oder Automatismen der Lehrkraft nur unvollständig oder ungenau abgebildet sind. Als zweite Hauptkategorie sind Belastungssituationen zu nennen; darunter sind negative Erfahrungen der Lehrkraft im Unterrichtsalltag zu verstehen; dazu zählen auch Situationen, in denen die Lehrkraft Entscheidungen treffen und handeln muss, obwohl sie die Situation nur beschränkt oder nicht überblickt und es zählen dazu die Imperativverletzungskonflikte, in den vorliegenden Fällen Diskrepanzen zwischen der vorgefundenen Realität und einem Subjektiven Imperativ oder zwischen zwei konkurrierenden Subjektiven Imperativen, die ein Handeln erschweren. Als dritte Klasse, die jedoch von der Empirie her eine geringe Rolle spielt, sind die Abweichungen durch Positiverfahrungen zu nennen.

Aufgrund dieser Beschreibung (und um später die Hypothesen 1a und 1b beantworten zu können) werden nun die empirischen Ergebnisse von Tabelle 12 zusammengefasst: Gründe 1a, 2, 3 und 4 werden den Belastungen zugeordnet; Grund 1b wird den Positiverfahrungen zugeordnet und die Gründe 5 und 7 werden als methodische Gründe zusammengefasst (die Gründe 1c und 6 fallen in dieser Einteilung weg, da sie empirisch nicht beobachtet wurden).

Tab. 13: Zusammenfassung der gewichteten Abweichungen nach drei Hauptklassen

gewichtete Abweichungen (Prozente)	AA	GA	AW	GU
1. Belastungen	4 (39%)	21,5 (60%)	12,75 (23%)	38,25 (38,0%)
2. Positiverfahrungen	0 (0%)	3,5 (10%)	0 (0%)	3,5 (3,5%)
3. Methodische Gründe	6,25 (61%)	10,75 (30%)	41,75 (77%)	58,75 (58,5%)
Gesamt	10,25 (100%)	35,75 (100%)	54,5 (100%)	100,5 (100%)

Legende: AA Phase des Arbeitsauftrags; GA Phase der Gruppenarbeit; AW Phase der Auswertung; GU Gruppenunterricht

Zuerst zu den methodischen Gründen: Die Daten belegen eine hohe Gültigkeit der Subjektiven Theorien (Übereinstimmungsgrad ÜG=0.936, Kap. 15.1.3), andererseits ist die Rekonstruktionsmethode sehr aufwendig und etlichen Fehlerquellen unterworfen, deren sich die Wissenschaftler bewusst sind. Deshalb soll der Anteil der Abweichungen, der durch die methodischen Gründe verursacht wird, gesondert betrachtet werden. Beim Arbeitsauftrag sind es 61%, bei der Gruppenarbeit 30% und in der Auswertungsphase 77%. Dass vor allem in der Auswertungsphase so viele methodische Gründe auftreten, kann auch damit zusammenhängen, dass diese Phase bei der Rekonstruktion der Subjektiven Theorie immer zuletzt ansteht und die Konzentration dabei allmählich nachlässt. Über alle drei Phasen sind es 58,5%, also über die Hälfte aller Abweichungen. Das ist realistisch bei einer Methode, die nachgewiesenermaßen hoch valide ist, andererseits mit diesen methodischen Einflüssen leben muss und mit ihnen bewusst umgeht.

Dabei spielen die theoretisch erwarteten Lernprozesse, die durch die Untersuchungssituation ausgelöst werden können, keine empirische Rolle. Hier war eventuell die Untersuchungsdauer (2 Wochen) zu gering, als dass sich dies in den Subjektiven Theorien schon niederschlagen konnte. Eine fehlerhafte, ungenaue, missverständliche oder verzerrte Rekonstruktion von Teilen der Subjektiven Theorien (von routinehaften oder nicht-routinehaften Entscheidungen und Handlungen), der in einem Interaktionsprozess zwischen Forschendem und Subjektivem Theoretiker abläuft, waren der Grund für 58,5% aller Abweichungen.

Positive Erfahrungen, die zu Abweichungen führen, sind sehr selten (3,5%); sie treten nur bei einer einzigen Lehrkraft auf und auch nur in der Phase der Gruppenarbeit. Die Lehrkraft verzichtet in drei der vier Sequenzen ein- oder zweimal ganz oder teilweise auf das Herumlaufen in der Klasse, weil sie das Gefühl hat, dass die Gruppen gut arbeiten.

Dass Lehrkräfte aus bestimmten Gründen nicht im Klassenzimmer herumlaufen (Gruppenarbeit läuft gut, keine Meldungen der Gruppen, Lehrer fühlt sich nicht so gut, Lehrer hat etwas anderes zu tun,...) ist in etlichen anderen Subjektiven Theorien enthalten, jedoch nicht in dieser speziellen. Hier macht die Lehrkraft die positiven Erfahrungen und weicht deshalb von ihrer Subjektiven Theorie ab. Ansonsten spielen die positiven Erfahrungen für Abweichungen keine Rolle; sei es deshalb, weil bei dem Thema „Gruppenunterricht" wenig Positives zu erleben ist oder weil die Lehrkräfte die positiven Erfahrungen schon in ihre Subjektiven Theorien integriert haben. Bei dieser einen Lehrkraft verursachen die Positiverfahrungen allerdings (neben vielen methodischen Gründen) einen großen Teil der Abweichungen.

Eine weitere Begründung für das geringe Vorkommen von Abweichungen durch Positiverfahrungen liefert das „Kognitiv-motivationale Mediatorenmodell zum Einfluss von Stimmungen auf die kognitive Leistung" von Abele (1995). Sie ordnet Stimmungen von der Stärke her zwischen die schwächer ausgeprägten evaluativen Urteile und die intensiv ausgeprägten Emotionen. Denken und Handeln geschehen niemals stimmungsneutral, sondern sind immer in einen bestimmten Stimmungskontext eingebettet. Abele (1995, S. 24) verweist auf die Informationsfunktion von Stimmungen, wonach positive Stimmungen eine ausgeglichene und günstige momentane Passung zwischen Person und Umwelt signalisieren. Das bedeutet, dass Veränderungshandlungen überflüssig sind, dass keine Veränderung von Plänen notwendig ist. Positive Stimmung signalisiert, dass „alles in Ordnung" ist, so dass Abweichungen eben nicht auf positive Erfahrungen zurückzuführen sind.

Belastungen sind (neben den methodischen Gründen) ein wesentlicher Grund für Abweichungen. Auch hier dient zur Erklärung das gerade angeführte Modell von Abele (1995) und die Informationsfunktion der negativen Stimmungen: Negative Stimmungen signalisieren eine Störung in der Passung zwischen Person und Umwelt, das bedeutet Handlungsbedarf, also die Abweichung von Plänen. Belastungen sind in der Phase des Arbeitsauftrags zu 39% für Abweichungen verantwortlich, in der Phase der Gruppenarbeit sogar zu 60% und in der Phase der Auswertung zu 23%. Insgesamt verursachen sie 38% der Abweichungen. Ein inkohärentes kognitives System, d.h. zwei miteinander konkurrierende Subjektive Imperative, spielt nur in der Phase der Gruppenarbeit eine Rolle. Dabei resultieren 5 vollständige Abweichungen (bei zwei Lehrkräften) aus dem Dilemma, dass die Gruppen möglichst selbständig arbeiten sollen, andererseits die Lehrkräfte helfen (und kontrollieren) wollen. Bei einer dritten Lehrkraft entsteht ein Dilemma wegen der Zeit, weil sie den Gruppen soviel Zeit geben will, wie sie brauchen und andererseits nach einer längeren Phase der Gruppenarbeit der Meinung ist, es solle langsam weitergehen und einige Gruppen sich bereits langweilen könnten. Diskrepanzen zwischen der Realität und bestimmten Sollvorstellungen der Lehrkraft spielen in allen drei Phasen eine Rolle und auch über die meisten Lehrkräfte (8 von 10 Lehrkräften). In einem Viertel der Fälle geht es darum, dass die Lehrkraft grundsätzlich mit Lob oder Bestätigung arbeiten will, es dann aber in bestimmten Situationen nicht tut; einerseits, weil ständiges Loben unecht wirken würde, andererseits weil die Lehrkraft doch nicht so ganz zufrieden ist. Ein zweiter wichtiger Grund für Diskrepanzen zur Realität ist der, dass die Lehrkraft sich durch aktuelle Umstände genötigt sieht, aus dem Hintergrund zu treten, sei es durch Schülerfragen oder weil sie das Gefühl hat, sie müsse einen Schülerbeitrag verdeutlichen. Weitere Gründe sind, dass eine Lehrkraft z.B. auf die von ihr postulierte arbeitsteilige Gruppenarbeit verzichtet, weil das doch in der Realität sehr viel Zeit- und Arbeitsaufwand bedeutet; dass eine Lehrkraft auf eine Zeitvorgabe verzichtet, weil sie die Schüler bei dieser besonderen kreativen Aufgabe nicht unter Zeitdruck setzen möchte; dass eine Lehrkraft auf die Stellung einer Zusatzaufgabe verzichtet, weil diese Aufgabe in der verbleibenden Zeit doch nicht mehr vernünftig zu Ende geführt werden könnte; dass eine Lehrkraft eine Hilfestellung zwar geben möchte, aber damit im Moment selber überfordert ist; oder dass eine Lehrkraft auf den Ergebnisvortrag aller Gruppen verzichtet, weil die Ergebnisse weniger zufriedenstellend sind und es sich nicht lohnt.

Die Abweichungen aufgrund von Diskrepanzen zwischen der Realität des Unterrichtsalltags und Sollvorstellungen der Lehrkräfte (Grund 4, Tabelle 12), die den wichtigsten inhaltlichen Grund für Abweichungen darstellen (22 ungewichtete bzw. 16,5 gewichtete Abweichungen), können in Zusammenhang mit der beruflichen Entwicklung von Lehrkräften gesehen werden. In der Literatur zum „Praxisschock" (Müller-Fohrbrodt, Cloetta & Dann, 1978; Hinsch, 1979; Hofer, 1986) wird von Diskrepanzerfahrungen bei jüngeren Lehrkräften berichtet, die zu Einstellungs- und Verhaltensänderungen führen. Deshalb stellt sich die Frage, ob die Abweichungen aufgrund von Diskrepanzen zur Realität besonders bei jüngeren Lehrkräften auftreten. 68% dieser (ungewichteten und gewichteten) Abweichungen gehen auf das Konto der vier jüngeren Lehrkräfte, wohingegen sich 32% dieser Abweichungen auf die sechs erfahrenen Lehrkräfte verteilen. Das sind durchschnittlich 3,75 ungewichtete (bzw. 2,8 gewichtete) Abweichungen pro jüngerer Lehrkraft und 1,7 ungewichtete (bzw. 0,88 gewichtete) Abweichungen pro erfahrener Lehrkraft. Abweichungen aufgrund von Diskrepanzerfahrungen treten also 2-3 Mal so häufig bei jüngeren als bei erfahreneren Lehrkräften auf.

Ebenfalls über alle drei Phasen verteilt (jedoch nur bei der Hälfte der Lehrkräfte zu finden) sind negative Erfahrungen der Lehrkräfte im Unterricht (Grund 1a) wie Zeitdruck, streitende oder unruhige Gruppen und die Befürchtung von oder tatsächlich vorliegenden unzureichenden Gruppen-Ergebnissen.

Belastungssituationen spielen also in den Subjektiven Theorien eine große Rolle, und zwar in zweierlei Hinsicht: Einerseits sind sie in den Subjektiven Theorien thematisiert und integriert, andererseits ergeben sich daraus auch eine beträchtliche Anzahl von Abweichungen, v.a. in der Phase der Gruppenarbeit.

Positiverfahrungen spielen dagegen keine Rolle für Abweichungen. Dies mag am Thema „Gruppenunterricht" liegen, wo für starke Gefühle wie Freude, Stolz oder Erleichterung wenig Raum ist. Wenn die Planung zu Erfolg geführt hat, ergeben sich positive Stimmungen (z.B. gute Laune), die jedoch keine Veränderungshandlungen initiieren, denn es soll ja so bleiben. So treten Abweichungen durch Positiverfahrungen lediglich bei einer der zehn Lehrkräfte auf, die das eventuell etwas anders sieht.

16.2 Ergebnisse zu den Sprüngen

Die 33 Sprünge können insgesamt 3 Kategorien zugeordnet werden, die in Tabelle 14 in der ersten Spalte aufgeführt sind. Die Ergebnisse sind für die drei Phasen des Gruppenunterrichts und für den Gruppenunterricht insgesamt aufgelistet.

Tab. 14: Übersicht über die Sprünge des Gruppenunterrichts und seiner drei Phasen

Sprünge	Arbeitsauftrag	Gruppenarbeit	Auswertung	Gruppenunterricht
1. Flexibilität, Spontaneität	0	6	7	13
2. Unsicherheiten, Unklarheiten	2	6	0	8
3. Unvollständige Explikation	0	11	1	12
Gesamt	2	23	8	33

Alle drei Kategorien sind relativ gleichmäßig besetzt. 36% der Sprünge sind auf die unvollständige Explikation der Formalrelationen, also auf einen methodologischen Grund zurückzuführen. Sprünge sind also zum großen Teil inhaltlich begründet, wobei die Sprünge aufgrund der Flexibilität und Spontaneität der Lehrkräfte überwiegen.

Bei den Sprüngen ist nur eine Unterteilung in drei Kategorien gegeben. Zu gut einem Drittel spielen hier methodologische Gründe (Tab. 14) eine Rolle, die sich v.a. auf seltene Fälle beziehen, in denen eine Formalrelation fehlt. Z.B. hatte eine Gruppe nacheinander inhaltliche und soziale Schwierigkeiten, was aber nur als Alternative in der Subjektiven Theorie vorgesehen ist, so dass zurück gesprungen werden musste; oder eine Gruppe hatte in der Auswertungsphase kein Ergebnis vorzuweisen, wobei der Ergebnisvortrag der anderen Gruppen in der Subjektiven Theorie ausgelassen wurde, der allerdings als Alternative in anderen Fällen existierte, so dass dahin gesprungen werden musste. Unsicherheiten der Lehrkraft und Unklarheiten in ihrer Zielhierarchie (i.S. von belastenden Situationen) spielen wie bei den Abweichungen eine wichtige Rolle (24%), v.a. in der Gruppenarbeitsphase, die für die Lehrkraft am wenigsten durchschaubar ist; in der Phase der Auswertung spielt diese Art der Sprünge keine Rolle. Flexibilität und Spontaneität der Lehrkraft tritt als Grund für Sprünge zahlenmäßig am häufigsten auf. In diesem Zusammenhang soll noch einmal auf das „Kognitiv-motivationale Mediatorenmodell zum Einfluss von Stimmungen auf die kognitive Leistung" von Abele (1995, S. 199) verwiesen werden, wonach positive Stimmungen nicht zu Abweichungen führen, sondern als ein Charakteristikum für einen flexiblen Denkstil, hohe Ideenflüssigkeit und starke Orientierung an der jeweiligen Aufgabenstellung angesehen werden. Bei eventuell vorhandener guter Laune reagieren die Lehrkräfte also eher flexibel mit Sprüngen. Die Sprünge aufgrund von Flexibilität und Spontaneität der Lehrkraft finden sich in der Auswertungsphase, in der andere Arten von Sprüngen keine Rolle spielen und in der Phase der Gruppenarbeit, in der auch methodologische Gründe eine große Rolle spielen.

16.3 Ergebnisse zu den Blindstellen

Die 111 Blindstellen können insgesamt 5 Kategorien zugeordnet werden, die in Tab. 15 in der ersten Spalte aufgeführt sind. Die Ergebnisse sind für die drei Phasen des Gruppenunterrichts und für den Gruppenunterricht insgesamt aufgelistet.

Tab. 15: Übersicht über die Blindstellen des Gruppenunterrichts und seiner drei Phasen

Blindstellen	AA	GA	AW	GU
1. Intransparenz-Situationen	0	0	1	1
2. Unangenehme Aspekte	0	4	10	14
3. Implizites Wissen	0	4	0	4
4. Unvollständige Explikation	11	24	27	62
5. Wissensverdichtung von Experten	1	9	20	30
Summe	12	41	58	111

Legende: AA Phase des Arbeitsauftrags; GA Phase der Gruppenarbeit; AW Phase der Auswertung; GU Gruppenunterricht

Bei den Blindstellen kann zwischen inhaltlichen Gründen (Kategorien 1 und 2), die sich ausschließlich auf Belastungen beziehen und methodologischen Gründen (Kategorien 3-5) unterschieden werden.

Die Kategorien „Intransparenz-Situationen" und „Implizites Wissen" sind schwach besetzt. Aufgrund der theoretischen Vorannahmen erstaunt dieses Ergebnis gerade in bezug auf die Intransparenz-Situationen, die auch bei den Abweichungen nur schwach besetzt sind. Blindstellen sind nur zu 14% inhaltlich bedingt (Kategorien 1 und 2), zum überwiegenden Teil (86%) sind sie also auf methodologische Gründe zurückzuführen.

Insgesamt handelt es sich um 111 Blindstellen (Tab. 15), die 6% zusätzlich beobachtete Elemente im Vergleich zu den Subjektiven Theorien darstellen. Für die Mehrzahl der Blindstellen (96 Blindstellen, das sind 86%) sind methodische Gründe (Tab. 15, Gründe 3-5) verantwortlich, in der Phase des Arbeitsauftrags sind alle Blindstellen auf methodologische Gründe zurückzuführen. Der große Anteil an methodisch bedingten Blindstellen war zu erwarten, da sie gerade die nicht (mehr) bewussten Grundlagen des Handelns (Implizites Wissen und Automatismen) und die unvollständigen Explikationen betreffen. Die inhaltlich begründeten Intransparenz-Situationen spielen eine geringe Rolle (mit nur einer Blindstelle). Blindstellen aufgrund unangenehmer Aspekte des Unterrichtsalltags sind mit 13% relativ häufig anzutreffen; v.a. geht es hier um „fehlende" Maßnahmen zur Herstellung von Ruhe in der Auswertungsphase: Lehrkräfte ignorieren (oder verdrängen) teilweise die große Unruhe in ihrer Klasse, so dass Ermahnungen und massivere Maßnahmen (z.B. Versetzen störender Schüler an einen Einzeltisch oder sogar der Abbruch der Auswertungsphase und das anschließende Schreiben eines Diktats) nicht in der Subjektiven Theorie vorkommen.

16.4 Zusammenfassung und Diskussion

Abweichungen, Sprünge und Blindstellen werden als Nicht-Übereinstimmungen zwischen Denken und Handeln identifiziert. Bei Abweichungen sind Konzepte in der Subjektiven Theorie vorhanden, in der Realität wird aber (teilweise oder vollständig) anders gehandelt. Blindstellen bedeuten zusätzliche Elemente in der Realität, die in den Subjektiven Theorien nicht enthalten sind. Bei Sprüngen fehlen die Verbindungen zwischen Konzepten in der Subjektiven Theorie, die in der Realität beobachtet werden.

Die *Nicht-Übereinstimmungen* zwischen den Subjektiven Theorien und dem Handeln *sind zu einem großen Teil durch methodologische Gründe bedingt* (59% der Abweichungen, 37% der Sprünge und sogar 87% der Blindstellen). Diese Nicht-Übereinstimmungen betreffen solche Verhaltensweisen, für die das Forschungsprogramm Subjektive Theorien keinen Lösungsanspruch erhebt (z.B. didaktische Routinen, Automatismen, implizites Wissen, vgl. auch Scheele & Groeben, 1988b) oder sie betreffen die Grenzen der qualitativen Forschung im Dialog-Konsens: Da die Rekonstruktion der Subjektiven Theorien im Dialog-Konsens zwischen WissenschaftlerIn und UntersuchungspartnerIn geschieht, wird auch im Gespräch festgelegt, wann die Rekonstruktion beendet, d.h. die Subjektive Struktur „fertig" ist. Das Einvernehmen beider Dialog-Partner muss und soll ein subjektives Kriterium darstellen im Gegensatz zu dem objektiven Kriterium z.B. eines Fragebogens, mit dem man fertig ist, wenn alle angeführten Items beantwortet sind. Insofern ist die teilweise unvollständige oder ungenaue Explikation von Konzepten oder Formalrelationen möglichst zu vermeiden, angesichts der Vielzahl von möglichen Entscheidungs- und Handlungsalternativen und deren Kombinationen im alltäglichen Leben aber nicht ganz auszuschließen. Es ist somit überaus schwierig, Kognitionen adäquat zu erfassen.

Neben den methodologisch bedingten Gründen spielen *Belastungen* eine wichtige Rolle für Nicht-Übereinstimmungen zwischen dem Denken und Handeln (38% der Abweichungen, 24% der Sprünge und 14% der Blindstellen). Belastungen, sei es durch negative Erfahrungen, Diskrepanzerlebnisse zwischen Realität und Sollvorstellungen oder Intransparenz-Situationen, in denen trotzdem Entscheidungen und Handlungen gefordert sind, signalisieren, dass „etwas nicht in Ordnung" ist und setzen Veränderungen in Gang. Neuartige Informationen (d.h. Informationen, die weder positiv noch negativ besetzt sind) waren in keinem Fall für Nicht-Übereinstimmungen zwischen dem Denken und Handeln verantwortlich. Mit diesem Ergebnis wird die These untermauert, dass es keinen stimmungsneutralen Handlungskontext gibt (vgl. Abele, 1995). Veränderungen aufgrund positiver Erfahrungen sind extrem selten, sowohl von der Anzahl der Gründe im Kategoriensystem als auch von den empirischen Daten her (3,5% der Abweichungen). Individuen sind bestrebt, positive Zustände aufrecht zu erhalten, eben nicht zu verändern, da sie signalisieren, dass „alles in Ordnung" ist; daraus resultieren dann eben keine (oder nur wenige) Abweichungen. Allerdings sind positive Stimmungen ein Charakteristikum für einen flexiblen Denkstil und hohe Ideenflüssigkeit (Abele, 1995, S. 199), die sich in Sprüngen (Grund 1: Flexibilität, Spontaneität) zu 39,5% niedergeschlagen haben.

Mit diesen Befunden lassen sich die in Kapitel 12.2 formulierten Hypothesen 1a und 1b beantworten. Hypothese 1a lässt sich durch die Befunde bestätigen (Belastungen führen eher zu Abweichungen), während Hypothese 1b für den vorliegenden Kontext keine Rolle spielt (Positiverfahrungen sind in diesem Kontext zu selten).

Es fällt auf, dass trotz des immensen Aufwands, der die erfreulich hohe Konsistenz zwischen Denken und Handeln zur Folge hat, die Gründe für die verbleibenden Inkonsistenzen hauptsächlich methodologischer Natur und weniger inhaltlicher Art sind. Was kann das für die Interpretation der Ergebnisse von Studien mit weniger aufwendigen Verfahren bedeuten? Ist das Inkonsistenzproblem zwischen Denken und Handeln eventuell „nur" ein Methodenproblem? Auf diese Frage wird im Ausblick noch einmal zurückgekommen. Das nächste Kapitel geht speziell auf Unterschiede zwischen den drei Phasen des Gruppenunterrichts ein.

17 Unterschiede zwischen den drei Phasen des Gruppenunterrichts

In diesem Kapitel wird auf Unterschiede zwischen den drei Phasen des Gruppenunterrichts, dem Arbeitsauftrag, der Gruppenarbeit und der Auswertungsphase, eingegangen, damit werden die Hypothesen 2 und 3 (aus Kap. 12.2) beantwortet. Während der Phase der Gruppenarbeit ist der Lehrkraft das interaktive Handeln der SchülerInnen nur sehr eingeschränkt zugänglich; die Gruppenarbeit dürfte für sie weitgehend eine „terra incognita" darstellen. Außerdem kann sie die Kommunikationsprozesse innerhalb der Schülergruppen vergleichsweise nur wenig beeinflussen, und sie hat nur geringe Möglichkeiten zu erfahren, wie sich ihre Einflussversuche dort auswirken. Deshalb ist zu erwarten, dass einige Vorgänge der Intragruppenkommunikation dieser Phase zu unvorhergesehenen Entwicklungen führen, auf die die Lehrkraft glaubt, reagieren zu müssen. Diese Handlungen und ihre Entscheidungsbedingungen sind jedoch in der Subjektiven Theorie dann nicht enthalten. Daraus ergibt sich folgende Hypothese:

In der Phase der Gruppenarbeit treten häufiger Blindstellen auf als in den Phasen des Arbeitsauftrags und der Auswertung der Gruppenarbeit.

Die Phase der Auswertung besitzt einen höheren Schwierigkeitsgrad und größere Komplexität, da der Ergebnisvortrag von mindestens sechs Gruppen koordiniert werden muss, was eine erhöhte Wahrscheinlichkeit für Belastungssituationen in sich birgt; daraus ergibt sich eine zweite Hypothese:

In der Phase der Auswertung der Gruppenarbeitsergebnisse treten häufiger Abweichungen auf als in den Phasen der Gruppenarbeit und insbesondere des Arbeitsauftrags.

In der Phase der Gruppenarbeit werden also mehr Blindstellen, in der Phase der Auswertung werden mehr Abweichungen, v.a. aus Belastungsgründen, erwartet.

17.1 Sind Blindstellen typisch für die Phase der Gruppenarbeit?

Zuerst soll der Frage nachgegangen werden, ob Blindstellen in der Phase der Gruppenarbeit häufiger auftreten als in den beiden anderen Phasen. In der Phase der Gruppenarbeit sind es 41 Blindstellen (Tab. 15), in der Phase der relativ kurzen, noch im Frontalunterricht ablaufenden Phase des Arbeitsauftrags sind es 12 Blindstellen. Bei 22 (der 38) Sequenzen treten während der Gruppenarbeitsphase mehr Blindstellen auf als während der Phase des Arbeitsauftrags, bei 10 Sequenzen sind es gleich viele Blindstellen in beiden Phasen (meist jeweils keine) und bei 6 Sequenzen treten während der Gruppenarbeitsphase weniger Blindstellen auf als während der Erteilung des Arbeitsauftrags ($X^2(2)=8.0$; p<.02, linke Seite von Tab. 16).

Tab. 16: Die Blindstellen (B) im Arbeitsauftrag (AA) und der Gruppenarbeit (GA)

Blindstellen (B)	Sequenzen		Vollständigkeit
GA enthält mehr B als AA	22	20	GA weniger vollständig als AA
GA enthält gleich viele B wie AA	10	9	GA gleich vollständig wie AA
GA enthält weniger B als AA	6	9	GA vollständiger als AA
$X^2(2)=8.0$; p<.02	38	38	$X^2(2)=6.37$; p<.05

Da die absoluten Zahlen der Blindstellen eventuell ein verzerrtes Maß abgeben, weil die Anzahl der durchlaufenen Karten in der Subjektiven Theorie nicht berücksichtigt wird, die für die Phase des Arbeitsauftrags wesentlich geringer ist, wird das Maß der Vollständigkeit (Kap. 15.1.3.2) für die Phasen des Arbeitsauftrags und der Gruppenarbeit der 38 Sequenzen verglichen (rechte Seite von Tab. 16): In 20 Sequenzen ist die Phase der Gruppenarbeit weniger vollständig als die Arbeitsauftragsphase (d.h. die Gruppenarbeitsphase enthält mehr Blindstellen, was der Annahme entspricht), in 9 Sequenzen ist die Vollständigkeit in beiden Phasen gleich und in 9 Sequenzen ist die Gruppenarbeitsphase vollständiger als die Phase des Arbeitsauftrags ($X^2(2)=6.37$; p<.05). Auch hierdurch wird die Annahme gestützt: Es gibt signifikant mehr Blindstellen in der Phase der Gruppenarbeit als in der Phase des Arbeitsauftrags.

Während der Phase der Gruppenarbeit treten insgesamt 41 Blindstellen auf, während der Auswertungsphase sind es 58 Blindstellen (Tab. 15); auf den ersten Blick scheinen Blindstellen also nicht typisch für die Gruppenarbeitsphase. Bei 5 Sequenzen sind es mehr Blindstellen in der Gruppenarbeitsphase, bei 19 Sequenzen gibt es gleich viele Blindstellen in beiden Phasen, dagegen sind es in 14 Sequenzen weniger Blindstellen in der Gruppenarbeitsphase als in der Auswertungsphase. Die Zahlen in Tabelle 17 ($X^2(2)=7.94$; p<.02, linke Seite der Tab. 17) sprechen nicht nur für keinen Unterschied zwischen den beiden Phasen, sondern stehen der Annahme entgegen: Es existieren signifikant mehr Blindstellen in der Auswertungsphase als in der Phase der Gruppenarbeit.

Tab. 17: Die Blindstellen (B) der Gruppenarbeit (GA) und der Auswertungsphase (AW)

Blindstellen (B)	Sequenzen		Vollständigkeit
GA enthält mehr B als AW	5	4	GA weniger vollständig als AW
GA enthält gleich viele B wie AW	19	8	GA gleich vollständig wie AW
GA enthält weniger B als AW	14	26	GA vollständiger als AW
$X^2(2)=7.94$; $p<.02$	38	38	$X^2(2)=21.6$; $p<.001$

Wenn man die Anzahl der durchlaufenen Karten betrachtet (Maß der Vollständigkeit, Kap. 15.1.3.2), bestätigt sich dieses Ergebnis (rechte Seite der Tab. 17): In 4 Sequenzen ist die Gruppenarbeitsphase weniger vollständig als die Auswertungsphase (d.h. es existieren mehr Blindstellen in der Gruppenarbeitsphase, was der Annahme entspricht), in 8 Sequenzen ist die Vollständigkeit in beiden Phasen gleich und in 26 Sequenzen ist die Gruppenarbeitsphase vollständiger als die Auswertungsphase ($X^2(2)=21.6$; $p<.001$). Lässt man die vielen methodisch bedingten Blindstellen (86,5%) weg, wird es noch deutlicher, obwohl die Anzahl der inhaltlich bedingten Blindstellen sehr gering ist: Für die Gruppenarbeitsphase bleiben dann noch 4 Blindstellen im Gegensatz zu 11 Blindstellen der Auswertungsphase. Die inhaltlichen Blindstellen der Auswertungsphase betreffen zumeist unangenehme Aspekte des Unterrichtsalltags (10 von 11 Blindstellen, Tab. 15), die die Lehrkräfte nicht wahrhaben wollen.

Die Annahme, dass die für die Lehrkraft schwer einsehbare Phase der Gruppenarbeit mehr Blindstellen aufweist als die Auswertungsphase, wird nicht bestätigt, im Gegenteil: Die sehr komplexe Auswertungsphase fordert von den Lehrkräften mehr Entscheidungen und Handlungen, die nicht in der Subjektiven Theorie enthalten sind.

Die Subjektiven Theorien sind also während der Phase der Gruppenarbeit vollständiger als vermutet, sie enthalten die wichtigsten Bausteine, was von der Professionalität der untersuchten Lehrkräfte zeugt. Gerade in der Phase der Gruppenarbeit sind auch sehr viele Sprünge (23 von insgesamt 33 Sprüngen, Tab. 14) enthalten. Es scheint so, dass die beschränkt einsehbare Phase der Gruppenarbeit es erforderlich macht, dass die Lehrkräfte je nach Situation mit den vorhandenen Bausteinen umgehen, also an die jeweilige Stelle springen. Einerseits ist die Phase der Gruppenarbeit wider Erwarten recht vollständig (enthält vergleichsweise wenig Blindstellen), andererseits ist sie doch nicht hundertprozentig vorherseh- und planbar, so dass die Sprünge notwendig werden.

173

Für die zeitlich und von den Konzepten her kleinere Phase der Erteilung des Arbeitsauftrags bestätigt sich, dass weniger Blindstellen auftreten als in den beiden anderen Phasen des Gruppenunterrichts.

17.2 Sind Abweichungen typisch für die Auswertungsphase?

Nun zu der zweiten Annahme, dass Abweichungen, v.a. aus Belastungsgründen, typisch für die komplexe Phase der Auswertung sind.

In der Phase des Arbeitsauftrags treten insgesamt 10,25 gewichtete (15 ungewichtete) Abweichungen und in der Phase der Auswertung 54,5 gewichtete (73 ungewichtete) Abweichungen auf (Tab. 12). Da die Sprünge in die Berechnung des Übereinstimmungsgrads (ÜG, Kap. 15.1.3.2) mit einfließen, soll auch deren Zahl mitberücksichtigt werden (Tab. 14): 2 Sprünge bei der Erteilung des Arbeitsauftrags und 8 Sprünge in der Auswertungsphase. Die Zahlen bestätigen dem Augenschein nach, dass Abweichungen häufiger in der Auswertungsphase als in der Phase des Arbeitsauftrags vorkommen.

Bei 22 (der 38) Sequenzen treten während der Auswertungsphase mehr Abweichungen auf als während des Arbeitsauftrags, bei 12 Sequenzen sind gleich viele Abweichungen in beiden Phasen zu beobachten und nur bei 4 Sequenzen sind es in der Phase der Auswertung weniger Abweichungen als in der Arbeitsauftragsphase ($X^2(2)=12.77$; p<.01, linke Seite von Tab. 18). Es sind also tatsächlich mehr Abweichungen (und auch Sprünge) in der Auswertungsphase als in der Phase des Arbeitsauftrags enthalten.

Tab. 18: Die Abweichungen und Sprünge (A/S) im Arbeitsauftrag (AA) und der Auswertungsphase (AW)

Abweichungen und Sprünge (A/S)	Sequenzen		Übereinstimmungsgrad
AW enthält mehr A/S als AA	22	22	AW weniger übereinstimmend als AA
AW enthält gleich viele A/S wie AA	12	10	AW gleich übereinstimmend wie AA
AW enthält weniger A/S als AA	4	6	AW übereinstimmender als AA
$X^2(2)=12.77$; p<.01	38	38	$X^2(2)=10.94$; p<.01

Da die Anzahl der durchlaufenen Karten für den Arbeitsauftrag wesentlich geringer ist, sollte der Übereinstimmungsgrad (Kap. 15.1.3.2) der 38 Sequenzen für beide Phasen verglichen werden: In 22 Sequenzen ist der Übereinstimmungsgrad bei der Auswertung geringer (enthält also mehr Abweichungen und Sprünge im Vergleich zur Anzahl der durchlaufenen Karten) als beim Arbeitsauftrag; in 10 Fällen sind die Übereinstimmungsgrade gleich und nur in 6 Sequenzen ist der Übereinstimmungsgrad höher in der Auswertung als im Arbeitsauftrag ($X^2(2)=10.94$; $p<.01$, rechte Seite von Tab. 18). In der Phase der Auswertung treten also erwartungsgemäß häufiger Abweichungen (und Sprünge) auf als in der Phase des Arbeitsauftrags.

Nun zum Vergleich zwischen den Phasen der Gruppenarbeit und der Auswertung in bezug auf die Abweichungen. Es sind 35,75 gewichtete (53 ungewichtete) Abweichungen während der Gruppenarbeitsphase und 54,75 gewichtete (73 ungewichtete) Abweichungen während der Auswertungsphase zu beobachten (Tab. 12). Allerdings gehen in die Berechnungen des Übereinstimmungsgrads die Sprünge mit ein, so dass hier die 23 Sprünge der Gruppenarbeitsphase im Vergleich zu den nur 8 Sprüngen der Auswertungsphase berücksichtigt werden müssen (Tab. 14). Betrachtet man die 38 Sequenzen, so sind es 13 (15 ohne Sprünge), bei denen es in der Auswertungsphase mehr Abweichungen gibt als in der Gruppenarbeitsphase, bei 9 Sequenzen (10 ohne Sprünge) sind es in beiden Phasen gleich viele Abweichungen und bei 16 Sequenzen (13 ohne Sprünge) sind es in der Auswertungsphase weniger Abweichungen als in der Gruppenarbeitsphase. Die Zahlen belegen (X^2=n.s., linke Seite von Tab. 19), dass es keinen Unterschied in der absoluten Anzahl der Abweichungen (und Sprünge) zwischen den beiden Phasen der Gruppenarbeit und Auswertung gibt.

Tab. 19: Die Abweichungen und Sprünge (A/S) der Gruppenarbeit (GA) und der Auswertungsphase (AW)

Abweichungen und Sprünge (A/S)	Sequenzen		Übereinstimmungsgrad
AW enthält mehr A/S als GA	13	17	AW weniger übereinstimmend als GA
AW enthält gleich viele A/S wie GA	9	8	AW gleich übereinstimmend wie GA
AW enthält weniger A/S als GA	16	13	AW übereinstimmender als GA
$X^2(2)$ n.s.	38	38	$X^2(2)$ n.s.

Berücksichtigt man in dieser Berechnung die Anzahl der durchlaufenen Karten mittels des Übereinstimmungsgrads (Kap. 15.1.3.2), so ergibt sich folgende Aufteilung: In 17 Sequenzen ist der Übereinstimmungsgrad in der Auswertungsphase geringer als in der Gruppenarbeitsphase (d.h. die Auswertungsphase enthält mehr Abweichungen und Sprünge, was der

Annahme entspricht), in 8 Sequenzen ist der Übereinstimmungsgrad in beiden Phasen gleich und in 13 Sequenzen ist der Übereinstimmungsgrad in der Auswertungsphase höher als in der Gruppenarbeitsphase (X^2=n.s.).

Insgesamt bedeutet das, dass in den Phasen der Gruppenarbeit und der Auswertung gleich viele Abweichungen (und Sprünge) auftreten, dass also die Abweichungen nicht typisch für die Auswertungsphase sind. Im Vergleich zur Phase des Arbeitsauftrags treten in der Phase der Auswertung jedoch signifikant mehr Abweichungen (und Sprünge) auf.

Die Erläuterung der obigen Annahme geht auf den höheren Schwierigkeitsgrad und die größere Komplexität der Auswertungsphase ein, was eine erhöhte Wahrscheinlichkeit für Belastungssituationen in sich birgt. Hierzu soll Tabelle 13 näher betrachtet werden. Es fällt auf, dass die Belastungen in der Auswertungsphase mit 23% relativ gering vertreten sind; zum großen Teil (77%) sind methodische Gründe für die Abweichungen verantwortlich. Die Auswertungsphase ist für die Lehrkräfte zwar etwas belastend, schwieriger ist es jedoch, die große Komplexität methodisch in den Griff zu bekommen und sie exakt abzubilden. Für die Phase der Gruppenarbeit ergibt sich ein anderes Bild: Hier spielen die Belastungen bei den Abweichungen die Hauptrolle mit 60%, während die methodischen Gründe für die Abweichungen eine weitaus geringere Rolle spielen (30%). Es trifft also schon die Voraussetzung nicht zu, die zur Formulierung der zweiten Annahme geführt hat, denn Belastungen spielen in der Auswertungsphase eine geringere Rolle als in der Gruppenarbeitsphase.

17.3 Zusammenfassung und Diskussion

Für die zeitlich und von den Konzepten her nur kleine Phase der Erteilung des Arbeitsauftrags wurden einige Nicht-Übereinstimmungen erwartet, allerdings keine typischen Konstellationen. Für die Phase der Gruppenarbeit, die für die Lehrkräfte am schwersten einsehbar ist, werden Blindstellen als typische Nicht-Übereinstimmungen erwartet. Für die Auswertungsphase, die die Koordination und Integration der Gruppenergebnisse zur Aufgabe hat und für die Lehrkraft den höchsten Schwierigkeitsgrad und die größte Komplexität der drei Phasen bedeutet, werden Abweichungen als typische Nicht-Übereinstimmungen erwartet und zwar v.a. aus Belastungsgründen.

Beide Annahmen (Hypothesen 2 und 3 aus Kap. 12.2) erweisen sich jedoch als nicht differenziert genug. Die Lehrkräfte haben sich sehr wohl Pläne und Gedanken über die schwer einsehbare Gruppenarbeitsphase gemacht, so dass Blindstellen sogar seltener als in der Auswertungsphase vorkommen. Allerdings sind diese Pläne nicht immer ganz zutreffend, so dass (partielle oder vollständige) Abweichungen auftreten oder auch Sprünge, weil mit den vorhandenen Bausteinen flexibel umgegangen wird.

Andererseits sind Abweichungen nicht typisch für die Auswertungsphase, sie treten in der Phase der Gruppenarbeit ebenso häufig auf. Dass in der Auswertungsphase Belastungen eine wichtige Rolle spielen, zeigt sich nicht in den Gründen der Abweichungen, sondern in denen der Blindstellen: Unangenehme Aspekte des Unterrichtsalltags, v.a. ein hoher Lärmpegel und Störungen durch Schüler beim Ergebnisvortrag der Gruppen, werden von den Lehrkräften weitgehend ignoriert (i.S. des Verdrängens): Einfache oder massivere Maßnahmen (z.B. Ermahnen, Drohen, Versetzen störender Schüler, sogar Abbruch des Ergebnisvortrags einer Gruppe oder der ganzen Auswertungsphase) sind nicht in den Subjektiven Theorien enthalten. Die meisten Nicht-Übereinstimmungen in der Auswertungsphase gehen allerdings auf methodische Gründe zurück (76,5% der Abweichungen und 81% der Blindstellen), was die Komplexität dieser letzten Phase bestätigt, die sich deshalb auch am schwierigsten rekonstruieren, d.h. in einer Subjektiven Struktur abbilden lässt.

Die Unterschiedlichkeit der drei Phasen des Gruppenunterrichts lässt sich nicht durch die Typik der Nicht-Übereinstimmungen (Abweichung versus Blindstelle) erklären, dies gilt vor allem für die beiden komplexen Phasen der Gruppenarbeit und der Auswertung. Daraus nun die Folgerung abzuleiten, auf eine Unterscheidung der Nicht-Übereinstimmungen zu verzichten, sie wieder zusammen zu fassen, wäre etwas vorschnell. Abweichungen, Blindstellen und Sprünge kommen auf unterschiedliche Art zustande und sind klar voneinander abgrenzbar. Ein Vergleich wäre ohne die drei Konzepte nicht durchführbar.

18 Weitere interessante Fragen

In diesem Kapitel, das die Auswertung abschließt, geht es um die Beantwortung von Fragen, die sich mit dem Fortschreiten der Projektarbeit ergaben. Haag (1998) untersuchte die Qualität des Lehrerwissens und des Lehrerhandelns (vgl. Kap. 10.2.2). Daraus entwickelte sich für diese Arbeit die Frage, ob sich Lehrer mit komplexerem oder eher einfacherem Wissen über Gruppenunterricht hinsichtlich der Anzahl oder der Art der Nicht-Übereinstimmungen zwischen Außen- und Innensicht unterscheiden oder ob es solche Unterschiede zwischen den Lehrern gibt, deren tatsächliches Handeln im Gruppenunterricht als eher gut oder als nicht so gut eingeschätzt wurde. Lehmann-Grube (1998, S. 177) entwickelte in ihrer Arbeit drei Typen Sozialer Repräsentationen von Gruppenunterrichtsprozessen (vgl. Kap. 9.2.2); auch hier ist es interessant, nachzuprüfen, ob sich die Lehrkräfte dieser drei Typen in bezug auf „Vergleichs-Daten" unterscheiden. Weiterhin sollte, zumindest am Rande, überprüft werden, ob es Unterschiede zwischen Lehrkräften mit geringerem und höherem Dienstalter und Geschlechtsunterschiede gibt. Die letzten beiden Fragen müssen zu Anfang geklärt werden, denn wenn es hier Unterschiede gibt, muss auf die Teilgruppen der Stichprobe gesondert eingegangen werden.

18.1 Gibt es Unterschiede zwischen erfahrenen und weniger erfahrenen Lehrkräften?

Die Auswahl der Lehrkräfte erfolgte nach ihrer allgemeinen Unterrichtserfahrung, dazu wurde das Dienstalter als die Anzahl der Jahre nach der 2. Lehramtsprüfung operationalisiert. Mit dieser Einteilung ist somit nicht der Expertisegrad für Gruppenunterricht gemeint. Aus projektinternen Gründen ist die Verteilung nicht gleichmäßig, wie Tabelle 20 zeigt.

Tab. 20: Einteilung der zehn Lehrkräfte nach ihrem Dienstalter

Niedriges Dienstalter	Hohes Dienstalter
Lehrkraft 02: 2 Jahre	Lehrkraft 03: 11 Jahre
Lehrkraft 06: 1 Jahr	Lehrkraft 05: 11 Jahre
Lehrkraft 07: 2 Jahre	Lehrkraft 08: 12 Jahre
Lehrkraft 14: 1 Jahr	Lehrkraft 09: 17 Jahre
	Lehrkraft 10: 18 Jahre
	Lehrkraft 12: 13 Jahre
Mittelwert: 1,5 Jahre	Mittelwert: 13,7 Jahre

Die beiden Gruppen unterscheiden sich hinsichtlich ihres Dienstalters deutlich. Die Lehrkräfte mit niedrigem Dienstalter (Novizen) unterrichten maximal 2 Schuljahre nach der 2. Lehramtsprüfung (im Durchschnitt 1,5 Jahre), die Lehrkräfte mit höherem Dienstalter (Experten) sind mindestens 11 Jahre nach der 2. Lehramtsprüfung in der Schule tätig (im Durchschnitt 13,7 Jahre).

Novizen und Experten unterscheiden sich nicht in der Anzahl der beim Vergleich durchlaufenen Konzepte (die Novizen durchlaufen durchschnittlich 55,2 Karten, die Experten durchlaufen durchschnittlich 45 Karten: $t(8)=0,50$; n.s.; zweis.). Nun ist zu prüfen, ob sich die Experten von den Novizen bezüglich verschiedener anderer Parameter unterscheiden:

a. Übereinstimmungsgrad ÜG (vgl. Tab. 11):

Die vier Novizen (ÜG=0.946) unterscheiden sich von den sechs Experten (ÜG=0.922) nicht ($t(8)=1.006$; n.s.; zweis.) bezüglich des Übereinstimmungsgrades ÜG zwischen Außen- und Innensicht, d.h. bezüglich der Anzahl der Abweichungen und Sprünge.

b. Vollständigkeit V (vgl. Tab. 11):

Die vier Novizen (V=0.931) unterscheiden sich von den sechs Experten (V=0.947) nicht ($t(8)=0.927$; n.s.; zweis.) bezüglich der Vollständigkeit ihrer Subjektiven Theorien, d.h. bezüglich der Anzahl ihrer Blindstellen.

c. Realitätsangemessenheit R (vgl. Tab. 11):

Die vier Novizen (R=0.878) unterscheiden sich von den sechs Experten (R=0.869) nicht ($t(8)=0.359$; n.s.; zweis.) bezüglich der Realitätsangemessenheit ihrer Subjektiven Theorien, d.h. bezüglich der Anzahl aller Nicht-Übereinstimmungen zwischen Außen- und Innensicht.

d. Interessant wäre es weiterhin, zu überprüfen, ob es Unterschiede zwischen den Novizen und Experten gibt bezüglich der Gründe für die Nicht-Übereinstimmungen, die sich jeweils in Gründe inhaltlicher und methodischer Art unterteilen lassen. Es wurden für die Abweichungen, Sprünge und Blindstellen jeweils t-Vergleiche durchgeführt (Tab. 21).

Tab. 21: t-Werte der Mittelwertvergleiche der Novizen (n=4) und Experten (n=6)

ungewichtete Abweichungen	inhaltliche Gründe: t=0.495, n.s. methodische Gründe: t=0.367, n.s.
gewichtete Abweichungen	inhaltliche Gründe: t=0.396, n.s. methodische Gründe: t=0.384, n.s.
Sprünge	inhaltliche Gründe: t=0.867, n.s. methodische Gründe: t=0.908, n.s.
Blindstellen	inhaltliche Gründe: t=1.402, n.s. methodische Gründe: t=1.338, n.s.

t(8)=2.306 für a=0.05; zweis.

Alle t-Werte aus Tab. 21 liegen weit unter dem kritischen Wert für das 5%-Signifikanzniveau. Novizen und Experten unterscheiden sich also nicht hinsichtlich der Anzahl der Nicht-Übereinstimmungen (Abweichungen, Sprünge und Blindstellen), die auf inhaltliche Gründe zurückzuführen sind und sie unterscheiden sich auch nicht hinsichtlich der Anzahl der methodisch begründeten Nicht-Übereinstimmungen (Abweichungen, Sprünge, Blindstellen). Da Abweichungen aufgrund von Positiverfahrungen eine so geringe Rolle spielen (3.5% in Tab. 13), wird hier nur die Unterteilung in inhaltliche und methodische Gründe berücksichtigt.

Insgesamt unterscheiden sich die erfahrenen von den weniger erfahrenen Lehrkräften in keiner der untersuchten Variablen.

18.2 Gibt es Unterschiede zwischen Lehrerinnen und Lehrern?

Die Auswahl der Lehrkräfte erfolgte nach ihrem Geschlecht, es wurden jeweils fünf Lehrerinnen und fünf Lehrer in die Untersuchung aufgenommen.

Tab. 22: Einteilung der zehn Lehrkräfte nach ihrem Geschlecht

weiblich	männlich
Lehrkraft 03	Lehrkraft 02
Lehrkraft 06	Lehrkraft 05
Lehrkraft 07	Lehrkraft 09
Lehrkraft 08	Lehrkraft 12
Lehrkraft 10	Lehrkraft 14

Die Lehrerinnen (mit durchschnittlich 30,7 durchlaufenen Karten) und Lehrer (mit durchschnittlich 67,4 durchlaufenen Karten) unterscheiden sich in der absoluten Anzahl der durchlaufenen Karten pro Vergleich (t(8)=2.36; a<0.05; zweis.). Lehrer berücksichtigen dabei absolut gesehen mehr als doppelt so viele Konzepte als die Lehrerinnen. Nun ist weiter zu prüfen, ob es Geschlechterunterschiede auch bei den folgenden relativen Maßen gibt:

a. Übereinstimmungsgrad ÜG (vgl. Tab. 11):

Die Lehrerinnen (ÜG=0.936) unterscheiden sich von den Lehrern (ÜG=0.927) nicht (t(8)=0.362; n.s.; zweis.) bezüglich des Übereinstimmungsgrads ÜG zwischen Außen- und Innensicht, d.h. bezüglich der relativen Anzahl der Abweichungen und Sprünge.

b. Vollständigkeit V (vgl. Tab. 11):

Die Lehrerinnen (V=0.935) unterscheiden sich von den Lehrern (V=0.947) nicht (t(8)=0.718; n.s.; zweis.) bezüglich der Vollständigkeit V ihrer Subjektiven Theorien, d.h. bezüglich der relativen Anzahl der Blindstellen.

c. Realitätsangemessenheit R (vgl. Tab. 11):

Die Lehrerinnen (R=0.871) unterscheiden sich von den Lehrern (R=0.874) nicht (t(8)=0.137; n.s.; zweis.) bezüglich der Realitätsangemessenheit R ihrer Subjektiven Theorien, d.h. bezüglich der relativen Anzahl aller Nicht-Übereinstimmungen zwischen Außen- und Innensicht.

d. Interessant ist es weiterhin, zu überprüfen, ob es Unterschiede zwischen den Lehrerinnen und Lehrern gibt bezüglich der Gründe für die Nicht-Übereinstimmungen, die sich in Gründe inhaltlicher und methodischer Art unterteilen lassen. Es wurden für die Abweichungen, Sprünge und Blindstellen jeweils t-Test-Vergleiche durchgeführt (Tab. 23).

Tab. 23: t-Werte der Mittelwertvergleiche der Lehrerinnen (n=5) und Lehrer (n=5)

ungewichtete Abweichungen	inhaltliche Gründe: t=0.611, n.s.
	methodische Gründe: t=1.589, n.s.
gewichtete Abweichungen	inhaltliche Gründe: t=1.085, n.s.
	methodische Gründe: t=1.615, n.s.
Sprünge	inhaltliche Gründe: t=1.088, n.s.
	methodische Gründe: t=0.388, n.s.
Blindstellen	inhaltliche Gründe: t=1.035, n.s.
	methodische Gründe: t=1.659, n.s.

t(8)=2.306 für a=0.05; zweis.

Die t-Werte in Tab. 23 liegen weit unter dem kritischen Wert für das 5%-Signifikanzniveau. Lehrerinnen und Lehrer unterscheiden sich also nicht hinsichtlich der Anzahl der Nicht-Übereinstimmungen (Abweichungen, Sprünge, Blindstellen), die sich auf inhaltliche Gründe zurückführen lassen und sie unterscheiden sich auch nicht hinsichtlich der methodisch begründeten Nicht-Übereinstimmungen. Da Abweichungen aufgrund von Positiverfahrungen eine so geringe Rolle spielen (3.5% laut Tab. 13), werden auch hier nur die inhaltlich und methodisch begründeten Nicht-Übereinstimmungen berücksichtigt.

18.3 Gibt es Unterschiede zwischen den Lehrkräften, die den drei Typen Sozialer Repräsentationen des Gruppenunterrichts angehören?

Für diese Berechnungen bilden die drei Typen Sozialer Repräsentationen von Gruppenunterrichtsprozessen (vgl. Kap. 9.2.2 und Abb. 5) nach Lehmann-Grube (1998, S. 177) die Grundlage. Da jedoch nur zwei Typen schwach besetzt sind und der dritte Typ in unserer Stichprobe nicht vorkommt, allerdings die Mischtypen stark besetzt sind, macht hier nur die Rechnung mit Rangwerten Sinn. Dazu werden die zehn Lehrkräfte identifiziert, für die der Vergleich durchgeführt wurde, und das dafür geeignete Maß „EWR" („Einheitswert aus gewichteten Rohwerten" aus: Lehmann-Grube, 1998, S. 189) in eine Rangreihe übergeführt. Ein „EWR-Wert" um 1 drückt aus, dass Gruppenunterricht trotz des engen Rahmens des Lehrplans von der Lehrkraft durchgeführt wird (Typ 1), ein „EWR-Wert" um 2 meint, dass Gruppenunterricht von der Lehrkraft als Erweiterung des vorgegebenen Rahmens verstanden wird (Typ 2) und der in unserer Untersuchung nicht vorhandene Typ 3 würde Gruppenunterricht als (teilweise) Aufhebung des bestehenden Rahmens verstehen.

a. Als erstes stellt sich die Frage, ob die Zugehörigkeit zu den drei Typen der Sozialen Repräsentationen (Lehmann-Grube, 1998, S. 189) mit dem Übereinstimmungsgrad der Subjektiven Theorien zusammenhängt. Dazu wurde auch der Übereinstimmungsgrad ÜG in Ränge übergeführt.

Tab. 24: Rangwerte der Lehrkräfte nach ihrer Zugehörigkeit zu den drei Typen der Sozialen Repräsentationen und dem Übereinstimmungsgrad ÜG der Subjektiven Theorien

Lehrkraft	„EWR"	„EWR"-Rang	ÜG	ÜG-Rang
03	1.1	1.	0.910	9.
02	1.38	2.	0.990	1.
09	1.50	3.	0.854	10.
07	1.58	4.	0.913	8.
08	1.84	5.	0.973	2.
06	1.89	6.	0.950	3.
05	1.94	7.	0.942	4.
10	2.19	8.5	0.935	5.
12	2.19	8.5	0.918	7.
14	2.37	10.	0.932	6.

Legende: „EWR" Einheitswert aus gewichteten Rohwerten, das Maß drückt die Zugehörigkeit zu Typ 1, 2 oder 3 der Sozialen Repräsentationen aus (Abb. 5; Lehmann-Grube, 1998, S. 177 und S. 189); ÜG Übereinstimmungsgrad (niedriger Rang - hoher Übereinstimmungsgrad).

Um die beiden Rangreihen (Spalten 3 und 5 aus Tab. 24) miteinander zu vergleichen, wurde der Spearman'sche Rangkorrelationskoeffizient rho berechnet (rho=-.14), der keinen Zusammenhang zwischen der Zugehörigkeit zu den drei Typen der Sozialen Repräsentationen und dem Übereinstimmungsgrad ÜG der Subjektiven Theorien andeutet.

b. Des weiteren stellt sich die Frage, ob die Zugehörigkeit zu den drei Typen der Sozialen Repräsentationen mit der Vollständigkeit V der Subjektiven Theorien zusammenhängt. Hierzu wurde das Maß für die Vollständigkeit V (vgl. Tab. 11) in Ränge übergeführt.

Tab. 25: Rangwerte der Lehrkräfte nach ihrer Zugehörigkeit zu den drei Typen der Sozialen Repräsentationen und der Vollständigkeit V der Subjektiven Theorien

Lehrkraft	„EWR"	„EWR"-Rang	V	V-Rang
03	1.1	1.	0.946	5.
02	1.38	2.	0.903	10.
09	1.50	3.	0.942	6.
07	1.58	4.	0.965	2.
08	1.84	5.	0.921	8.
06	1.89	6.	0.910	9.
05	1.94	7.	0.991	1.
10	2.19	8.5	0.931	7.
12	2.19	8.5	0.951	3.
14	2.37	10.	0.947	4.

Legende: „EWR" Einheitswert aus gewichteten Rohwerten, das Maß drückt die Zugehörigkeit zu Typ 1, 2 oder 3 der Sozialen Repräsentationen aus (Abb. 5; Lehmann-Grube, 1998, S. 177 und S. 189); V Vollständigkeit (niedriger Rang - hohe Vollständigkeit).

Auch hier wurde zum Vergleich der beiden Rangreihen (Spalten 3 und 5 aus Tab. 25) der Spearman'sche Rangkorrelationskoeffizient rho berechnet (rho=-.31), der einen geringen negativen Zusammenhang zwischen der Zugehörigkeit zu den drei Typen der Sozialen Repräsentationen und der Vollständigkeit V der Subjektiven Theorien andeutet. Der schwache Zusammenhang besagt, je konventioneller die Handlungsorientierung (Typ 1) ist, desto geringer ist die Vollständigkeit der Subjektiven Theorie, d.h. desto mehr Blindstellen existieren.

c. Schließlich stellt sich die Frage, ob die Zugehörigkeit zu den drei Typen der Sozialen Repräsentationen (Lehmann-Grube, 1998, S. 189) mit der Realitätsangemessenheit R der Subjektiven Theorien zusammenhängt. Hierzu wurde das Maß für die Realitätsangemessenheit R (vgl. Tab. 11) in Ränge übergeführt.

Tab. 26: Rangwerte der Lehrkräfte nach ihrer Zugehörigkeit zu den drei Typen der Sozialen Repräsentationen und der Realitätsangemessenheit R der Subjektiven Theorien

Lehrkraft	„EWR"	„EWR"-Rang	R	R-Rang
03	1.1	1.	0.856	9.
02	1.38	2.	0.893	3.
09	1.50	3.	0.796	10.
07	1.58	4.	0.878	5.
08	1.84	5.	0.894	2.
06	1.89	6.	0.860	8.
05	1.94	7.	0.933	1.
10	2.19	8.5	0.866	7.
12	2.19	8.5	0.869	6.
14	2.37	10.	0.879	4.

Legende: „EWR" Einheitswert aus gewichteten Rohwerten, das Maß drückt die Zugehörigkeit zu Typ 1, 2 oder 3 der Sozialen Repräsentationen aus (Abb. 5; Lehmann-Grube, 1998, S. 177 und S. 189); R Realitätsangemessenheit (niedriger Rang - hohe Realitätsangemessenheit).

Um die beiden Rangreihen (Spalten 3 und 5 aus Tab. 26) miteinander zu vergleichen, wurde der Spearman'sche Rangkorrelationskoeffizient rho berechnet (rho=-.27), der keinen Zusammenhang zwischen der Zugehörigkeit zu den drei Typen der Sozialen Repräsentationen und der Realitätsangemessenheit der Subjektiven Theorien andeutet.

18.4 Gibt es Unterschiede zwischen „guten" und „schlechten" Lehrkräften?

Haag (1998) geht in seiner Arbeit der Qualität des Gruppenunterrichts im Lehrerhandeln und Lehrerwissen nach und hat dafür verschiedene Maße entwickelt (vgl. auch Kap. 10.2.2): Ein Maß für die Qualität des Lehrerhandelns und zwei Maße für die Qualität des Lehrerwissens. Diese Maße sollen nun in Zusammenhang mit Parametern des Vergleichs gebracht werden. An dieser Stelle soll explizit darauf hingewiesen werden, dass „gut" und „schlecht" relativ zu verstehen sind, da in unserer Untersuchung aufgrund der Freiwilligkeit und des erforderlichen Engagements nur „gute" Lehrkräfte teilgenommen haben. Die Einteilung in eher gute und nicht so gute Lehrer geschieht auf dem Ordinalskalenniveau und dient dazu, um Aussagen im Hinblick auf die Qualität des Gruppenunterrichts treffen zu können.

Die drei Qualitätsmaße für Gruppenunterricht korrelieren in mittlerem Maß miteinander (Haag, 1998, S. 188: Lehrerhandeln und formales Lehrerwissen rho=.76; Lehrerhandeln und inhaltliches Lehrerwissen rho=.48; formales und inhaltliches Lehrerwissen rho=.54): Sie weisen in die gleiche Richtung, korrelieren jedoch nicht zu hoch miteinander, so dass das Betrachten der Einzelmaße durchaus sinnvoll erscheint. Nach einer weiteren Betrachtung resümiert Haag (1998, S. 189), „dass Lehrkräfte, die erfolgreich Gruppenunterricht halten, auch über entsprechende Voraussetzungen verfügen. Umgekehrt sind Lehrkräfte ohne diese Voraussetzungen nicht in der Lage, einen qualitativ hochwertigen Gruppenunterricht zu praktizieren". Mit Bezug auf das Konzept des trägen Wissens (Renkl, 1996) stellt Haag (1998, S. 189) fest: „Wer über kein reiches Wissen verfügt, kann nur beschränkt handeln, wer nur beschränkt handeln kann, verfügt trotzdem über ein reiches Wissen".

18.4.1 Die Qualität des Lehrerhandelns

Haag (1998, S. 178; vgl. auch Kap. 10.2.2.1) unterscheidet bezüglich der Qualität des Lehrerhandelns, die er anhand von fünf Kriterien der Außensicht bestimmt, drei Gruppen: Eine relativ erfolgreiche Gruppe (Lehrkräfte 10, 14 und 05), eine mittlere Gruppe (Lehrkräfte 02, 08 und 07) und eine eher problematische Gruppe (Lehrkräfte 03, 12, 09 und 06). Die Gruppe der erfolgreichen Lehrkräfte kann am eindeutigsten identifiziert werden, allerdings hat keine Lehrkraft über alle von Haag eruierten fünf Qualitätskriterien Spitzenwerte. Deshalb erscheint es auch hier wieder sinnvoll, die weiteren Berechnungen auf dem Rangniveau durchzuführen.

Tab. 27: Rangwerte der Lehrkräfte nach der Qualität ihres Handelns, dem Übereinstimmungsgrad ÜG, der Vollständigkeit V und der Realitätsangemessenheit R der Subjektiven
Theorien

Lehrkraft	Qualität des Lehrerhandelns Rang	Übereinstim-mungsgrad ÜG Rang	Vollständigkeit V Rang	Realitätsange-messenheit R Rang
10	1.	5.	7.	7.
14	2.	6.	4.	4.
05	3.	4.	1.	1.
02	4.	1.	10.	3.
08	5.	2.	8.	2.
07	6.	8.	2.	5.
03	7.	9.	5.	9.
12	8.	7.	3.	6.
09	9.	10.	6.	10.
06	10.	3.	9.	8.
Rangkorrelationskoeffizient rho nach Spearman		rho=.33	rho=.13	rho=.59

Für alle Variablen gilt: niedriger Rang - hohe Ausprägung der Variablen.

Für den Rangreihen-Vergleich wurde der Spearman'sche Rangkorrelationskoeffizient rho
berechnet. Wie aus Tab. 27 ersichtlich, besteht ein schwacher Zusammenhang (rho=.33)
zwischen der Qualität des Lehrerhandelns und dem Übereinstimmungsgrad der Subjektiven
Theorien mit dem tatsächlichen Handelns (mit der relativen Anzahl der Abweichungen und
Sprünge). Lehrkräfte, deren Gruppenunterricht qualitativ höher eingeschätzt wird, scheinen
auch eher in Übereinstimmung mit ihren Subjektiven Theorien zu handeln. Dieser Zusammenhang gilt nicht für die Vollständigkeit der Subjektiven Theorien, d.h. für zusätzlich beobachtete Elemente (Blindstellen) (rho=.13). Das kombinierte Maß der Realitätsangemessenheit, das alle Arten von Nicht-Übereinstimmungen enthält, korreliert sogar in mittlerem
Ausmaß mit der Qualität des Lehrerhandelns (rho=.59).

18.4.2 Die Qualität des Lehrerwissens

Haag (1998; vgl. auch Kap. 10.2.2.2) entwickelte ein formales und ein inhaltliches Maß für
die Qualität des Lehrerwissens, die auf umfangreichen Vorarbeiten von Lehmann-Grube
(1998) basieren. Die Qualitäten des Lehrerwissens (d.h. der Subjektiven Theorien) werden

dabei auf eine völlig andere Art operationalisiert als beim Vergleich der Subjektiven Theorien mit dem beobachteten Handeln, so dass die Maße unabhängig voneinander sind und die Gefahr eines Zirkelschlusses nicht gegeben ist.

18.4.2.1 Die formale Qualität des Lehrerwissens

Die Rangwerte des formalen Qualitätsmaßes des Lehrerwissens stammen von Haag (1998, S. 250), der dazu drei formale Strukturaspekte, die in der Arbeit von Lehmann-Grube (1998) entwickelt wurden, aufaddiert. Dieses formale Qualitätsmaß des Lehrerwissens wird nun auf Zusammenhänge mit den drei Vergleichsmaßen untersucht.

Tab. 28: Rangwerte der Lehrkräfte nach der formalen Qualität ihres Wissens, dem Übereinstimmungsgrad ÜG, der Vollständigkeit V und der Realitätsangemessenheit R der Subjektiven Theorien

Lehrkraft	Formale Qualität des Lehrerwissens Rang	Übereinstimmungsgrad ÜG Rang	Vollständigkeit V Rang	Realitätsange- messenheit R Rang
10	1.	5.	7.	7.
05	2.	4.	1.	1.
02	3.	1.	10.	3.
14	4.	6.	4.	4.
07	5.	8.	2.	5.
06	6.	3.	9.	8.
03	7.	9.	5.	9.
12	8.	7.	3.	6.
08	9.	2.	8.	2.
09	10.	10.	6.	10.
Rangkorrelationskoeffizient rho nach Spearman	rho=.39	rho=.09	rho=.41

Für alle Variablen gilt: niedriger Rang - hohe Ausprägung der Variablen

Wie aus Tab. 28 zu ersehen ist, existiert kein Zusammenhang zwischen der formalen Qualität des Lehrerwissens und der Vollständigkeit der Subjektiven Theorien, d.h. für zusätzliche Konzepte i.S. von Blindstellen. Allerdings existieren geringe bis mittlere Zusammenhänge zwischen der formalen Qualität des Lehrerwissens mit dem Übereinstimmungsgrad der

Subjektiven Theorien (rho=.39) und mit der Realitätsangemessenheit der Subjektiven Theorien (rho=.41).

18.4.2.2 Die inhaltliche Qualität des Lehrerwissens

Die inhaltliche Qualität des Lehrerwissens beruht auf einem aufwendigen Ratingverfahren und wurde über eine Verrechnung positiver und negativer Wissenselemente in den Subjektiven Theorien bestimmt, die Rangreihe wurde von Haag (1998, S. 250) übernommen.

Tab. 29: Rangwerte der Lehrkräfte nach der inhaltlichen Qualität ihres Wissens, dem Übereinstimmungsgrad ÜG, der Vollständigkeit V und der Realitätsangemessenheit R der Subjektiven Theorien

Lehrkraft	inhaltliche Qualität des Lehrerwissens Rang	Übereinstimmungsgrad ÜG Rang	Vollständigkeit V Rang	Realitätsangemessenheit R Rang
10	1.	5.	7.	7.
14	2.	6.	4.	4.
06	3.	3.	9.	8.
05	4.	4.	1.	1.
12	5.	7.	3.	6.
08	6.	2.	8.	2.
02	7.5.	1.	10.	3.
03	7.5.	9.	5.	9.
07	9.5.	8.	2.	5.
09	9.5.	10.	6.	10.
Rangkorrelationskoeffizient rho nach Spearman	rho=.40	rho=-.05	rho=.19

Für alle Variablen gilt: niedriger Rang - hohe Ausprägung der Variablen

Es existiert ein geringer bis mittlerer Zusammenhang zwischen der inhaltlichen Qualität des Lehrerwissens und dem Übereinstimmungsgrad der Subjektiven Theorien (rho=.40), d.h. je höher die inhaltliche Qualität des Lehrerwissens eingeschätzt wird, desto weniger Abweichungen und Sprünge existieren. Es gibt keine Zusammenhänge zwischen der inhaltlichen Qualität des Lehrerwissens und der Vollständigkeit oder der Realitätsangemessenheit der Subjektiven Theorien.

18.5 Zusammenfassung und Interpretation

Hinsichtlich der untersuchten Vergleichsvariablen gibt es keine Unterschiede zwischen erfahrenen und weniger erfahrenen Lehrkräften. Dieses Ergebnis erscheint plausibel, denn das Dienstalter hat in der Regel nichts mit dem Expertisegrad in Gruppenunterricht zu tun. Alle Lehrkräfte, die an dieser Untersuchung teilnehmen, führen Gruppenunterricht relativ häufig durch, deshalb gibt es hier auch keine Unterschiede. Gleichzeitig bedeutet dieses Ergebnis, dass die zehn Lehrkräfte als eine homogene Gruppe aufgefasst werden dürfen, die nicht in Untergruppen bezüglich des Dienstalters zerfällt.

Lehrer und Lehrerinnen unterscheiden sich hinsichtlich der Konzepte pro Vergleich, d.h. Lehrer berücksichtigen in ihrem Gruppenunterricht mehr als doppelt so viele Entscheidungen und Handlungen als Lehrerinnen. Dieser Geschlechterunterschied soll hier nicht weiter interpretiert werden! Der absolute Unterschied der umfangreicheren Subjektiven Theorien von Lehrern verschwindet aber, wenn man die relativen Maße betrachtet, also die Anzahl der Nicht-Übereinstimmungen (Abweichungen, Sprünge und Blindstellen) bezogen auf die Anzahl der Konzepte. Insofern können die zehn untersuchten Lehrkräfte auch hinsichtlich ihres Geschlechts als eine homogene Gruppe für die weiteren Berechnungen aufgefasst werden.

Die Zugehörigkeit zu den drei Typen der Sozialen Repräsentationen (nach Lehmann-Grube, 1998) korreliert in geringem Ausmaß mit der Vollständigkeit der Subjektiven Theorien, allerdings nicht mit dem Übereinstimmungsgrad und der Realitätsangemessenheit der Subjektiven Theorien. Das bedeutet, dass die Vollständigkeit um so geringer ist, d.h. es existieren mehr zusätzlich beobachtete Elemente (Blindstellen), je konventioneller die Handlungsorientierung der Lehrkraft ist. Dieses Ergebnis steht mit dem Konzept des Expertenwissens oder auch mit dem der Routinehandlungen (Bromme, 1992; Wahl, 1991) in Einklang: Besondere, d.h. unkonventionelle Konzepte werden erwähnt, an Routinehandlungen denken Experten nicht immer, so dass diese in den Subjektiven Theorien fehlen.

Die Qualität des Lehrerhandelns aus einer Kombination von fünf Außenkriterien korreliert mit dem Übereinstimmungsgrad in geringem und mit der Realitätsangemessenheit in mittlerem Maß: *Lehrkräfte, deren Handeln im Gruppenunterricht als erfolgreich eingeschätzt wird, agieren auch in größerer Übereinstimmung mit ihren Subjektiven Theorien.* Dass die Vollständigkeit nicht mit dem erfolgreichen Lehrerhandeln korreliert, hat wahrscheinlich mit dem hohen Anteil an methodologisch begründeten Blindstellen (86%, vgl. Tab. 15) zu tun, die in dieses Maß eingehen. Haag (1998, S. 198) hat deshalb auch einen Konsistenzgrad berechnet, der nur die als „defizitär" zu betrachtenden Nicht-Übereinstimmungen und nicht die methodologisch und positiv begründeten Nicht-Übereinstimmungen enthält. Allerdings kann er damit keine eindeutigen Beziehungen zwischen den Qualitätsmaßen von Gruppenunterricht und dem so berechneten Konsistenzgrad der Subjektiven Theorien nachweisen, jedoch stützen seine Ergebnisse zumindest die Hypothese, dass „die Konsistenz zwischen Subjektiven Theorien und Handeln bei erfolgreichen Lehrkräften ... größer" sei (Haag, 1998, S. 201). Auch die vorliegenden Korrelationen besagen, dass der Anteil der Nicht-Übereinstimmungen (v.a. der Abweichungen und Sprünge, die in höherem Maße inhaltlich begründet sind als die Blindstellen) den Erfolg des Handelns im Gruppenunterricht beeinträchtigt. Die umgekehrte Richtung ist natürlich auch denkbar, dass sich mangelnder Erfolg im Laufe der Zeit in Inkonsistenzen niederschlägt.

Für die Qualität des Lehrerwissens existieren ein formales und ein inhaltliches Maß. Die formale Qualität des Lehrerwissens hat mit der Anzahl und der Anordnung der Konzepte in den Subjektiven Theorien zu tun. Es ergeben sich geringe bis mittlere Zusammenhänge zwischen diesem formalen Qualitätsmaß des Lehrerwissens und dem Übereinstimmungsgrad oder der Realitätsangemessenheit der Subjektiven Theorien. *Je komplexer und formal qualitativer die Subjektiven Theorien der Lehrkräfte sind, desto mehr handeln die Lehrkräfte in Übereinstimmung mit ihren Subjektiven Theorien,* desto realitätsangemessener sind die Subjektiven Theorien. Auch hier korreliert die Vollständigkeit der Subjektiven Theorie nicht mit dem formalen Qualitätsmaß. Dies zeigt, dass das formale Qualitätsmaß nicht nur den Umfang oder die Größe der Subjektiven Theorie berücksichtigt, denn dann müsste so ein einfacher Zusammenhang zwischen fehlenden Konzepten (Blindstellen als zusätzlich beobachtete Elemente) und Umfang der Subjektiven Theorie existieren.

Die inhaltliche Qualität des Lehrerwissens korreliert in schwachem bis mittlerem Ausmaß mit dem Übereinstimmungsgrad der Subjektiven Theorien, d.h. mit der Anzahl der Abweichungen und Sprünge. Je besser die Qualität der Subjektiven Theorie eingeschätzt wird, desto eher handelt die Lehrkraft gemäß ihrer Subjektiven Theorie. Zusätzlich beobachtete Elemente (Blindstellen) haben mit der inhaltlichen Qualität der Subjektiven Theorie nichts zu tun.

Dieses letzte Kapitel begründet rückwirkend, dass die zehn Lehrkräfte als eine homogene Gruppe betrachtet werden dürfen und nicht in Untergruppen von mehr oder weniger erfahrenen Lehrkräfte oder von Lehrerinnen und Lehrern zerfallen. Außerdem geht es hier um die Frage nach der Qualität von Gruppenunterricht, die sich im Laufe der Projektarbeit ergeben hat und der Haag (1998) in seiner Arbeit im Detail nachgeht. Die großenteils methodologisch begründeten Blindstellen stehen zwar in keinem Zusammenhang mit verschiedenen Qualitätsmaßen des Lehrerhandelns oder Lehrerwissens, jedoch gibt es mehrfach belegte Zusammenhänge zwischen erfolgreichen Lehrkräften im Gruppenunterricht und dem Übereinstimmungsgrad zwischen Denken und Handeln und der Realitätsangemessenheit der Subjektiven Theorien, so dass die Ergebnisse von Haag (1998) bestätigt werden und mit ihm formuliert werden kann:

Erfolgreiche Lehrkräfte handeln in größerer Übereinstimmung mit ihren Subjektiven Theorien und deren Subjektive Theorien sind auch realitätsangemessener.

Wenn man die zuletzt dargestellten Ergebnisse zusammen betrachtet, kann man feststellen, dass die Komplexität und Qualität der kognitiven Strukturen die Konsistenz von Denken und Handeln beeinflusst. Komplexe und qualitativ hochwertige Strukturen werden von erfolgreichen Lehrkräften formuliert. Der Zusammenhang zwischen komplexem und qualitativ hochwertigem Wissen und erfolgreichem Handeln (im Gruppenunterricht) ist damit bestätigt. Dabei sind beide Richtungen denkbar: Erfolgreiches Handeln fördert die Komplexität und Qualität der Denkstrukturen und/oder komplexe und qualitativ hochwertige Wissensstrukturen führen zu Handlungserfolgen.

Teil IV. Zusammenfassung, Diskussion und Ausblick

In einem interdisziplinären Forschungsprojekt (Psychologie, Schulpädagogik, Deutschdidaktik) wurden die Prozess- und Beziehungsaspekte authentischen Gruppenunterrichts, wie er an unseren Schulen praktiziert wird, im Rahmen einer Felduntersuchung systematisch analysiert. Methodisch wurden zum einen die beobachtbaren Prozesse in möglichst natürlichen Situationen des Gruppenunterrichts differenziert erfasst und dokumentiert (sog. Außenperspektive); zum anderen wurden die Sichtweisen der Lehrkräfte über ihren Gruppenunterricht in Form von Subjektiven Theorien rekonstruiert und dargestellt (sog. Innenperspektive). Anschließend wurden diese beiden Wirklichkeitsbereiche miteinander konfrontiert (Vergleich zwischen Außen- und Innenperspektive). Sowohl interpretative als auch quantifizierende Auswertungsstrategien wurden eingesetzt. Aufgrund der Analysen kann ein differenziertes Bild des traditionellen Gruppenunterrichts bei Lehrkräften und Klassen auf der Orientierungsstufe in den soziokulturellen Fächern gezeichnet werden.

Vorliegende Arbeit ist im Forschungsprogramm Subjektive Theorien angesiedelt und ging der Frage nach, inwieweit das Denken und Handeln von Lehrkräften in ihrem Gruppenunterricht übereinstimmt. Es konnte gezeigt werden, dass die rekonstruierten Subjektiven Theorien als handlungsleitende Kognitionen und somit als Wissensbasis des Lehrerhandelns im Gruppenunterricht aufzufassen sind. In einem weiteren Schritt wurden gerade die Inkonsistenzen zwischen Denken und Handeln als besonders interessante und erklärungsbedürftige Stellen betrachtet und ihrer psychologischen Bedeutung nachgegangen.

Zusammenfassung

Zur Beantwortung der Fragestellungen wurden zehn Subjektive Theorien von Lehrkräften erhoben und mit dem beobachteten Lehrerhandeln im Gruppenunterricht verglichen. Dieses Vorgehen wurde in einem Theorieteil begründet, so dass davon Hypothesen abgeleitet werden konnten.

- I. Theoretischer Teil

Ausgangspunkt der theoretischen Überlegungen waren Modelle und Befunde der Einstellungsforschung und das „Konsistenzproblem" zwischen Einstellung und Verhalten. Weiter zum Thema hin führten die Ansätze der Unterrichtsforschung und eine Typologie des professionellen Wissens von Lehrkräften. In unserem Vorhaben ging es um das Thema „Gruppenunterricht": Während zu kooperativen Lernformen, die in den USA schon seit längerem und bei uns zunehmend Gegenstand der Unterrichtsforschung sind, differenzierte empirisch überprüfte Ergebnisse vorliegen, ist die empirische Befundlage zum traditionellen Gruppenunterricht eher schmal. Hierzu ist eher Ratgeberliteratur zu finden, die Gruppenunterricht positiv darstellt, dagegen spricht aber der geringe Einsatz von Gruppenunterricht in der Praxis und die vielen Vorbehalte gegen Gruppenunterricht. In unserem Projekt wurde traditioneller Gruppenunterricht untersucht, der die drei Phasen Arbeitsauftrag - Gruppenarbeit - Auswertung beinhaltet und alles in allem nicht länger als eine halbe Stunde dauerte, also in einer Unterrichtsstunde komplett realisiert werden kann.

Auf diesen Überlegungen aufbauend wurde der forschungspraktische Rahmen des Vorhabens abgesteckt, das Forschungsprogramm Subjektive Theorien mit seiner Menschenbildannahme des reflexiven Subjekts unter Einbeziehung einer handlungstheoretischen Perspektive (Kap. 4).

In Kapitel 5 wurde ein Überblick über bisher entwickelte Struktur-Lege-Verfahren gegeben. Aus der Literatur sind sechs Instrumente zur grafischen Darstellung von Subjektiven Theorien mittlerer und kürzerer Reichweite bekannt, das hier verwendete Verfahren der ILKHA (Interview- und Legetechnik zur Rekonstruktion kognitiver Handlungsstrukturen) wurde genauer in Kap. 9.2.1 beschrieben. Der Überblick über bisherige Untersuchungen zu Subjektiven Theorien (Kap. 6) spiegelte die Vielfältigkeit der Themen, v.a. im allgemeinpsychologischen und klinischen Bereich wider, die meisten Studien waren jedoch im erzieherischen Bereich angesiedelt und hier v.a. im professionellen erzieherischen Bereich. Schließlich wurden Untersuchungen aus neuester Zeit referiert, die den kompletten zweiphasigen Forschungsprozess realisieren, die also über die kommunikative Validierung hinaus auch die explanative Validierung verwirklichen. Diese Studien sind vom Forschungsdesign mit dem vorliegenden Vorhaben vergleichbar, allerdings handelt es sich wegen des damit verbundenen hohen Forschungsaufwandes nur um wenige Studien, deren Themen breit gefächert sind. Aufgrund der Vorüberlegungen werden hohe Konsistenzen zwischen Denken und Handeln der Lehrkräfte begründet, allerdings werden auch gewisse Inkonsistenzen erwartet, die als interessant und erklärungsbedürftig angesehen werden.

- Im II. Teil wurde das Projekt „Unterrichtskommunikation: Zusammenhang zwischen Subjektiven Theorien von Lehrkräften und unterrichtlicher Kommunikation im Gruppenunterricht" vorgestellt, das seit 1992 von der DFG gefördert wird und interdisziplinär (Psychologie, Schulpädagogik und Deutschdidaktik) und interuniversitär angelegt ist (Kap. 8).

Kapitel 9 beschäftigte sich mit der Außen- und Innenperspektive des Gruppenunterrichts, die von zwei Mitarbeitern des Projekts detailliert untersucht wurden und die die Grundauswertungen für den vorliegenden Vergleich darstellten. Dabei wurden überblicksartig die Vorgehensweise, die Datenerhebung und ausgewählte Ergebnisse zur Außen- und zur Innensicht vorgestellt. Vor diesem Hintergrund konnte dann das Vorgehen beim Vergleich zwischen Außen- und Innensicht beschrieben werden (Kap. 10.1). Innerhalb unseres Projekts beschäftigten sich zwei weitere Mitarbeiter mit dem Vergleich zwischen Außen- und Innenperspektive, deren Hauptanliegen und Ergebnisse kurz skizziert wurden (Kap. 10.2). Die eine Arbeit ging Imperativverletzungskonflikten nach, die andere Arbeit war eher didaktisch-praktisch ausgerichtet und befasste sich mit der Qualität des Lehrerhandelns und Lehrerwissens. Schließlich wurden drei Formen der Nicht-Übereinstimmung zwischen Außen- und Innenperspektive unterschieden und als Abweichung, Sprung und Blindstelle definiert (Kap. 11). Abweichungen wurden als Handlungen oder Entscheidungsbedingungen aufgefasst, die in der Subjektiven Theorie enthalten sind, in der Realität aber nur teilweise oder gar nicht zu beobachten waren, während Blindstellen Handlungen oder Entscheidungsbedingungen sind, die in der Realität beobachtet werden konnten, aber in der Subjektiven Theorie nicht auffindbar waren. Bei fehlenden Formalrelationen (fehlenden Verbindungen zwischen vorhandenen Konzepten) wurde von einem Sprung gesprochen. Vor diesem Hintergrund wurden die Fragestellungen der vorliegenden Arbeit entwickelt, die sich in methodisch-methodologische und inhaltliche Fragestellungen (Kap. 12) untergliedern lassen. Der methodisch-methodologische Bereich bezog sich auf die Weiterentwicklung eines Struktur-Lege-Verfahrens (ILKHA, Interview- und Legetechnik zur Rekonstruktion kognitiver Handlungsstrukturen) zur Rekonstruktion von Subjektiven Theorien über Gruppenunterricht und auf die Entwicklung eines Verfahrens zum Vergleich der Außen- mit der Innensicht des Gruppenunterrichts. Schließlich sollte die Realitätsangemessenheit der Subjektiven Theorien überprüft und damit die hohe Konsistenz zwischen Denken und Handeln der Lehrkräfte belegt werden. Der inhaltliche Bereich bezog sich auf die auftretenden Inkonsistenzen zwischen Denken und Handeln der Lehrkräfte und auf deren psychologische Gründe. Folgende Hypothesen wurden generiert:

Hypothese 1a: Bestimmte Muster im beobachtbaren Interaktionsverlauf, die potentielle Belastungen darstellen, führen eher zu Abweichungen als andere.

Hypothese 1b: Bestimmte Muster im beobachtbaren Interaktionsverlauf, die besondere Positiverfahrungen beinhalten, führen eher zu Abweichungen als andere.

Hypothese 2: In der Phase der Gruppenarbeit treten häufiger Blindstellen auf als in den Phasen des Arbeitsauftrags und der Auswertung.

Hypothese 3: In der Phase der Auswertung der Gruppenarbeitsergebnisse treten häufiger Abweichungen auf als in den Phasen der Gruppenarbeit und insbesondere des Arbeitsauftrags.

Neben diesen elaborierten Hypothesen wurde weiteren Fragen nachgegangen, die verschiedene Lehrergruppen betreffen: Unterscheiden sich erfahrene von weniger erfahrenen Lehrkräften in der Anzahl und den Inhalten ihrer Inkonsistenzen zwischen Denken und Handeln? Gibt es Geschlechtsunterschiede in der Anzahl und den Inhalten der Inkonsistenzen zwischen Denken und Handeln? Unterscheiden sich erfolgreiche von weniger erfolgreichen Lehrkräften in der Anzahl und den Inhalten der Inkonsistenzen zwischen Denken und Handeln?

Um die psychologische Bedeutung der Inkonsistenzen zwischen Denken und Handeln der Lehrkräfte einordnen zu können, wurde ein Kategoriensystem entwickelt auf der Basis von Literatur aus verschiedenen Bereichen der Psychologie, Hinweisen von Experten und Plausibilitätsüberlegungen (Kap. 13). Für die Abweichungen kristallisierten sich vier inhaltliche Begründungen (Veränderungen durch Umbrüche in der persönlichen Genese aufgrund negativer oder positiver Erfahrungen oder aufgrund neuer Informationen - Intransparenz-Situationen - Inkohärente kognitive Systeme - Diskrepanzen zwischen Sollvorstellungen und Realität) und drei methodologische Begründungen (fehlerhafte Explikation - durch die Untersuchungssituation ausgelöste Lernprozesse - Wissensverdichtung von Experten) heraus. Sprünge, die sich erst im Laufe der Vergleichsarbeit als eine besondere Art der Nicht-Übereinstimmung ergaben, konnten auf zwei inhaltliche Gründe (Flexibilität und Spontaneität - Unsicherheit im Handeln oder Unklarheiten in der Zielhierarchie) und auf einen methodologischen Grund (unvollständige Explikation der Formalrelationen) zurückgeführt werden. Als mögliche Gründe für Blindstellen konnten zwei Gründe inhaltlicher Art (Intransparenz-Situationen - Unangenehme Aspekte) und drei Gründe methodologischer Art (Implizites Wissen - unvollständige Explikation - Wissensverdichtung von Experten) unterschieden werden.

Der umfangreiche II. Teil verdeutlichte, wie komplex und aufwendig die Datenerhebung der vorliegenden Arbeit und die Konzeption der entwickelten Instrumente ist.

- III. Empirischer Teil

In einem empirischen Teil wurden die Fragestellungen beantwortet, die Darstellung der Ergebnisse gliederte sich in eine deskriptive Auswertung (Kap. 14), in eine methodisch-methodologische Auswertung (Kap. 15) und in drei Kapitel (Kap. 16 bis 18) zur Beantwortung der inhaltlichen Fragen.

In Kapitel 14 wurde eine Subjektive Theorie exemplarisch ausgewählt und beschrieben und mit einer beobachteten Gruppenunterrichtssequenz dieser Lehrkraft detailliert verglichen. Dabei wurden während der Phase der Erteilung des Arbeitsauftrags neun Übereinstimmungen zwischen Konzepten des Denkens und Handelns dieser Lehrkraft festgestellt. In der Gruppenarbeitsphase wurden 16 Konzepte verglichen und dabei 15 Übereinstimmungen und eine geringfügige Abweichung und zusätzlich eine Blindstelle in der Subjektiven Theorie festgestellt. Die Auswertungsphase erstreckte sich über sechs Konzepte und beinhaltet sechs Übereinstimmungen und zusätzlich eine Blindstelle. Nach der detaillierten Beschreibung eines Vergleichs wurden die Ergebnisse aller 38 Vergleiche überblicksartig vorgestellt. Insgesamt wurden 285 Nicht-Übereinstimmungen identifiziert, davon 18 geringfügige Abweichungen, 53 mittlere Abweichungen, zwei überwiegende Abweichungen, 68 vollständige Abweichungen, 33 Sprünge und 111 Blindstellen.

In Kapitel 15 ging es um die Realitätsadäquanz der Subjektiven Theorien und damit um die im vorherigen Kapitel festgestellten Inkonsistenzen zwischen Denken und Handeln. Nach der Auswahl adäquater Gütekriterien für Struktur-Lege-Verfahren wurden Aussagen zur Objektivität, zur Reliabilität und Validität des Verfahrens gemacht. Drei Maße zur Bestimmung der explanativen Validierung wurden entwickelt: der Übereinstimmungsgrad ÜG, die Vollständigkeit V und die Realitätsangemessenheit R. Die Werte sind allesamt sehr hoch und bestätigten die Vorgehensweise. Die ermittelte Realitätsadäquanz der Theoriestrukturen liegt im Durchschnitt aller Gruppenunterrichts-Sequenzen bei 88% und stellt im Vergleich zu früheren Untersuchungen des Zusammenhangs zwischen Denken/Kognition einerseits und Handeln andererseits einen sehr hohen, beinahe sensationellen Wert dar, der kritisch hinterfragt und begründet wurde: Zum ersten handelte es sich bei dem untersuchten Thema „Gruppenunterricht" um weitgehend geplantes Handeln der Lehrkräfte (im Gegensatz zu unvorhersehbarem Handeln z.B. bei Unterrichtsstörungen durch Schüler), zum zweiten erfasste das Instrument ILKHA (Interview- und Legetechnik zur Rekonstruktion kognitiver Handlungsstrukturen) die Entscheidungsbedingungen und Handlungen auf einer sehr konkreten Ebene, die das tatsächliche Handeln direkt abbildete und so zu der hohen Validität führte. Der Befund der hohen Realitätsadäquanz stellt das erste Hauptergebnis der Arbeit dar.

Die inhaltliche Auswertung in Kapitel 16 präsentiert das zweite Hauptergebnis. Es ging um die psychologischen Gründe der verbleibenden 12 % Inkonsistenzen zwischen Denken und Handeln der Lehrkräfte, für die das Kategoriensystem entwickelt wurde und beantwortete die Hypothesen 1a und 1b. Die Nicht-Übereinstimmungen zwischen den Subjektiven Theorien und dem Handeln der Lehrkräfte waren zu einem großen Teil durch methodologische Gründe bedingt (59% der Abweichungen, 37 % der Sprünge und sogar 87 % der Blindstellen), d.h. sie betrafen Verhaltensweisen und Entscheidungsbedingungen, für die das Forschungsprogramm Subjektive Theorien keinen Lösungsanspruch erhebt oder sie betrafen die Grenzen der qualitativen Forschung im Dialog-Konsens. Bei den inhaltlich bedingten Gründen spielten die Belastungen die Hauptrolle für die Inkonsistenzen (38% der Abweichungen, 24% der Sprünge und 14% der Blindstellen). Belastungen können durch negative Erfahrungen, durch intransparente Situationen, durch inkohärente kognitive Systeme oder durch Diskrepanzen zwischen Sollvorstellungen und Realität entstehen, sie signalisieren, dass „etwas nicht in Ordnung ist" und setzen Veränderungen in Gang. Neuartige Informationen spielten keine Rolle, positive Erfahrungen spielten nur eine geringe Rolle (für 3.5% der Abweichungen).

Kapitel 17 beschäftigte sich mit Unterschieden zwischen den drei Phasen des Gruppenunterrichts und beantwortete die Hypothesen 2 und 3: Für die schwer einsehbare Phase der Gruppenarbeit wurden Blindstellen als typische Nicht-Übereinstimmungen, für die komplexe Phase der Auswertung Abweichungen (und zwar v.a. aus Belastungsgründen) als typische Nicht-Übereinstimmungen erwartet. Beide Annahmen erwiesen sich als nicht differenziert genug. Die schwere Einsehbarkeit der Gruppenarbeitsphase bedeutete nicht, dass die Lehrkräfte hierzu keine Gedanken und Pläne entwickelt hätten (was zu Blindstellen führen würde), sondern bedeutete, dass die Gedanken und Pläne der Lehrkräfte nicht ganz zutreffend waren, so dass partielle oder vollständige Abweichungen auftraten. Auch waren Abweichungen nicht typisch für die Auswertungsphase, sie traten in der Phase der Gruppenarbeit ebenso häufig auf. Dass in der Auswertungsphase Belastungen eine Rolle spielten, zeigte sich nicht in den Gründen der Abweichungen, sondern in denen der Blindstellen. Auch der Befund, dass die meisten Nicht-Übereinstimmungen in der Auswertungsphase auf methodologische Gründe zurückgingen, belegt die Komplexität dieser Phase, die sich deshalb auch am schwierigsten rekonstruieren, d.h. in einer Subjektiven Struktur abbilden ließ. Im letzten inhaltlichen Auswertungskapitel (Kap. 18) ging es um die Beantwortung von Fragen, die sich mit dem Fortschreiten der Projektarbeit ergeben haben. Es konnten keine Unterschiede zwischen den Gruppen der erfahrenen und den weniger erfahrenen Lehrkräften und den Gruppen der weiblichen und männlichen Lehrkräfte festgestellt werden. Die zehn untersuchten Lehrkräfte konnten somit in dieser Beziehung als eine homogene Gruppe für die weiteren Berechnungen aufgefasst werden. Die Qualität des Lehrerhandelns korrelierte mit dem Übereinstimmungsgrad in geringem Ausmaß und mit der Realitätsangemessenheit im mittlerem Maß: Lehrkräfte, deren Handeln im Gruppenunterricht als erfolgreich eingeschätzt wurde, agierten auch in größerer Übereinstimmung mit ihren Subjektiven Theorien. Die Vollständigkeit korrelierte nicht mit dem erfolgreichen Lehrerhandeln, was mit dem hohen Anteil an methodologisch bedingten Blindstellen begründet werden kann, die in dieses Maß eingehen.

Die Qualität des Lehrerwissens wurde durch ein formales und ein inhaltliches Maß abgebildet. Es ergaben sich geringe bis mittlere Zusammenhänge zwischen dem formalen Qualitätsmaß des Lehrerwissens und dem Übereinstimmungsgrad oder der Realitätsangemessenheit der Subjektiven Theorien: Je komplexer und formal qualitativer die Subjektiven Theorien der Lehrkräfte waren, desto mehr handelten die Lehrkräfte in Übereinstimmung mit ihren Subjektiven Theorien, desto realitätsangemessener waren die Subjektiven Theorien. Auch hier korrelierte die Vollständigkeit der Subjektiven Theorien nicht mit dem formalen Qualitätsmaß. Die inhaltliche Qualität des Lehrerwissens korrelierte in schwachem bis mittlerem Ausmaß mit dem Übereinstimmungsgrad der Subjektiven Theorien, d.h. mit der Anzahl der Abweichungen und Sprünge. Je besser die Qualität der Subjektiven Theorien eingeschätzt wurde, desto eher handelte die Lehrkraft gemäß ihrer Subjektiven Theorie. Zusätzlich beobachtete Elemente (Blindstellen), die großenteils methodologisch bedingt waren, hatten mit der inhaltlichen Qualität der Subjektiven Theorie nichts zu tun.

Diese Ergebnisse stehen in Einklang mit Haag (1998), einem Mitarbeiter des Projekts, der formuliert: „Erfolgreiche Lehrkräfte handeln in größerer Übereinstimmung mit ihren Subjektiven Theorien und deren Subjektive Theorien sind auch realitätsangemessener".

Zehn Forschungsdesiderate als Wegweiser

Im Folgenden wird auf die zehn Forschungsdesiderate von Wahl (1988c) Bezug genommen, die er als Wegweiser für die Zukunft formuliert und die umreißen, welche theoretischen und empirischen Aufgaben seines Erachtens in den nächsten Jahren vordringlich anzugehen sind (Abb. 9).

Desiderat 1: Das Verhältnis zu anderen Forschungsprogrammen näher bestimmen

Theoretisch - empirische Weiterentwicklung

Desiderat 2: Die Merkmale Subjektiver Theorien präzisieren

Desiderat 3: Die (Onto-)Genese und Weiterentwicklung Subjektiver Theorien theoretisch modellieren und empirisch untersuchen

Desiderat 4: Die Vielfalt epistemologischer Erklärungsstrukturen und inhaltlicher Bereiche ausschöpfen

Methodologisch-methodische Weiterentwicklung

Desiderat 5: Methoden zur Inhaltserfassung Subjektiver Theorien generieren

Desiderat 6: Weitere Rekonstruktionsverfahren entwickeln

Desiderat 7: Die Sprechsituation 'Dialog-Konsens' empirisch erforschen

Desiderat 8: Die Verbindung idiographischer mit nomothetischer (objektiv-theoretischer) Modellierung konzipieren

Desiderat 9: Weitere Verfahren der explanativen Validierung Subjektiver Theorien entwerfen

Desiderat 10: Das Integrationspotential des Forschungsprogramms Subjektive Theorien herausarbeiten

---

Abb. 9: Die zehn Desiderate zur mittel- und langfristigen Entwicklung des Forschungsprogramms Subjektive Theorien (in Anlehnung an Wahl, 1988c, S. 311)

Inwieweit dienten die Desiderate in der vorliegenden Arbeit oder auch im gesamten For-
schungsprojekt als 'Wegweiser'?

Das erste Desiderat beschäftigt sich mit der Abgrenzung zu anderen Forschungsprogrammen, mit dem Lösungs- und Geltungsanspruch des Forschungsprogramms Subjektiver Theorien. Die Ausgangsüberlegungen zum Konsistenzproblem der Einstellungsforschung und
die aus den verschiedensten Forschungsgebieten stammenden umfangreichen Begründungen
für Inkonsistenzen zwischen Denken und Handeln (Entwicklung des Kategoriensystems in
Kap. 13) berühren diesen Punkt. (Desiderat 2 war nicht expliziter Forschungsgegenstand).
Den sozialen Ursprüngen von Subjektiven Theorien wurde in der Arbeit von Lehmann-
Grube (1998; 1999) nachgegangen (Desiderat 3). Desiderat 4 betrifft die prinzipiellen Möglichkeiten epistemologischer Erklärungen, also die Frage nach dem Übergang von Subjektiven Theorien in prozesshafte Elemente des Handelns. „Subjektive Theorien sind ja in erster
Linie theoretische Struktureinheiten ohne ausgeprägten Prozesscharakter. Die Frage ist nun,
in welcher Weise diese Strukturen als für den Handlungsprozess wirksam behauptet werden
können" (Wahl, 1988c, S. 319). In unserem Projekt ging es um die Entwicklung eines Instruments, das auch längere Sequenzen interaktiven Handelns auf einer zeitlichen Dimension
abzubilden gestattet. Es sollte gerade die zeitliche Erstreckung einer Handlung und das zeitliche Vor- und Nacheinander von Entscheidungsbedingungen und Handlungen als Subjektive Struktur grafisch dargestellt werden. Der Forderung, die Vielfalt der inhaltlichen Bereiche auszuschöpfen, wurde mit der Auswahl des Themas „traditioneller Gruppenunterricht"
nachgekommen, zu dem bisher wenige empirische Befunde vorliegen.

Der Schwerpunkt der vorliegenden Arbeit liegt allerdings in der methodologisch-methodi-
schen Weiterentwicklung. Dazu merkt Wahl (1988c, S. 319) an: „Ein ganz wichtiges For-
schungsdesiderat bei der Ausarbeitung eines neuen Forschungsprogramms ist es, eine Vielzahl tauglicher Forschungsmethoden zu entwickeln, um die Voraussetzung für die empirische Forschungstätigkeit zu schaffen". In Desiderat 5 werden Techniken zur Inhaltserfassung Subjektiver Theorien (Interviewleitfaden, Aktualisierungshilfen) und in Desiderat 6
Methoden zur Rekonstruktion der Subjektiven Theorien angesprochen. Im Rahmen unseres
Projekts wurde ein postaktionales Interview- und Legeverfahren entwickelt, das es erlaubt,
prozesshaftes interaktives Handeln eindeutig und auf einer sehr konkreten Ebene abzubilden
und das für den Subjektiven Theoretiker nach einer kurzen Einarbeitungszeit gut handhab-
bar ist. Der Differenziertheitsgrad des Verfahrens ist hoch, so dass der größte Teil des interaktiven Handelns im gewählten Alltagsbereich vorhersagbar und damit erklärbar ist. Deside-

rat 7, das sich auf die Erforschung der Sprechsituation des Dialog-Konsens bezieht, wurde von einer anderen Projektmitarbeiterin (v.Hanffstengel, 1997) nachgegangen, die den Rekonstruktionsprozess der Subjektiven Theorien vor dem Hintergrund der Imperativverletzungskonflikte untersuchte und zu einigen kritischen Aussagen gelangte. Auch Desiderat 8 wurde von einer weiteren Projektmitarbeiterin angegangen, die die Subjektiven Theorien mit ihrer idiographischen Perspektive zusammenfasst und zu überindividuellen Aussagen gelangt (Lehmann-Grube, 1998). Das neunte Desiderat, das die Forderung nach weiteren Verfahren der explanativen Validierung Subjektiver Theorien beinhaltet, war Hauptanliegen der vorliegenden Arbeit. Zum zehnten Desiderat schreibt Wahl (1988c, S. 328): „Die Fruchtbarkeit des Forschungsprogramms Subjektive Theorien wird unter anderem auch daran zu messen sein, inwieweit es gelingt, Forschungsdomänen anderer Forschungsprogramme in das Forschungsprogramm Subjektive Theorien zu integrieren und damit den Nachweis zu erbringen, dass mit dem Methodeninventar des Forschungsprogramms Subjektive Theorien, insbesondere mit der Verknüpfung von kommunikativer und explanativer Validierung, die Lösung dieser Forschungsprobleme weitaus besser, weil menschenangemessener, gelingt". Dieses Desiderat ist das umfassendste und langfristigste und wird in dem gesamten Projekt, nicht nur in der hier vorliegenden Arbeit verwirklicht. Das Integrationspotential des Forschungsprogramms Subjektive Theorien ist enorm, es werden psychologische, linguistische, schulpädagogische und didaktische Aspekte zusammengeführt. Mit der Frage nach dem Integrationspotential ist komplementär wieder das erste Desiderat der Abgrenzung gegen andere Forschungsprogramme mit angesprochen und damit schließt sich der Kreis.

Das Forschungsprojekt 'Unterrichtskommunikation' konnte mit beträchtlichen personellen und finanziellen Ressourcen etlichen der vor über zehn Jahren formulierten „Wegweisern für die Zukunft" (Wahl, 1988c) nachgehen und Ergebnisse präsentieren. Die Genese und Weiterentwicklung der Subjektiven Theorien in Theorie und Praxis in Modifikationsstudien (Desiderat 3), die weitere Erforschung der Sprechsituation des 'Dialog-Konsens' (Desiderat 7), die Verbindung zwischen individuellen subjektiven und objektiven wissenschaftlichen Theorien (Desiderat 8) und die Fruchtbarmachung des großen Integrationspotentials des Forschungsprogramms Subjektive Theorien werden wichtige Aufgaben für die Zukunft bleiben.

Kritische Anmerkungen und Ausblick

Zunächst stellt sich angesichts des Ergebnisses, dass sich die beiden komplexen Phasen des Gruppenunterrichts, die Gruppenarbeit und die Auswertungsphase, nicht durch das Vorhandensein typischer Inkonsistenzen (Abweichung versus Blindstelle) unterscheiden, die Frage: Ist die Unterscheidung der Inkonsistenzen in Abweichungen (Sprünge) und Blindstellen sinnvoll und nötig? Die Unterscheidung in zusätzlich auftretende Bereiche (Blindstellen) und Abwandlungen von Vorhandenem (Abweichungen und Sprünge) ist gut nachvollziehbar. Blindstellen sind überwiegend methodologisch, Abweichungen (und Sprünge) inhaltlich begründet. In Anbetracht der Aufwändigkeit der Struktur-Lege-Verfahren sind Blindstellen wohl weitgehend in Kauf zu nehmen, will man die Ressourcen von Wissenschaftler und Untersuchungspartner nicht überstrapazieren. Zudem haben sie auch wenig mit dem Erfolg der Handlungen zu tun, es sei denn, es wären zu viele, so dass die Struktur dann zu wenig komplex ausfällt. Davor bewahrt allerdings die Vorgehensweise im Dialog-Konsens, d.h. die Erfassung der kognitiven Struktur ist erst dann abgeschlossen, wenn Wissenschaftler und Untersuchungspartner sich einig sind, dass die Abbildung der kognitiven Struktur nun vollständig und angemessen sei. Abweichungen von (und Sprünge innerhalb) dieser als vollständig und angemessen bezeichneten kognitiven Struktur sind vorwiegend inhaltlich zu interpretieren und wirken sich auch auf den Erfolg des Handelns aus. Deshalb sind wir der Meinung, diese gut nachvollziehbare Unterscheidung bei den Inkonsistenzen ist sinnvoll und sollte Berücksichtigung in der weiteren Forschung finden.

Die Arbeit zeigt, dass die beiden entwickelten qualitativen Verfahren (das Struktur-Lege-Verfahren ILKHA und der Vergleich zwischen der Außen- und Innensicht) durchaus anspruchsvollen Gütekriterien entsprechen, die sorgfältig auf qualitative Verfahren abgestimmt wurden. Lehrkräfte richten ihr Handeln während des Gruppenunterrichts weitgehend nach ihrem Wissen darüber aus. Das vorliegende Instrument eignet sich auf dieser konkreten Ebene hervorragend zur Eruierung dieses Wissens über Gruppenunterricht. Die Arbeit belegt die hohe Realitätsangemessenheit der Subjektiven Theorien; in Anbetracht der empirischen Befunde anderer Untersuchungen darf hier verallgemeinernd behauptet werden, dass Subjektive Theorien die Kognitionen darstellen, die das Handeln der betreffenden Person weitgehend bestimmen.

Die Arbeit geht auch der Frage nach, warum Wissen und Handeln auseinander klaffen. Dies liegt zum großen Teil an methodologischen Gründen, d.h. das Wissen konnte aus verschiedenen Gründen nicht genau expliziert werden, so dass es sich nur um „scheinbare" Inkonsistenzen handelt. Auf der einen Seite müssen wir damit eingestehen, dass *trotz* des hohen methodologischen Aufwandes „Unzulänglichkeiten" der Erhebungsverfahren für viele Inkonsistenzen verantwortlich sind. Wir hatten (zumindest implizit) angenommen, dass die aussagekräftigeren inhaltlichen Gründe den Hauptteil der Inkonsistenzen erklären würden. Auf der anderen Seite ist der Anteil der Inkonsistenzen sehr gering und das gerade *wegen* des methodologischen Aufwandes. Was bedeutet dies für andere Untersuchungen und für andere Bereiche der Psychologie? Ist das oft beklagte Konsistenzproblem in der Einstellungsforschung zum großen Teil „nur" ein Problem der angewandten Methoden? Einige Hinweise in den Interpretationen des Konsistenzproblems deuten dies an, wie in den Anfangskapiteln deutlich wurde. Doch wäre diese Erklärungsmöglichkeit für sich alleine zu einfach und auch zu eindimensional. Denn natürlich kommt es wesentlich auf den Gegenstandsbereich an! Und bei dem Themenbereich Gruppenunterricht geht es um professionelles Wissen und vorbereitetes und weitgehend geplantes Handeln, wobei Bewertungen und Emotionen zwar auftreten können, aber nicht im Vordergrund stehen. Demgegenüber beschäftigt sich die traditionelle Einstellungsforschung gerade mit sehr emotionalen Themen wie beispielsweise ethische Minderheiten oder der Abtreibung (vgl. Kap. 1.2), auch in der Unterrichtsforschung werden z.B. mit Unterrichtsstörungen gerade emotional belastende Bereiche untersucht. Dazu kommt, dass die Verhaltensseite als spontanes Verhalten erfasst wird, diesem Verhalten liegt dann kein Äquivalent einer „Unterrichtsvorbereitung" zugrunde.

Auch wenn Belastungen beim Gruppenunterricht nicht im Vordergrund stehen, stellen sie eine weitere Ursache für Inkonsistenzen zwischen Denken und Handeln dar. Und hier zeichnet sich der ebenfalls in der Literatur schon oft genannte Einsatz in Bereichen ab, in denen es um die Veränderung menschlichen Handelns geht, z.B. in der Lehrerfortbildung. In Anknüpfung an die Inkonsistenzen zwischen Denken und Handeln können Schwierigkeiten und der effektive Umgang mit ihnen direkt angegangen werden: Durch die Rekonstruktion der Subjektiven Theorien kann das eigene Wissen strukturiert werden, können Defizite selbständig erkannt werden und durch die Beachtung von Inkonsistenzen zwischen Denken und Handeln können gezielt Strategien erarbeitet werden, mit Belastungssituationen fertig zu werden. Es geht hier also um die Optimierung der Handlungsfähigkeit.

„Auf höherer Ebene wird damit die Frage nach der Beziehung von Wissen und Handeln zum sog. Theorie-Praxis-Problem, wenn man unter Theorie ganz allgemein Wissen und unter

Praxis Handeln versteht" (Haag, 1998, S. 56). Wie ist handlungsrelevantes Wissen beschaffen? Darauf geben die erhobenen Subjektiven Theorien eine Antwort, zumindest für diesen oder ähnliche Themenbereiche.

Kritisch anzumerken ist der hohe Forschungsaufwand, worauf schon an anderen Stellen der Arbeit hingewiesen wurde. Wenn in einigen weiteren Studien die hohe Realitätsadäquanz im vollständigen zweiphasigen Forschungsprozess bestätigt werden könnte, kann auf der gesicherten Basis der hohen Handlungsleitung der Forschungsaufwand eventuell wieder verringert werden. Desgleichen ist an eine Vereinfachung des Instruments im Sinne einer Flexibilisierungsversion (vgl. Kap. 5.6) zu denken. Am wichtigsten erscheint jedoch die kreative und phantasievolle Weiterentwicklung und Anpassung der Instrumente an weitere Gegenstandsbereiche, in denen Wissensbestände bisher anhand von Fragebogendaten erhoben wurden.

Was zum Schluss noch bleibt, ist eine vorsichtige Diskussion der vorliegenden Ergebnisse und ein Blick in die Zukunft. Dazu muss die Generalisierbarkeit der gewonnenen Erkenntnisse angesprochen werden: Ein realistischer Erkenntnisanspruch zielt zuerst auf die Beschreibung von Vielfalt und erst dann auf mögliche Erklärungsversuche. Und in dieser Arbeit wurde in erster Linie die Vielfalt beschrieben und methodologischen Fragestellungen nachgegangen, obwohl im Rahmen des Gesamtprojekts auch didaktische und praxisrelevante Fragestellungen beantwortet werden. Dazu wird demnächst vom Autorenteam der *Nürnberger Projektgruppe* ein Band mit dem Titel „Gruppenunterricht konkret. Handreichungen für den Schulalltag auf empirischer Basis" (2000) erscheinen.

Komplexe und qualitativ hochwertige kognitive Strukturen hängen mit dem Handlungserfolg zusammen. Deshalb ist in der Aus- und Weiterbildung (von Lehrkräften) die Erarbeitung und Herausarbeitung der handlungsleitenden Kognitionen ein Ausgangspunkt für erfolgreiches Handeln.

Dann hat schon 1983 in einer „Zwischenbilanz" darauf hingewiesen, dass sich durch das kognitive Konstrukt der Subjektiven Theorien eine notwendige Erweiterung der er psychologischen Denkmöglichkeiten ergibt. Die Einschätzung hat sich bestätigt, wenn man die Themen des regelmäßig stattfindenden Symposiums zum Forschungsprogramm Subjektive Theorien (1993 Oldenburg, 1995 Gießen, 1998 Leipzig, 2000 Oldenburg) betrachtet. Neben dem umfangreichen Bereich Schule werden immer mehr Untersuchungen im Gesundheitsbereich durchgeführt, in dem sich die subjektiv-theoretische Forschungsperspektive in Zusammenhang mit therapeutischen und präventiven Maßnahmen bewährt.

Der Anwendungsbereich liegt dabei im Einsatz psychologischer Modifikations- und Interventionsprogramme, sowohl im Bereich der medizinischen Compliance-Forschung, im therapeutischen Bereich oder im Lehrerbildungsbereich. Instruktionen alleine bewirken wenig Veränderungen, im Gegenteil, die Bereitschaft von Lehrkräften, wissenschaftliche Erkenntnisse zu nutzen, ist gering (Eckerle & Kraak, 1993), auch ärztliche und therapeutische Instruktionen werden offensichtlich nicht immer befolgt. In diesen Fällen muss an den Wissensbeständen und Überzeugungen der Betroffenen angesetzt werden. Ein Beispiel ist das Konstanzer Trainingsmodell KTM, das im deutschsprachigen Raum am meisten verbreitete Programm in der Lehrerfortbildung, bei dem über eine Auseinandersetzung mit der Alltagspraxis der Lehrkräfte und mit den Wissensbeständen, über die die Lehrkräfte bereits verfügen, eine gezielte Veränderung bewirkt wird, wie die Evaluierung eindrucksvoll belegt (Tennstädt, Krause, Humpert & Dann, 1990-1996).

Interventionsprogramme greifen damit die eigene Erfahrung auf und bieten Anknüpfungspunkte für die weitere Vorgehensweise. Solche Anknüpfungspunkte können beispielsweise zu wenig komplexe Stellen in den Wissensbeständen oder herausgearbeitete Inkonsistenzen zwischen den Wissensbeständen und dem Handeln sein.

Teil V. Literatur

Abele, A. (1990). Die Erinnerung an positive und negative Lebensereignisse. Untersuchungen zur stimmungsinduzierenden Wirkung und zur Gestaltung der Texte. Zeitschrift für experimentelle und angewandte Psychologie, 37, 181-207.

Abele, A. (1995). Stimmung und Leistung. Allgemein- und sozialpsychologische Perspektive. Göttingen: Hogrefe.

Ajzen, I. (1987). Attitudes, traits, and actions: Dispositional prediction of behavior in personality and social behavior. Vol. 20. New: York: Academic Press.

Ajzen, I. (1988). Attitudes, personality, and behavior. Milton Keynes: Open University Press.

Ajzen, I. & Fishbein, M. (1977). Attitude-behavior relations: A theoretical analysis and review of empirical research. Psychological Bulletin, 88, 888-918.

Ajzen, I. & Fishbein, M. (1980). Understanding attitudes and predicting social behavior. Englewood Cliffs: Prentice-Hall.

Anderson, L., Evertson, C. & Brophy, J. (1979). An experimental study of effective teaching in first-grade reading groups. Elementary School Journal, 79, 193-223.

Angermeyer, M.C. (1991). „Innerer Streß!" Vorstellungen von Patienten mit funktionellen Psychosen über die Ursachen ihrer Krankheit. In U. Flick (Hrsg.), Alltagswissen über Gesundheit und Krankheit. Subjektive Theorien und Soziale Repräsentationen (116-127). Heidelberg: Asanger.

Barth, A.-R. & v.Hanffstengel, U. (1995). Zum Vergleich zwischen Innensicht und Außensicht des Gruppenunterrichts. In H.-D. Dann, T. Diegritz & H.S. Rosenbusch (Hrsg.), Analyse von Gruppenprozessen im Unterricht. Theoretische Grundlagen, empirische Umsetzung und erste Zwischenergebnisse zum interaktiven Handeln von Lehrkräften und SchülerInnen im Gruppenunterricht (S. 49-69). Projekt 'Unterrichtskommunikation', Arbeitsbericht 3. Nürnberg: Sozialwissenschaftliches Forschungszentrum.

Barth, Th. (1986). Subjektive Strukturen des Arbeitsverhaltens: Ein Zugang zum individuellen Konzept über das eigene Arbeitsverhalten als Grundlage für Beratungsplanung und Verhaltensmodifikation. Zürich: Studien- und Berufsberatung des Kanton Zürich.

Barthels, M. (1991). Subjektive Theorien über Alkoholismus. Versuch einer verstehend-erklärenden Psychologie des Alkohols. Münster: Aschendorff.

Barthels, M. (1992). Indikation in bezug auf Problembereiche: neue Einsichten zur potentiellen Geltungsbreite des Forschungsprogramms Subjektive Theorien. In B. Scheele (Hrsg.), Struktur-Lege-Verfahren als Dialog-Konsens-Methodik. Ein Zwischenfazit zur Forschungsentwicklung bei der rekonstruktiven Erhebung Subjektiver Theorien (S. 92-127). Münster: Aschendorff.

Bauer, R. & Vahl, T. (1981). Subjektive Theorien bei herzneurotischen Klienten. Diplomarbeit, Psychologisches Institut, Universität Heidelberg.

Becker, G.E., Huber, G.L., Mandl, H., Wahl, D. & Weinert, F.E. (1978). Konzeptionsrahmen für einen Fernstudien-Lehrgang „Lehrertraining: Probleme entwicklungs-, verhaltens- und lerngestörter Schüler". Tübingen: DIFF.

Ben-Peretz, M. (1984). Kelly's Theory of personal constructs as a paradigm of investigation teacher thinking. In R. Halkes & J. Olson (Eds.), Teacher thinking (pp. 103-111). Lisse: Swets & Zeitlinger.

Berry, D.C. & Broadbent, D.E. (1984). On the relationship between task performance and associated verbalizable knowledge. The Quarterly Journal of Experimental Psychology, 36A, 209-231.

Birkhan, G. (1992). Die (Un-)Brauchbarkeit der klassischen Testgütekriterien für Dialog-Konsens-Verfahren. In B. Scheele (Hrsg.), Struktur-Lege-Verfahren als Dialog-Konsens-Methodik. Ein Zwischenfazit zur Forschungsentwicklung bei der rekonstruktiven Erhebung Subjektiver Theorien (S. 231-293). Münster: Aschendorff.

Borich, G.D. & Klinzing, H.G: (1987). Paradigmen der Lehrereffektivitätsforschung und ihr Einfluß auf die Auffassung von effektivem Unterricht. Unterrichtswissenschaft, 15, 90-111.

Bovet, G. (1993). Wie sieht guter Psychologieunterricht aus? Ermittlung und Erörterung der subjektiven didaktischen Theorien von Psychologielehrerinnen und -lehrern über guten, machbaren Psychologieunterricht in der gymnasialen Oberstufe. Frankfurt a.M.: Lang.

Brehm, W. (1990). Der Sport-Typ und der Verzicht-Typ. Subjektive Theorien von Schülerinnen und Schülern über Gesundheit und (Sport-)Unterricht. Sportunterricht, 39, 125-134.

Brink, A. & Formann, A. (1981). Versuch einer Annäherung an das Konstrukt Vertrauen auf der Basis der Rekonstruktion 19 subjektiver Alltagstheorien im suchttherapeutischen Bereich. Diplomarbeit, Psychologisches Institut, Universität Münster.

Broadbent, D.E., Fitzgerald, P. & Broadbent, M.H.P. (1986). Implicit and explicit knowledge in the control of complex systems. British Journal of Psychology, 77, 33-50.

Bromme, R. (1980). Die alltägliche Unterrichtsvorbereitung von Mathematiklehrern. Unterrichtswissenschaft, 8, S. 142-156.

Bromme, R. (1981). Das Denken von Lehrern bei der Unterrichtsvorbereitung. Eine empirische Untersuchung. Weinheim: Beltz.

Bromme, R. (1985). Was sind Routinen im Lehrerhandeln? Eine Begriffsklärung auf der Grundlage neuerer Ergebnisse der Problemlöseforschung. Unterrichtswissenschaft, 13, 182-192.

Bromme, R. (1987). Der Lehrer als Experte - Entwurf eines Forschungsansatzes. Denken und Wissen von Lehrern aus der Perspektive neuerer Forschung zum Problemlösen. In H. Neber (Hrsg.), Angewandte Problemlösepsychologie (S. 127-151). Münster: Aschendorff.

Bromme, R. (1992). Der Lehrer als Experte. Zur Psychologie professionellen Wissens. Bern: Huber.

Bromme, R. (1997). Kompetenzen, Funktionen und unterrichtliches Handeln des Lehrers. In F.E. Weinert (Hrsg.), Enzyklopädie der Psychologie, Pädagogische Psychologie, Bd. III, Psychologie des Unterrichts und der Schule (S. 117-212). Göttingen: Hogrefe.

Brown, D.W. (1974). Adolescent attitudes and lawful behavior. Public Opinion Quarterly, 38, 98-106.

Brückerhoff, A. (1982). Vertrauen: Versuch einer phänomenologisch-idiographischen Näherung an ein Konstrukt. Dissertation: Universität Münster.

Bruhn, U. & Höngen, U. (1983). Der Erklärungsbeitrag Subjektiver Theorien zum Konstrukt der 'Überbehütung'. Diplomarbeit. Psychologisches Institut, Universität Münster.

Brunner, E.J. & Huber, G.L. (1989). Interaktion und Erziehung. München: Psychologie Verlags Union.

Buchholtz, A. (1991). Alltagskonzepte psychischer Krankheit - Subjektive Theorien von Angehörigen. In U. Flick (Hrsg.), Alltagswissen über Gesundheit und Krankheit.

Subjektive Theorien und Soziale Repräsentationen (S. 127-143). Heidelberg: Asanger.

Bürger, W. (1978). Teamfähigkeit im Gruppenunterricht: Zur Konkretisierung, Realisierung und Begründung eines Erziehungszieles. Weinheim: Beltz.

Christmann, U. & Groeben, N. (1991). Argumentationsintegrität (VI): Subjektive Theorien über Argumentieren und Argumentationsintegrität - Erhebungsverfahren, inhaltsanalytische und heuristische Ergebnisse. Arbeiten aus dem Sonderforschungsbereich 245, Bericht Nr. 34, Heidelberg/Mannheim.

Christmann, U. & Groeben, N. (1993). Argumentationsintegrität (XI): Retrognostische Überprüfung der Handlungsleitung Subjektiver Theorien über Argumentationsintegrität bei Kommunalpolitiker/innen. Arbeiten aus dem Sonderforschungsbereich 245, Bericht Nr. 64, Heidelberg/Mannheim.

Christmann, U. & Scheele, B. (1995). Subjektive Theorien über (un)redliches Argumentieren: Ein Forschungsbeispiel für die kommunikative Validierung mittels Dialog-Hermeneutik. In E. König & P. Zedler (Hrsg.), Bilanz qualitativer Forschung, Bd. II: Methoden (S. 63-100). Weinheim: Deutscher Studien Verlag.

Clark, C.M. & Peterson, P.L. (1986). Teacher's thought processes. In M.C. Wittrock (Ed.), Handbook of research on teaching (pp. 255-296) New York: Macmillan.

Clarke, R. & Lowe, F. (1989). Positive health - some lay perspectives. Promotion, 3, 401-406.

v.Cranach, M. (1992). The multi-level organization of knowledge and action - an integration of complexity. In M. v.Cranach, W. Doise & G. Mugny (Eds.), Social representations and the social bases of knowledge (pp. 10-22). Lewiston: Hogrefe & Huber.

v.Cranach, M. (1994). Die Unterscheidung von Handlungstypen - Ein Vorschlag zur Weiterentwicklung der Handlungspsychologie. In B. Bergmann & P. Richter (Hrsg.), Die Handlungsregulationstheorie (S. 69-88). Göttingen: Hogrefe.

v.Cranach, M., Mächler, E. & Steiner, V. (1983). Die Organisation zielgerichteter Handlungen: ein Forschungsbericht. Bern: Universität, Psychologisches Institut.

Dann, H.-D. (1983). Subjektive Theorien: Irrweg oder Forschungsprogramm? Zwischenbilanz eines kognitiven Konstrukts. In L. Montada, K. Reusser & G. Steiner (Hrsg.), Kognition und Handeln (S. 77-92). Stuttgart: Klett-Cotta.

Dann, H.-D. (1989). Was geht im Kopf des Lehrers vor? Psychologie in Erziehung und Unterricht, 36, 81-90.

Dann, H.-D. (1990). Subjective theories: a new approach to psychological research and educational practice. In G.R. Semin & K.J. Gergen (eds.), Everyday understanding: social and scientific implications (pp. 227-243). London: Sage.

Dann, H.-D. (1991). Subjektive Theorien zum Wohlbefinden. In A. Abele & P. Becker (Hrsg.), Wohlbefinden. Theorie, Empirie, Diagnostik (S. 97-117). Weinheim: Juventa.

Dann, H.-D. (1992). Variation von Lege-Strukturen zur Wissensrepräsentation. In B. Scheele (Hrsg.), Struktur-Lege-Verfahren als Dialog-Konsens-Methodik. Ein Zwischenfazit zur Forschungsentwicklung bei der rekonstruktiven Erhebung Subjektiver Theorien (S. 2-41). Münster: Aschendorff.

Dann, H.-D. (1994). Pädagogisches Verstehen: Subjektive Theorien und erfolgreiches Handeln von Lehrkräften. In K. Reusser & M. Reusser-Weyeneth (Hrsg.), Verstehen. Psychologischer Prozeß und didaktische Aufgabe (S. 163-182). Bern: Huber.

Dann, H.-D. (1994a). Anleitung zum Vergleich zwischen Lehrerstruktur und Beobachtungssequenzen (Version 5). Internes Papier des Projekts 'Unterrichtskommunikation' an der Universität Erlangen-Nürnberg: Erziehungswissenschaftliche Fakultät.

Dann, H.-D & Barth, A.-R. (1995). Die Interview- und Legetechnik zur Rekonstruktion kognitiver Handlungsstrukturen (ILKHA). In E. König & P. Zedler (Hrsg.), Bilanz qualitativer Forschung, Bd. II: Methoden (S. 31-62). Weinheim: Deutscher Studien Verlag.

Dann, H.-D., Diegritz, T. & Rosenbusch, H.S. (Hrsg.). (1995). Analyse von Gruppenprozessen im Unterricht. Theoretische Grundlagen, empirische Umsetzung und erste Zwischenergebnisse zum interaktiven Handeln von Lehrkräften und SchülerInnen im Gruppenunterricht. Projekt 'Unterrichtskommunikation', Arbeitsbericht 3. Nürnberg: Sozialwissenschaftliches Forschungszentrum.

Dann, H.-D., Diegritz, T. & Rosenbusch, H.S. (Hrsg.). (1999). Gruppenunterricht im Schulalltag: Realität und Chancen. Erlanger Forschungen, Reihe A - Geisteswissenschaften.

Dann, H.-D., Diegritz, T. & Rosenbusch, H.S. (1999a). Gruppenunterricht als Prozeß interaktiven Handelns. In H.-D. Dann, T. Diegritz & H.S. Rosenbusch (Hrsg), Gruppenunterricht im Schulalltag. Realität und Chancen (Kap. 1). Erlanger Forschungen, Reihe A - Geisteswissenschaften.

Dann, H.-D. & Humpert, W. (1987). Eine empirische Analyse der Handlungswirksamkeit subjektiver Theorien von Lehrern in aggressionshaltigen Unterrichtsituationen. Zeitschrift für Sozialpsychologie, 18, 40-49.

Dann, H.-D., Humpert, W., Krause, F., Olbrich, Ch. & Tennstädt, K.-Ch. (1982). Alltagstheorien und Alltagshandeln. Ein neuer Forschungsansatz zur Aggressionsproblematik in der Schule. In R. Hilke & W. Kempf (Hrsg.), Aggression. Naturwissenschaftliche und kulturwissenschaftliche Perspektiven der Aggressionsforschung (S. 465-491). Bern: Huber.

Dann, H.-D., Humpert, W., Krause, F., v.Kügelgen, T., Rimele, W. & Tennstädt, K.-Ch. (1983). Arbeits- und Ergebnisbericht des Projekts 'Aggression in der Schule', Forschungsbericht Nr. 44 (zweite korrigierte Auflage). Zentrum für Bildungsforschung, Sonderforschungsbereich 23, Universität Konstanz.

Dann, H.-D. & Krause, F. (1988). Subjektive Theorien: Begleitphänomen oder Wissensbasis des Lehrerhandelns bei Unterrichtsstörungen? Psychologische Beiträge, 30, 269-291.

Dann, H.-D. & Wahl, D. (1984). Überprüfung der Handlungswirksamkeit Subjektiver Theorien. Zum Stand der Diskussion. In H.-D. Dann, W. Humpert, F. Krause & K.-Ch. Tennstädt (Hrsg.), Analyse und Modifikation Subjektiver Theorien von Lehrern. Forschungsbericht Nr. 43 (S. 177-183). Konstanz: Universität, Zentrum für Bildungsforschung, Sonderforschungsbereich 23.

Deneke, F.-W., Ahrens, S., Bühring, B., Haag, A., Lamparter, U., Richter, R. & Stuhr, U. (1987). Wie erleben sich Gesunde? Psychotherapie und medizinische Psychologie, 37, 156-160.

Dewe, B. & Radtke, F.O. (1993). Was wissen Pädagogen über ihr Können? Professionstheoretische Überlegungen zum Theorie-Praxis-Problem in der Pädagogik. In J. Oelkers & J. Tenorth (Hrsg.), Pädagogisches Wissen (S. 143- 162). Weinheim: Beltz.

Dick, A. (1994). Vom unterrichtlichen Wissen zur Praxisreflexion. Bad Heilbrunn: Klinkhardt.

Diegritz, T. (1987a). Die Analyse von Kommunikation im Gruppenunterricht. Forschungsmethodische Probleme der pragmatisch-dynamischen Methodenkombination. Jahrbuch der Deutschdidaktik (S. 84-110). Tübingen: Narr.

Diegritz, T. (1987b). Ein Instrument zur Analyse der Kommunikation im Gruppenunterricht. Revidierte Fassung der pragmatisch-dynamischen Methodenkombination. Wirkendes Wort, 5, 331-449.

Diegritz, T., Dann, H.-D. & Rosenbusch, H.S. (1991). Gruppenunterricht aus Innen- und Außenperspektive. Forschungsanlage und Analyse eines exemplarischen Falles. Projekt 'Unterrichtskommunikation', Arbeitsbericht 1. Nürnberg: Erziehungswissenschaftliche Fakultät.

Diegritz, T., Fürst, C. & Lehmann-Grube, S. (1993). Anleitung für die Transkription von Gruppenunterrichts-Sequenzen, 5. Version. Nürnberg: Sozialwissenschaftliches Forschungszentrum.

Diegritz T. & Rosenbusch, H.S. (1977). Kommunikation zwischen Schülern: schulpädagogische und linguistische Untersuchungen, didaktische Konsequenzen. München: Urban & Schwarzenberg.

Diegritz T. & Rosenbusch, H.S. (1995). Die pragmatisch-dynamische Methodenkombination (PDMK) zur Erforschung von Kommunikationsprozessen. In E. König & P. Zedler (Hrsg.), Bilanz qualitativer Forschung, Bd. II: Methoden (S. 435-451). Weinheim: Deutscher Studien Verlag.

Diegritz, T., Rosenbusch, H.S., Haag, L. & Dann, H.-D. (1999). Intragruppenprozesse und Gruppenstrukturen in Schülerarbeitsgruppen. In H.-D. Dann, T. Diegritz & H.S. Rosenbusch (Hrsg.), Gruppenunterricht im Schulalltag: Realität und Chancen (Kap. 3). Erlanger Forschungen, Reihe A, Geisteswissenschaften.

Dietrich, G. (1985). Erziehungsvorstellungen von Eltern. Ein Beitrag zur Aufklärung der subjektiven Theorie der Erziehung. Göttingen: Hogrefe.

Döring, W.O. (1925). Untersuchungen zur Psychologie des Lehrers. Leipzig: Quelle & Meyer.

Dolde, C. & Götz, K. (1995). Subjektive Theorien zu Lernformen in der betrieblichen DV-Qualifizierung. Unterrichtswissenschaft, 3, 264-287.

Doyle, W. (1977). Paradigms for research on teacher effectiveness. In L. Shulman (Ed.), Review of Research in Education, Vol. 5 (pp. 163-198). Itasca: Peacock.

Dross, M. (1991). „Warum bin ich trotz allem gesund geblieben?" Subjektive Theorien von Gesundheit am Beispiel von psychisch gesunden Frauen. In U. Flick (Hrsg.), Alltagswissen über Gesundheit und Krankheit. Subjektive Theorien und Soziale Repräsentationen (S. 59-69). Heidelberg: Asanger.

Eckerle, G.-A. & Kraak, B. (1993). Damit Psychologie praktisch wird. Göttingen: Hogrefe.

Eckert, Ch. (1981). Subjektive Theorien von Erziehern über die Förderung eigener Handlungswirksamkeit bei Heimkindern. Diplomarbeit, Psychologisches Institut, Universität Heidelberg.

Ehlich, K. & Rehbein, J. (1976). Halbinterpretative Arbeitstranskriptionen (HIAT). Linguistische Berichte, 45, 21-41.

Epstein, S. & Fenz, W. (1967). The detection of emotional stress through variations in perceptual threshold and physiological arousal. Journal of Experimental Research in Personality, 2, 191-199.

Faber, U. et al. (1981). Subjektive Theorien über Depression. Diplomarbeit, Psychologisches Institut, Universität Heidelberg.

Fazio, R.H. (1995). Attitudes as object-evaluation associations: Determinants, consequences, and correlates of attitude accessibility. In R. E. Petty & J.A. Krosnick (Eds.), Attitude strength – antecedents and consequences (pp. 247-282). Mahwah, NJ.: Lawrence Erlbaum.

Fazio, R.H. & Zanna, M.P. (1978). Attitudinal qualities relating to the strength of the attitude-behavior relationship. Journal of Experimental Social Psychology, 14, 398-408.

Fazio, R.H. & Zanna, M.P. (1981). Direct experience and attitude-behavior consistency. In L. Berkowitz (Ed.), Advances in Experimental Social Psychology (pp. 161-202). New York: Academic Press.

Feiman-Nemser, S. & Floden, R. (1986). The cultures of teaching. In M. Wittrock (Ed.), Handbook of research on teaching (pp. 505-526). New York: Macmillan.

Feldmann, K. (1979). MEAP - Eine Methode zur Erfassung der Alltagstheorien von Professionellen. In B. Schön & K. Hurrelmann (Hrsg.), Schulalltag und Empirie (S. 105-122). Weinheim: Beltz.

Fisch, R. et al. (1982). Das alltägliche Erziehungsverständnis jüngerer Mütter. Zeitschrift für Sozialisationsforschung und Erziehungssoziologie, 2, 189-207.

Fishbein, M. (1967) (Ed.). Readings in attitude theory and measurement. New York: Wiley.

Fishbein, M. & Ajzen, I. (1972). Attitudes and opinions. Annual Review of Psychology, 23, 487-544.

Fishbein, M. & Ajzen, I. (1975). Belief, attitude, intention, and behavior. Reading, MA: Addison-Wesley.

Flanders, N.A. (1970). Analyzing teacher behavior. Reading, MA: Addison-Wesley.

Flick, U. (1987). Das Subjekt als Theoretiker? Zur Subjektivität Subjektiver Theorien. In J.B Bergold & U. Flick (Hrsg.), Ein-Sichten: Zugänge zur Sicht des Subjekts mittels qualitativer Forschung (S. 125-134). Tübingen: Deutsche Gesellschaft für Verhaltenstherapie (DGVT).

Flick, U. (1989). Vertrauen, Verwalten, Einweisen. Subjektive Vertrauenstheorien in sozialpsychiatrischer Beratung. Wiesbaden: Deutscher Universitäts Verlag.

Franke, A. (1989). Gesundheit ist Spaß am Leben. Psychologie heute Spezial (Frauengesundheit), 28-33.

Fritzsch, U. (1985). Was ich kann, das tue ich. Handlungsbezogene Kognitionen als Subjektive Theorien im Erziehungsalltag. Dissertation, Psychologisches Institut, Universität Bern.

Fürst, C. (1996). Arbeitsaufträge und Lehrerinterventionen im Gruppenunterricht. Erprobung eines prozeßorientierten und sprechhandlungstheoretischen empirischen Ansatzes. Dissertation: Universität Erlangen-Nürnberg.

Fürst, C. (1999a). Methodische Rekonstruktion der Außensicht. In H.-D. Dann, T. Diegritz & H.S. Rosenbusch (Hrsg.), Gruppenunterricht im Schulalltag: Realität und Chancen (Kap. 2). Erlanger Forschungen: Reihe A - Geisteswissenschaften.

Fürst, C. (1999b). Die Rolle der Lehrkraft im Gruppenunterricht. In H.-D. Dann, T. Diegritz & H.S. Rosenbusch (Hrsg.), Gruppenunterricht im Schulalltag: Realität und Chancen (Kap. 4). Erlanger Forschungen, Reihe A - Geisteswissenschaften.

Fürst, C. & Haag, L. (1998). Lehrer-Schüler-Interaktionen im Gruppenunterricht. Ergebnisse der Außensicht. Projekt 'Unterrichtskommunikation', Arbeitsbericht 4. Nürnberg: Sozialwissenschaftliches Forschungszentrum.

Gädicke, B. & Wamsganß, H. (1986). Subjektive Theorien über Eßstörungen mit bulimarektischen Tendenzen. Diplomarbeit, Psychologisches Institut, Universität Heidelberg.

Gigerenzer, G. (1978). Artefakte in der dimensionsanalytischen Erfassung von Urteilsstrukturen. Zeitschrift für Sozialpsychologie, 9, 110-116.

Gigerenzer, G. (1981). Messung und Modellbildung in der Psychologie. München, Basel.

Glöckel, H. (1990). Vom Unterricht. Bad Heilbrunn: Klinkhardt.

Greving, J., Meyer, H. & Paradies, L. (1996). Gruppenunterricht. Oldenburger Vor-Drucke, Heft 191. Oldenburg: Zentrum für pädagogische Berufspraxis.

Groeben, N. (1986). Handeln, Tun, Verhalten als Einheiten einer verstehend-erklärenden Psychologie. Wissenschaftstheoretischer Überblick und Programmablauf zur Integration von Hermeneutik und Empirismus. Tübingen: Francke.

Groeben, N. (1988a). Explikation des Konstrukts 'Subjektive Theorie'. In N. Groeben, D. Wahl, J. Schlee & B. Scheele, Das Forschungsprogramm Subjektive Theorien. Eine Einführung in die Psychologie des reflexiven Subjekts (S. 17-24). Tübingen: Francke.

Groeben, N. (1988b). (Wissenschaftliche) Erklärungsmöglichkeiten unter Rückgriff auf Subjektive Theorien. In N. Groeben, D. Wahl, J. Schlee & B. Scheele, Das Forschungsprogramm Subjektive Theorien. Eine Einführung in die Psychologie des reflexiven Subjekts (S. 70-97). Tübingen: Francke.

Groeben, N. (1988c). Fragen, Einwände, Antworten. In N. Groeben, D. Wahl, J. Schlee, B. Scheele, Das Forschungsprogramm Subjektive Theorien. Eine Einführung in die Psychologie des reflexiven Subjekts (S. 206-253). Tübingen: Francke.

Groeben, N. & Scheele, B. (1977). Argumente für eine Psychologie des reflexiven Subjekts. Darmstadt: Steinkopff.

Groeben, N. & Scheele, B. (1986). Produktion und Rezeption von Ironie, Bd. I: Pragmalinguistische Beschreibung und psycholinguistische Erklärungshypothesen. (2. Aufl.). Tübingen: Narr.

Groeben, N. et al. (1985). Produktion und Rezeption von Ironie, Bd. II: Empirische Untersuchungen zu Bedingungen und Wirkungen ironischer Sprechakte. Tübingen: Narr.

Groeben, N., Wahl, D., Schlee, J. & Scheele, B. (1988). Das Forschungsprogramm Subjektive Theorien. Eine Einführung in die Psychologie des reflexiven Subjekts. Tübingen: Francke.

Gudjons, H. (Hrsg.) (1993a). Handbuch Gruppenunterricht. Weinheim: Beltz.

Gudjons, H. (1993b). Gruppenunterricht. Eine Einführung in Grundfragen. In H. Gudjons (Hrsg.), Handbuch Gruppenunterricht (S. 12-53). Weinheim: Beltz.

Haag, L. (1998). Die Qualität des Gruppenunterrichts im Lehrerwissen und Lehrerhandeln. Habilitation: Universität Erlangen-Nürnberg.

Haag, L. (1999). Die Qualität des Gruppenunterrichts im Lehrerwissen und Lehrerhandeln. Lengerich: Pabst.

v.Hanffstengel, U. (1997). Innere Konflikte bei Lehrkräften im Gruppenunterricht. Dissertation: Universität Erlangen-Nürnberg.

Hanke, U. (1991). Analyse und Modifikation des Sportlehrer- und Trainerhandelns. Ein Integrationsentwurf. Göttingen: Hogrefe.

Heider, F. (1958). The psychology of interpersonal relations. New York: Wiley. Dt. Übers. 1977. Psychologie der interpersonalen Beziehungen. Stuttgart: Klett.

Heider, T. & Waschkowski, R. (1982). Sechzehn Subjektive Theorien zum Konstrukt 'Partnerschaft'. Diplomarbeit, Psychologisches Institut, Universität Münster.

Hertz-Lazarowitz, R. & Shachar, H. (1990). Teacher's verbal behavior in cooperative and whole-class instruction. In S. Sharan (Ed.), Cooperative learning: Theory and research (pp. 77-94). New York: Praeger.

Heymann, H.W. (1982). Zur Erforschung subjektiver Unterrichtstheorien von Mathematiklehrern - Überlegungen zu einer empirischen Studie. Unterrichtswissenschaft, 10, 154-164.

Hinsch, R. (1979). Einstellungswandel und Praxisschock bei jungen Lehrern. Weinheim: Beltz.

Hofer, M. (1970). Zur impliziten Persönlichkeitstheorie von Lehrern. Zeitschrift für Entwicklungspsychologie und Pädagogische Psychologie, 2, 197-209.

Hofer, M. (1974). Die Schülerpersönlichkeit im Urteil des Lehrers. Eine dimensionsanalytische Untersuchung zur impliziten Persönlichkeitstheorie. Weinheim: Beltz.

Hofer, M. (1081). Informationsverarbeitung und Entscheidungsverhalten von Lehrern. München: Urban & Schwarzenberg.

Hofer, M. (1986). Sozialpsychologie erzieherischen Handelns. Wie das Denken und Handeln von Lehrern organisiert ist. Göttingen: Hogrefe.

Hofer, M. (1997). Lehrer-Schüler-Interaktion. In F.E. Weinert (Hrsg.), Enzyklopädie der Psychologie, Pädagogische Psychologie, Bd. III, Psychologie des Unterrichts und der Schule (S. 213-252). Göttingen: Hogrefe.

Hofer, M., Simons, H., Weinert, F.E., Zielinski, W., Dobrick, M. Fimpel, P. & Tacke, G. (1979). Kognitive Bedingungen individualisierenden Verhaltens von Lehrern. Abschlußbericht an die Deutsche Forschungsgemeinschaft. Heidelberg/Braunschweig.

Hofer, M., Dobrick, M., Tacke, G., Pursian, R., Grobe, R. & Preuss, W. (1982). Bedingungen und Konsequenzen individualisierenden Lehrerverhaltens. Abschlußbericht an die Deutsche Forschungsgemeinschaft, 2 Bände, Braunschweig.

Hoffmann, R. (1984). Erleben von Glück - eine empirische Untersuchung. Psychologische Beiträge, 26, 516-532.

d'Houtaud, A. & Field, M.G. (1984). The image of health: Variations in perception by social class in a French population. Sociology of Health and Illness, 6, 30-60.

Huber, G.L. (1991). Methoden des kooperativen Lernens. In E. Meyer & R. Winkel (Hrsg.), Unser Konzept: Lernen in Gruppen (S. 166-174). Hohengehren: Schneider.

Huber, G.L., Eppler, R. & Winter, M. (1986). Lernen in Gruppen: Erfahrung mir neuen sozialen Organisationsformen. Erziehungswissenschaft - Erziehungspraxis, 2, 43-47.

Huber, G.L. & Mandl, H. (1977). Konzeptionsrahmen für einen Fernstudien-Lehrgang 'Lehrertraining: Probleme entwicklungs-, verhaltens- und lerngestörter Schüler. Papier im Auftrag des Deutschen Instituts für Fernstudien: Tübingen.

Huber, G.L. & Mandl, H. (1979). Spiegeln Lehrerurteile über Schüler die implizite Persönlichkeitsstruktur der Beurteiler oder der Beurteilungsbögen? Zeitschrift für Entwicklungspsychologie und Pädagogische Psychologie, 11, 218-231.

Hunt, S.M. & Macleod, M. (1987). Health and behavioural change: some lay perspectives. Community Medicine, 9, 68-76.

Ingenkamp, K., Jäger, R.S., Petillon, H. & Wolf, B. (Hrsg.)(1992). Empirische Pädagogik 1970-1990, Bd. 2. Weinheim: Beltz.

Johannsen-Wentzler, F. (1987). Subjektive Theorien als Ansatz in einem Curriculum zur Pädagogischen Psychologie? In J. Schlee & D. Wahl (Hrsg.), Veränderung Subjektiver Theorien von Lehrern (S. 126-137). Zentrum für Pädagogische Berufspraxis, Universität Oldenburg.

Janis, I.L. & Field, P.B. (1959). Sex differences and personality factors related to persuasibility. In C.I. Hovland & I.L. Janis (Eds.), Personality and persuasibility. New Haven: Yale University Press.

Just, S. (1991). Subjektive Theorien über Wohlbefinden. Diplomarbeit, Universität Erlangen-Nürnberg.

Kebeck, G. (1982). Emotion und Vergessen. Aspekte einer Neuorientierung psychologischer Gedächtnisforschung. Münster: Aschendorff.

Kelly, G.A. (1955). The psychology of personal constructs. New York: Norton. Dt. Übers. 1986. Die Psychologie der persönlichen Konstrukte. Paderborn: Junfermann.

Kerschensteiner, G. (1921). Die Seele des Erziehers und das Problem der Lehrerbildung. München: Oldenbourg.

Kleiter, E.F. (1972). Zur differentiellen Übereinstimmung von Lehrerurteil und Testbefund. Dissertation, Universität Kiel.

Koch-Priewe, B. (1986). Subjektive didaktische Theorien von Lehrern. Tätigkeitstheorie, bildungstheoretische Didaktik und alltägliches Handeln im Unterricht. Frankfurt a.M.: Haag & Herchen.

Köhle, K., Obliers, R., Koerfer, A., Faber, J., Kaerger, H. & Mendler, T. (1995). Evaluation des Fortbildungseffektes einer Balint-Gruppe. Ein multimethodaler Ansatz. Psychosomatische und Psychosoziale Medizin, 1, 6-16.

König, E. (1995). Qualitative Forschung subjektiver Theorien. In E. König & P. Zedler (Hrsg.), Bilanz qualitativer Forschung, Bd. II: Methoden (S. 11-29). Weinheim: Deutscher Studien Verlag.

Kornadt, H.-J. (1982). Aggressionsmotiv und Aggressionshemmung. Bd. I: Empirische und theoretische Untersuchungen zu einer Motivationstheorie der Aggression und zur Konstruktvalidierung eines Aggressions-TAT. Bern: Huber.

Krause, F. (1986). Subjective theories of teachers: reconstruction through stimulated recall, interviews, and graphic representation of teacher thinking. In M. Ben-Peretz, R. Bromme & R. Halkes (eds.), Advances of research on teacher thinking (pp. 159-171). Lisse: Swets & Zeitlinger.

Krause, F. & Dann, H.-D. (1986). Die Interview- und Legetechnik zur Rekonstruktion kognitiver Handlungsstrukturen ILKHA. Ein unterrichtsnahes Verfahren zur Erfassung potentiell handlungswirksamer subjektiver Theorien von Lehrern. Projekt 'Aggression in der Schule', Arbeitsbericht 9. Konstanz: Sozialwissenschaftliche Fakultät.

Kröll, M. (1989). Lehr-Lernplanung. Grenzen und Möglichkeiten. Müller Botermann.

Kutner, B., Wilkins, C. & Yarrow, P.R. (1952). Verbal attitudes and overt behavior involving racial prejudice. Journal of Abnormal and Social Psychology, 47, 649-652.

Langfeldt, H.P. & Langfeldt-Nagel, M. (1990). Rekonstruktion und Validierung prototypischer Alltagstheorien aggressiven Verhaltens. Sprache und Kognition, 9, 12-25.

LaPiere, R.T. (1934). Attitudes versus actions. Social Forces, 13, 230-237.

Laucken, U. (1974). Naive Verhaltenstheorie. Stuttgart: Klett.

Laucken, U. (1982). Aspekte der Auffassung und Untersuchung von Umgangswissen. Schweizerische Zeitschrift für Psychologie und ihre Anwendungen, 41, 87-113.

Lazarus, R.L. (1966). Psychological stress and coping. New York: McGraw Hill.

Lehmann-Grube, S. (1998). Wenn alle Gruppen arbeiten, dann ziehe ich mich zurück. Elemente sozialer Repräsentationen in Subjektiven Theorien von Lehrkräften über ihren eigenen Gruppenunterricht. Dissertation: Universität Erlangen-Nürnberg.

Lehmann-Grube, S. (1999). Die innere Logik des Lehrerhandelns im Gruppenunterricht und ihre sozialen Ursprünge. In H.-D. Dann, T. Diegritz & H.S. Rosenbusch (Hrsg.), Gruppenunterricht im Schulalltag: Realität und Chancen (Kap. 6). Erlanger Forschungen, Reihe A - Geisteswissenschaften.

Lehmann-Grube, S.& Dann, H.-D. (1999). Methodische Rekonstruktion der Innensicht. In H.-D. Dann, T. Diegritz & H.S. Rosenbusch (Hrsg.), Gruppenunterricht im Schulalltag: Realität und Chancen (Kap. 5). Erlanger Forschungen, Reihe A - Geisteswissenschaften.

Leinhardt, G. (1989). Development of an expert explanation: An analysis of a sequence of substraction lessons. In L.B. Resnick (Ed.), Knowing, learning, and instruction (pp. 67-124). Hillsdale, NJ: Erlbaum.

Leutner, D. (1992). Adaptive Lernsysteme. Weinheim: Psychologie Verlags Union.

Lewin, K. (1969). Grundzüge der topologischen Psychologie. Bern: Huber.

Lohaus, A. & Wortmann, K.H. (1983). Subjektive Persönlichkeitstheorien: Ein Vergleich direkter und indirekter Erhebungsmethoden. Psychologische Beiträge, 25, 194-207.

Lucchetti, S. (1991). Zwischen Herausforderung und Bedrohung. Subjektive Krankheitstheorien bei HIV-Infektion und AIDS. In U. Flick (Hrsg.), Alltagstheorien über Gesundheit und Krankheit. Subjektive Theorien und Soziale Repräsentationen (S. 144-159). Heidelberg: Asanger.

Mähler, B. & Schröder, S. (1991). Kleines Schullexikon für Lehrer in den neuen Bundesländern. Frankfurt a.M.: Cornelsen Scriptor.

Mandl, H. & Huber, G.L. (1983). Subjektive Theorien von Lehrern. Psychologie in Erziehung und Unterricht, 30, 98-112.

Mandl, H., Lohmöller, J.B. & Hanke, B. (1975). Schichtspezifische Faktorenstrukturen in Schülerbeurteilungen? Unterrichtswissenschaft, 3, 19-29.

Mattes, P. (1991). Gesundheit und Krankheit im internationalen Vergleich. Einstellungen in Großbritannien und der Bundesrepublik. In U. Flick (Hrsg.), Alltagstheorien über Gesundheit und Krankheit. Subjektive Theorien und Soziale Repräsentationen (87-98). Heidelberg: Asanger.

Mayr, J., Eder, F. & Fartacek, W. (1991). Mitarbeit und Störung im Unterricht: Strategien pädagogischen Handelns. Zeitschrift für Pädagogische Psychologie, 5(1), 43-55.

McManus, S.M. & Gettinger, M. (1996). Teacher and student evaluations of cooperative learning and observed interactive behaviors. The Journal of Educational Research, 90 (1), 13-22.

Meyer, E. (1983). Gruppenunterricht. Grundlegung und Beispiel. (8. Aufl.). Oberursel: Wunderlich.

Meyer, E. & Winkel, R. (Hrsg.) (1991). Unser Konzept: Lernen in Gruppen. Begründungen, Forschungen, Praxishilfen. Hohengehren: Schneider.

Meyer, H. (1991). Unterrichtsmethoden II: Praxisband. 4. Aufl., Frankfurt a.M.: Scriptor.

Miller, G.A., Galanter, E. & Pribram, K.H. (1960). Plans and the structure of behavior. London: Holt, Rinehard & Winston.

Millstein, S.G. & Irwin, C.E.Jr. (1987). Concepts of health and illness. Different constructs or variations on a theme. Health Psychology, 6, 515-524.

Minard, R.D. (1952). Race relations in the Pocahontas coal field. Journal of Social Issues, 8, 29-44.

Moor, R. (1983). Subjektive Theorien und Handlungsorganisation von Sportlehrern unter besonderer Berücksichtigung des Umgangs mit Leistungsschwächeren. Lizentiatsarbeit, Universität Fribourg (Schweiz).

Müller-Fohrbrodt, G., Cloetta, B. & Dann, H.-D (1978). Der Praxisschock bei jungen Lehrern. Formen - Ursachen - Folgerungen. Eine zusammenfassende Bewertung der theoretischen und empirischen Erkenntnisse. Stuttgart: Klett.

Mulryan, C.M. (1992). Student passivity during cooperative small groups in mathematics. Educational Research, 85(5), 261-273.

Mulryan, C.M. (1994). Perceptions of intermediate students' cooperative small group work in mathematics. Educational Research, 87(5), 280-291.

Mummendey, A. (1979). Zum gegenwärtigen Stand der Erforschung der Einstellungs-Verhaltens-Konsistenz. In H.D. Mummendey (Hrsg.), Einstellung und Verhalten. Psychologische Untersuchungen in natürlicher Umgebung (S. 13-30). Bern: Huber.

Mutzeck, W. (1983). Problemorientiertes Lehrertraining. In W. Mutzeck & W. Pallasch (Hrsg.), Handbuch zum Lehrertraining: Konzepte und Erfahrungen (S. 117-135). Weinheim: Beltz.

Mutzeck, W. (1984). Erziehungsorientiertes Lehrertraining - Eine transferbezogene Trainingskonzeption im Rahmen schulinterner Lehrerfortbildung. In W. Mutzeck & W.

Pallasch (Hrsg.), Integration verhaltensgestörter Schüler - praktische Modelle und Versuche (S. 189-198). Weinheim: Beltz.

Mutzeck, W. (1987). Rekonstruktion und Analyse Subjektiver Theorien. Dissertation: Universität Oldenburg.

Mutzeck, W. (1987a). Schwierige Situationen im Berufsalltag und Wege ihrer Bewältigung. Ein Fortbildungskurs zur Modifikation subjektiver psychologischer Theorien. In J. Schlee & D. Wahl (Hrsg.), Veränderung Subjektiver Theorien von Lehrern (S. 152-173). Universität Oldenburg.

Mutzeck, W. (1988). Von der Absicht zum Handeln. Rekonstruktion und Analyse Subjektiver Theorien zum Transfer von Fortbildungsinhalten in den Berufsalltag. Weinheim: Deutscher Studien Verlag.

Nisbett, R.E. & Wilson, T.D. (1977). Telling more than we can know: Verbal reports on mental processes. Psychological Review, 84, 231-259.

Norman, R. (1975). Affective-cognitive consistency, attitudes, conformity, and behavior. Journal of Personality and Social Psychology, 32, 83-91.

Nowak, W. & Kammer, D. (1987). Self-presentation: Social skills and inconsistency as independent facets of self-monitoring. European Journal of Personality, 1, 61-77.

Nürnberger Projektgruppe (2000). Gruppenunterricht konkret. Handreichungen für den Schulalltag auf empirischer Basis. Stuttgart: Klett.

Nüse, R. (1987). Halbstandardisierter Interview-Leitfaden zur Erhebung subjektiv-theoretischer Wertungen und Wertungsbegründungen zum Konzept 'Selbstironie'. Unveröffentl. Seminararbeit, Psychologisches Institut, Universität Heidelberg.

Obliers, R. (1992). Die programmimanente Güte der Dialog-Konsens-Methodik. Approximation an die ideale Sprechsituation. In B. Scheele (Hrsg.), Struktur-Lege-Verfahren als Dialog-Konsens-Methodik. Ein Zwischenfazit zur Forschungsentwicklung bei der rekonstruktiven Erhebung Subjektiver Theorien (S. 198-230). Münster: Aschendorff.

Obliers, R. (1995). Subjektive Welten. Rekonstruktion subjektiver Identitätsmodelle und Extrapolationen. Habilitationsschrift, Universität Köln.

Obliers, R. & Vogel, G. (1992). Subjektive Autobiographie-Theorien als Indikatoren mentaler Selbstkonfiguration. In B. Scheele (Hrsg.), Struktur-Lege-Verfahren als Dialog-Konsens-Methodik. (S. 296-332). Münster: Aschendorff.

Paetsch, G.H. (1985). Das subjektive Konstrukt 'Verantwortung' in der Therapeut-Patient-Beziehung - untersucht mit der SLT. Diplomarbeit, Psychologisches Institut, Universität Hamburg.

Paetsch, G.H. & Birkhan, G. (1987). Das subjektive Konstrukt 'Verantwortung' in der Therapeut-Patient-Beziehung - untersucht mit Hilfe der Struktur-Lege-Technik (SLT). In J.B. Bergold & U. Flick (Hrsg.), Ein-Sichten. Zugänge zur Sicht des Subjekts mittels qualitativer Forschung (S. 71-84). Tübingen: DGVT.

Pajares, M.F. (1992). Teachers' beliefs and educational research: Cleaning up a messy construct. Review of Educational Research, 62, 307-332.

Pierret, J. (1988). What social groups think they can do about health. In R. Anderson et al. (Eds.), Health behaviour research and health promotion (pp. 45-52). Oxford: University Press.

Pill, R. (1988). Health beliefs and behaviour in the home. In R. Anderson et al. (Eds.), Health behaviour research and health promotion (pp. 140-153). Oxford: University Press.

Ramseier, E. (1979). Alltagstheorien über Mutter-Kind-Interaktionen. Versuche zur Auswertung von Handlungsinterpretationen. Lizentiatsarbeit, Psychologisches Institut, Universität Bern.

Regan, D.T. & Fazio, R.H. (1977). On the consistency between attitudes and behavior: Look to the method of attitude formation. Journal of Experimental Social Psychology, 45, 513-527.

Renkl, A. (1996). Träges Wissen: Wenn Erlerntes nicht genutzt wird. Psychologische Rundschau, 47, 78-92.

Renkl, A. (1996a). Lernen durch Lehren: Seine Bedeutung beim kooperativen Lernen. Habilitation: Universität München.

Rheinberg, F. (1980). Leistungsbewertung und Lernmotivation. Göttingen: Hogrefe.

Rheinberg, F. & Elke, G.E. (1979). Wie naiv ist die 'naive' Psychologie von Lehrern? In L. Eckensberger (Hrsg.), Bericht über den 31. Kongreß der Deutschen Gesellschaft für Psychologie in Mannheim, 1978, Bd. 2 (S. 45-47). Göttingen: Hogrefe.

Rokeach, M. (1968). Beliefs, attitudes, and values. San Francisco: Jossey-Bass.

Rosenbusch, H.S. (1994). Die Schülerprofilanalyse. Arbeitsanleitung, 12. Version. Nürnberg: Sozialwissenschaftliches Forschungszentrum.

Rosenbusch, H.S., Dann, H.-D. & Diegritz, T. (1991). Neuere Untersuchungen zum Gruppenunterricht: Subjektive Theorien von Lehrern zum Gruppenunterricht und die beobachtbare Unterrichtsrealität. In E. Meyer & R. Winkel (Hrsg.), Unser Konzept: Lernen in Gruppen. Begründungen, Forschungen, Praxishilfen (S. 118-132). Hohengehren: Schneider.

Rotering-Steinberg, R. (1981). (Hrsg.). Fernsehkolleg Schülerprobleme - Lehrerprobleme. Studien und Berichte zum Fernstudium im Medienverbund, Bd. 29. Deutsches Institut für Fernstudien an der Universität Tübingen.

Rotering-Steinberg, S. (1992). Gruppenpuzzle und Gruppenanalyse. Pädagogik, 48(1), 27-30.

Roth, H.-G. (1984). Kognitive Determinanten des Zusammenhangs von Einstellung und Verhalten. Kontextberücksichtigende Evaluationen und Kontrolle des Verhaltens. Pfaffenweiler: Centaurus.

Rotter, J.B. (1966). Generalized expectancies for internal versus external control of reinforcement. Psychological Monographs, 80, Whole No. 609.

Ruff, F.M. (1991). Gesundheitsgefährdungen durch Umweltbelastungen. Ein neues Deutungsmuster. In U. Flick (Hrsg.), Alltagswissen über Gesundheit und Krankheit. Subjektive Theorien und Soziale Repräsentationen (S. 101-115). Heidelberg: Asanger.

Rustemeyer, R., Bentler, A. & König, E. (1995). Subjektive Verarbeitung neuer Technologien: Eine Erkundungsstudie anhand der Inhaltsanalyse von Interviewtexten. In E. König & P. Zedler (Hrsg.), Bilanz qualitativer Forschung, Bd. 2: Methoden (S. 587-618). Weinheim: Deutscher Studien Verlag.

Salancik, G.R. (1982). Attitude-behavior consistencies as social logics. In M.P. Zanna (Ed.), Consistency in social behavior. The Ontario symposium. Vol. 2. Hillsdale: Erlbaum.

Scheele, B. (1988). Rekonstruktionsadäquanz: Dialog-Hermeneutik. In N. Groeben, D. Wahl, J. Schlee & B. Scheele, Das Forschungsprogramm Subjektive Theorien. Eine Einführung in die Psychologie des reflexiven Subjekts (S. 126-179). Tübingen: Francke.

Scheele, B. & Groeben, N. (1984). Die Heidelberger Struktur-Lege-Technik (SLT). Eine Dialog-Konsens-Methode zur Erhebung Subjektiver Theorien mittlerer Reichweite. Weinheim: Beltz.

Scheele, B. & Groeben, N. (1986). Methodological Aspects of Illustrating the Cognitive-Reflective Function of Aesthetic Communication. Employing a Structure-Formation-Technique with Readers of (Positive) Literary Utopias. Poetics, 15, 527-554.

Scheele, B. & Groeben, N. (1988a). Dialog-Konsens-Methoden zur Rekonstruktion Subjektiver Theorien. Tübingen: Francke.

Scheele, B. & Groeben, N. (1988b). Probleme bzw. Gegenstandsbereiche ohne (direkten) Lösungsanspruch. In N. Groeben, D. Wahl, J. Schlee & B. Scheele, Das Forschungsprogramm Subjektive Theorien. Eine Einführung in die Psychologie des reflexiven Subjekts (S. 35-47). Tübingen: Francke.

Scheele, B., Groeben, N. & Christmann, U. (1992). Alltagssprachliches Struktur-Lege-Spiel als Flexibilisierungsversion. In B. Scheele (Hrsg.), Struktur-Lege-Verfahren als Dialog-Konsens-Methodik. Ein Zwischenfazit zur Forschungsentwicklung bei der rekonstruktiven Erhebung Subjektiver Theorien (S. 152-195). Münster: Aschendorff.

Schlee, J. (1988). Menschenbildannahmen: vom Verhalten zum Handeln. In N. Groeben, D. Wahl, J. Schlee & B. Scheele, Das Forschungsprogramm Subjektive Theorien. Eine Einführung in der Psychologie des reflexiven Subjekts (S. 11-17). Tübingen: Francke.

Schlegel, R.P. & DiTecco, D. (1982). Attitudinal structures and the attitude-behavior relation. In M.P. Zanna, E.T. Higgins & C.P. Herman (Eds.), Consistency in social behavior. The Ontario symposium. Vol. 2. Hillsdale: Lawrence Erlbaum.

Schlottke, P.F. & Wahl, D. (1983). Stress und Entspannung im Unterricht. Trainingshilfen für Lehrer. Mit Tonkassette. München: Max Hueber.

Schmid-Furstoss, U. (1990). Subjektive Theorien von Unselbständigkeit und Selbständigkeit bei Seniorinnen aus Lebensumwelten mit unterschiedlichen Autonomieanforderungen. Münster: Lit.-Verlag.

Schreckling, J. (1986). Zur Identifizierung routinierter versus problembelasteter Handlungssteuerung beim Unterrichten. Unterrichtswissenschaft, 14, 190-205.

Schütz, A. (1953/54). Common sense and scientific interpretation of human action. Philosophy and Phenomenological Research, 16, 1-37.

Schulze, C. & Welters, L. (1991). Geschlechts- und altersspezifisches Gesundheitsverständnis. In U. Flick (Hrsg.), Alltagswissen über Gesundheit und Krankheit. Subjektive Theorien und Soziale Repräsentationen (S. 70-86). Heidelberg: Asanger.

Schwab, A. (1989). Einzelfallanalytische Betrachtung subjektiver Krankheitstheorien: Eine Untersuchung krebskranker Menschen und ihren Ehepartnern anhand der Heidelberger- Struktur-Lege-Technik. Diplomarbeit, Psychologisches Institut, Universität Trier.

Semin, G.R., Rosch, E., Krolage, J. & Chassein, J. (1981). Alltagswissen als implizite Basis für 'wissenschaftliche' Persönlichkeitstheorien: Eine sozialpsychologische Untersuchung. Zeitschrift für Sozialpsychologie, 12, 233-242.

Sharan, S. (Ed.) (1990). Cooperative Learning. Theory and research. New York: Praeger.

Shulman, L.S. (1986). Paradigms and research programs in the study of teaching. In M.C. Wittrock (Ed.), Handbook of research on teaching (pp. 3-36). New York: Macmillan.

Sivacek, J. & Crano, W.D. (1982). Vested interest as a moderator of attitude behavior consistency. Journal of Personality and Social Psychology, 43, 210-221.

Six, B. (1988). Einstellungen, Stereotype und Vorurteile. In S. Kowal (Hrsg.), Sozialpsychologie als Unterrichtsfach (S. 16-51). Bonn: Deutscher Psychologen Verlag.

Six, B. (1998). Moderatoren der Einstellungs-Verhaltens Relation. In E.H. Witte (Hrsg.), Sozialpsychologie der Kognition: Soziale Repräsentationen, subjektive Theorien, soziale Einstellungen (S. 206-228). Berlin: Pabst.

Six, B. & Eckes, T. (1996). Attitude-behavior relations: A comprehensive meta-analysis of 887 studies published between 1927 and 1993. Montreal, Canada: XXVI International Congress of Psychology.

Slavin, R.E. (1995). Cooperative learning: Theory, research, and practice (2nd ed.). Boston: Allyn & Bacon.

Snyder, M.L. (1979). Self-monitoring processes. In L. Berkowitz (Ed.), Advances in experimental social psychology. Vol. 12. New York: Academic Press.

Snyder, M. (1987). Public appearances, private realities. New York: Freeman.

Snyder, M. & Kendziersky, D. (1982). Acting on one's attitudes: Procedures for linking attitude and behavior. Journal of Experimental Social Psychology, 18, 165-183.

Sohns, R. (1991). Dialog-konsensuale Rekonstruktion des Rückfallgeschehens mit betroffenen Alkoholabhängigen. Eine Pilotstudie zur Erfassung Subjektiver Theorien kurzer Reichweite in der Alkoholismusforschung. Diplomarbeit, Universität Heidelberg.

Stössel, A. (1989). Subjektive Theorien von Patienten mit Morbus Cohn und Colitis ulcerosa über ihre Krankheit. Diplomarbeit, Psychologisches Institut, Universität Heidelberg.

Tausch, R. & Tausch, A. (1979). Erziehungspsychologie. Göttingen: Hogrefe.

Tennstädt, K.-Ch., Krause, F., Humpert, W. & Dann, H.-D. (1990-1996). Das Konstanzer Trainingsmodell (KTM): Neue Wege im Schulalltag: Ein Selbsthilfeprogramm für zeitgemäßes Unterrichten und Erziehen. Einführung (2. Auflage 1991). Bd. 1, Trainingshandbuch (3. korrig. und erweit. Aufl. 1996). Bd. 2, Theoretische Grundlagen, Beschreibung der Trainingsinhalte und erste empirische Überprüfung (Nachdruck 1990). Bd. 3, Evaluation des Trainingserfolgs im empirischen Vergleich (Nachdruck 1992). Bd 4, Handbuch für Multiplikatoren, Seminar- und Schulleiter sowie Schulaufsichtsbehörden (2. Erweit. Auflage 1992). Bern: Huber.

Testkuratorium der Föderation deutscher Psychologenverbände (1986). Beschreibung der einzelnen Kriterien für die Testbeurteilung. Diagnostica, 32, 358-360.

Thomas, W.I. & Znaniecki, F. (1918). The Polish peasant in Europe and America. Boston: Badger.

Thommen, B., Amman, R. & v.Cranach, M. (1988). Handlungsorganisation durch Soziale Repräsentationen. Bern: Huber.

Thurke, M. (1991). Chronische Polyarthritis: Vorstellungen junger Rheumatikerinnen zu Verursachung und Verlauf. In U. Flick (Hrsg.), Alltagswissen über Gesundheit und Krankheit. Subjektive Theorien und Soziale Repräsentationen (S. 160-173). Heidelberg: Asanger.

Treiber, B. (1981). Erklärung von Förderungseffekten in Schulklassen durch Merkmale subjektiver Unterrichtstheorien ihrer Lehrer. In W. Michaelis (Hrsg.), Bericht über den 32. Kongreß der Deutschen Gesellschaft für Psychologie in Zürich 1980, Bd. 2 (S. 631-634). Göttingen: Hogrefe.

Treutlein, G., Janalik, H. & Hanke, U. unter Mitarbeit von Ingenkamp, F. (1989). Wie Sportlehrer wahrnehmen, denken, fühlen und handeln. Ein Arbeitsbuch zur Diagnose und Veränderung von individuellem Lehrerhandeln. Köln: Strauß.

Triandis, H.C. (1975). Einstellungen und Einstellungsänderungen. Weinheim: Beltz.

Triandis, H.C. (1977). Interpersonal behavior. Monterey: Brooks-Cole.

Triandis, H.C. (1980). Values, attitudes, and interpersonal behavior. In H.E. Howe & M.M. Page (Eds.), Nebraska Symposium on Motivation. Vol. 27 (pp. 195-259). Lincoln: University of Nebraska Press.

Ulich, D., Haußer, K., Mayring, P., Alt, B., Strehmel, P. & Grünwald, H. (1981). Prozeßanalyse kognitiver Kontrolle. In W. Michaelis (Hrsg.), Bericht über den 32. Kongreß der Deutschen Gesellschaft für Psychologie in Zürich 1980, Bd. 2 (S. 634-635). Göttingen: Hogrefe.

Ulich, D., Haußer, K., Mayring, P., Strehmel, P., Kandler, M. & Degenhardt, B. (1985). Psychologie der Krisenbewältigung. Eine Längsschnittuntersuchung mit arbeitslosen Lehrern. Weinheim: Beltz.

Wabel, W. (1998). Sportliche Aktivitäten als Stimmungsmacher. Subjektive Theorien zum Stimmungsmanagement im Alltag mittels sportlicher Aktivitäten. Dissertation, Universität Bayreuth.

Wagner, A.C. (1993). Über das sich Imperieren. Berichte aus dem Arbeitsbereich Pädagogische Psychologie. Fachbereich Erziehungswissenschaften: Universität Hamburg.

Wagner, A.C., Barz, M., Maier-Störmer, S., Uttendorfer-Marek, I. & Weidle, R. (1984). Bewußtseinskonflikte im Schulalltag. Denkknoten bei Lehrern und Schülern erkennen und lösen. Weinheim: Beltz.

Wagner, A.C., Maier, S., Uttendorfer-Marek, I. & Weidle, R. (1980). Die Analyse von Knoten und Handlungsstrategien bei Lehrern und Schülern. Unterrichtswissenschaft, 8, 382-392.

Wagner, A.C., Maier, S., Uttendorfer-Marek, I. & Weidle, R. (1981). Unterrichtspsychogramme. Was in den Köpfen von Lehrern und Schülern vorgeht. Reinbek: Rowohlt.

Wagner, A.C., Uttendorfer-Marek, I. & Weidle, R. (1977). Die Analyse von Unterrichtsstrategien mit der Methode des 'Nachträglichen Lauten Denkens' von Lehrern und Schülern zu ihrem unterrichtlichen Handeln. Unterrichtswissenschaft, 5, 244-250.

Wagner, R.F. (1995). Kontrollüberzeugungen bei chronischer Pankreatitis. Das Forschungsprogramm Subjektive Theorien und klassische Fragebogenforschung im Vergleich. Münster: Aschendorff.

Wahl, D. (1979). Methodische Probleme bei der Erfassung handlungsleitender und handlungsrechtfertigender subjektiver psychologischer Theorien von Lehrern. Zeitschrift für Entwicklungspsychologie und Pädagogische Psychologie, 11, 208-217.

Wahl, D. (1981a). Subjektive psychologische Theorien: Möglichkeiten zur Rekonstruktion und Validierung, am Beispiel der handlungssteuernden Kognitionen von Lehrern. In W. Michaelis (Hrsg.), Bericht über den 32. Kongreß der Deutschen Gesellschaft für Psychologie in Zürich, Bd. 2 (S. 625-631). Göttingen: Hogrefe.

Wahl, D. (1981b). Methoden zur Erfassung handlungssteuernder Kognitionen von Lehrern. In M. Hofer (Hrsg.), Informationsverarbeitung und Entscheidungsverhalten von Lehrern. Beiträge zu einer Handlungstheorie des Unterrichtens (S. 49-77). München: Urban & Schwarzenberg.

Wahl, D. (1981c). Psychologisches Alltagswissen im Unterricht. In H.-J. Fietkau & D. Görlitz (Hrsg.), Umwelt und Alltag in der Psychologie (S. 67-90). Weinheim: Beltz.

Wahl, D. (1982). Handlungsvalidierung. In G.L. Huber & H. Mandl (Hrsg.), Verbale Daten. Eine Einführung in die Grundlagen und Methoden der Erhebung und Auswertung (S. 259-274). Weinheim: Beltz.

Wahl, D. (1988a). Realitätsadäquanz: Falsifikationskriterium. In N. Groeben, D. Wahl, J. Schlee & B. Scheele, Das Forschungsprogramm Subjektive Theorien. Eine Einführung in die Psychologie des reflexiven Subjekts (S. 180-205). Tübingen: Francke.

Wahl, D. (1988b). Die bisherige Entwicklung des FST. In N. Groeben, D. Wahl, J. Schlee & B. Scheele, Das Forschungsprogramm Subjektive Theorien. Eine Einführung in die Psychologie des reflexiven Subjekts (S. 254-291). Tübingen: Francke.

Wahl, D. (1988c). Generelle Forschungsdesiderate für die mittel- und langfristige Entwicklung. In N. Groeben, D. Wahl, J. Schlee & B. Scheele, Das Forschungsprogramm Subjektive Theorien. Eine Einführung in die Psychologie des reflexiven Subjekts (S. 310-329). Tübingen: Francke.

Wahl, D. (1991). Handeln unter Druck. Der weite Weg vom Wissen zum Handeln bei Lehrern, Hochschullehrern und Erwachsenenbildnern. Weinheim: Deutscher Studien Verlag.

Wahl, D., Schlee, I., Krauth, J. & Mureck, J. (1983). Naive Verhaltenstheorie von Lehrern. Abschlußbericht eines Forschungsvorhabens zur Rekonstruktion und Validierung subjektiver psychologischer Theorien. Zentrum für pädagogische Berufspraxis, Universität Oldenburg.

Weigel, R.H. & Newman, L.S. (1976). Increasing attitude-behavior correspondence by broadening the scope of the behavioral measure. Journal of Personality and Social Psychology, 33, 793-802.

Weinert, F.E. (1977). Pädagogisch-psychologische Beratung als Vermittlung zwischen subjektiven und wissenschaftlichen Verhaltenstheorien. In W. Arnhold (Hrsg.), Texte zur Schulpsychologie und Bildungsberatung, Bd. 2 (S. 7-34). Braunschweig: Westermann.

Weinert, F.E. & Rotering-Steinberg, S. (1981). Schülerprobleme - Lehrerprobleme. Ein Lehrertraining für schwierige Situationen in der Klasse. Bericht über erste Erfahrungen mit einem Fernstudienprogramm. Zur Lehrerweiterbildung. Unterrichtswissenschaft, 9, 64-69.

Werbik, H. (1978). Handlungstheorien. Stuttgart: Kohlhammer.

Wicker, A.W. (1969). Attitudes versus actions: The relationship of verbal and overt responses to attitude objects. Journal of Social Issues, 25, 41-78.

Witte, E.H. (1994). Lehrbuch Sozialpsychologie: Beltz: Weinheim.

Wortmann, K.H. (1983). Alltagspsychologie der sozialen Durchsetzung. Eine Studie zur Handlungsrelevanz alltagspsychologischen Wissens. Münster: Lit.-Verlag.

Wutsch, W. (1985). Subjektive Theorien und Selbstkontrolle des Stotterns anhand einer Fallstudie. Diplomarbeit, Psychologisches Institut, Universität Heidelberg.

Zanna, M.P. & Fazio, R.H. (1982). The attitude-behavior relation: Moving toward a third generation of research. In M.P. Zanna, E.T. Higgins & C.P. Herman (Eds.), Consistency in social behavior. The Ontario Symposium. Vol. 2 (pp. 283-301). Hillsdale: Lawrence Erlbaum.

Zanna, M.P. & Olson, J.M. (1982). Individual differences in attitudinal relations. In M.P. Zanna, E.T. Higgins & C.P. Herman (Eds.), Consistency in social behavior. The Ontario Symposium. Vol. 2. Hillsdale: Lawrence Erlbaum.

Verzeichnis der Abbildungen

Verzeichnis der Tabellen

Anhang A:

Drei ausgewählte Subjektive Theorien

Von den insgesamt zehn Subjektiven Theorien, die für diese Arbeit erhoben wurden, werden hier drei Subjektive Theorien abgebildet. Die Subjektiven Theorien der Lehrkräfte 06 und 07 wurden ausgewählt, weil sehr viele Beispiele in der vorliegenden Arbeit daraus entnommen sind, die Subjektive Theorie von Lehrkraft 14 wurde als Beispiel für die sehr komplexe Struktur eines Berufsanfängers ausgewählt.

Subjektive Theorie 06

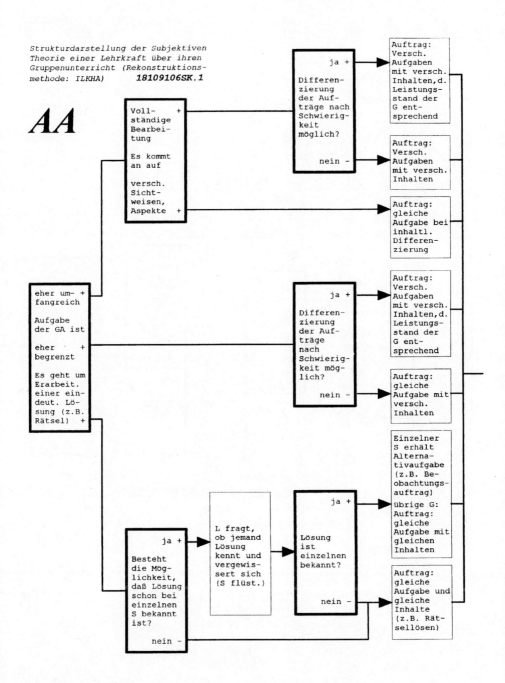

Strukturdarstellung der Subjektiven
Theorie einer Lehrkraft über ihren
Gruppenunterricht (Rekonstruktions-
methode: ILKHA)   **18109106SK.1**

AA

Vollständige Bearbeitung   +

Es kommt an auf

versch. Sichtweisen, Aspekte   +

Differenzierung der Aufträge nach Schwierigkeit möglich?   ja +   nein −

Auftrag: Versch. Aufgaben mit versch. Inhalten, d. Leistungsstand der G entsprechend

Auftrag: Versch. Aufgaben mit versch. Inhalten

Auftrag: gleiche Aufgabe bei inhaltl. Differenzierung

eher umfangreich   +

Aufgabe der GA ist

eher begrenzt   +

Es geht um Erarbeit. einer eindeut. Lösung (z.B. Rätsel)   +

Differenzierung der Aufträge nach Schwierigkeit möglich?   ja +   nein −

Auftrag: Versch. Aufgaben mit versch. Inhalten, d. Leistungsstand der G entsprechend

Auftrag: gleiche Aufgabe mit versch. Inhalten

Besteht die Möglichkeit, daß Lösung schon bei einzelnen S bekannt ist?   ja +   nein −

L fragt, ob jemand Lösung kennt und vergewissert sich (S flüst.)

Lösung ist einzelnen bekannt?   ja +   nein −

Einzelner S erhält Alternativaufgabe (z.B. Beobachtungsauftrag) übrige G: Auftrag: gleiche Aufgabe mit gleichen Inhalten

Auftrag: gleiche Aufgabe und gleiche Inhalte (z.B. Rätsellösen)

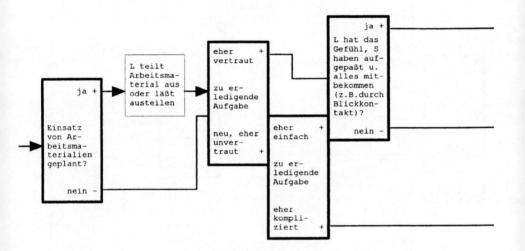

GA

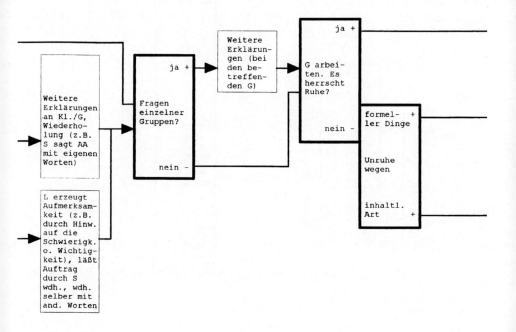

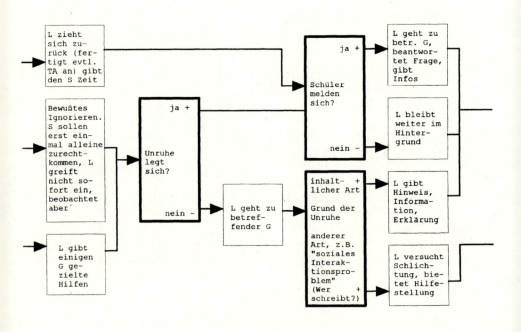

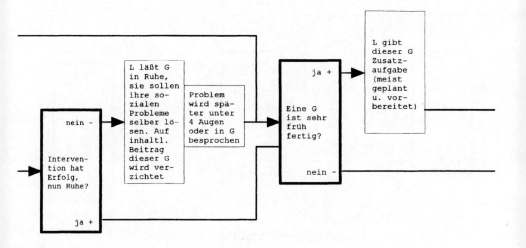

ILKHA 18109106SK.6

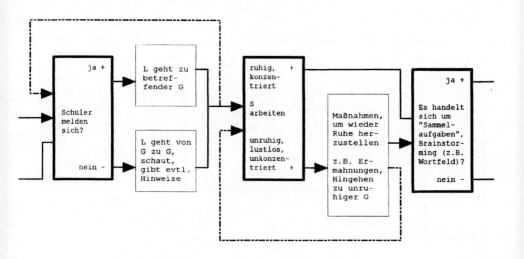

AW

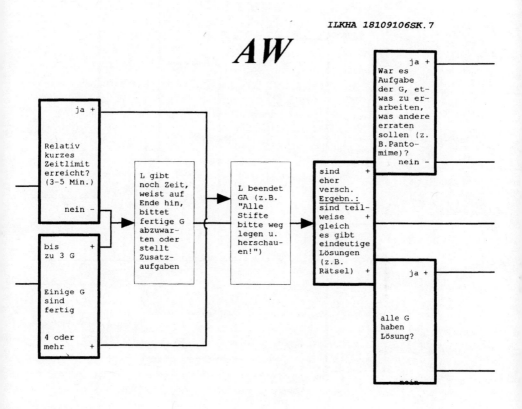

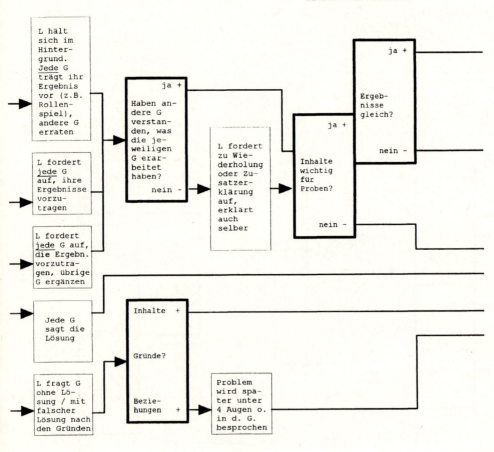

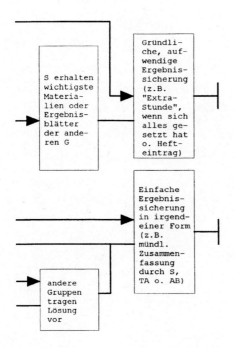

Subjektive Theorie 07

AA

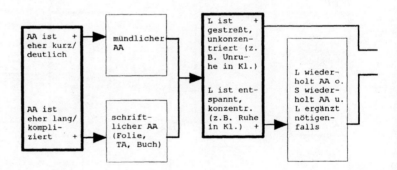

GA

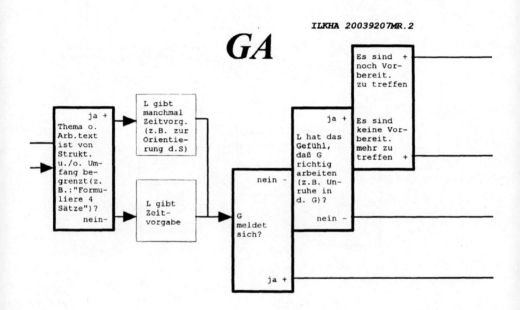

L erledigt Vorberei-tungen (z.B. TA, Folie)

L hält sich bewußt zurück

L geht zu einzelnen G u. über-prüft, ob AA ver-standen wurde

L geht zu G; gibt Zusatzin-formatio-nen (weiteres Beispiel)

AA wurde über-wiegend verstan-den?

ja +

nein -

L unter-bricht GA, wieder-holt AA und gibt Beispiele

Es sind + noch Vor-bereit. zu treffen

Es sind keine Vor-bereit. mehr zu treffen (TA, Fo-lie) +

L erledigt diese Vor-bereitun-gen (z.B. TA/Folie)

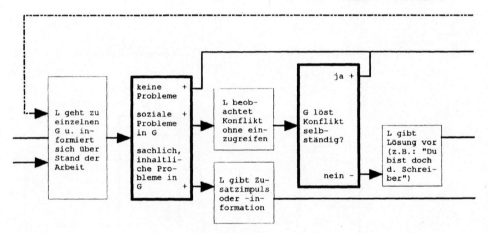

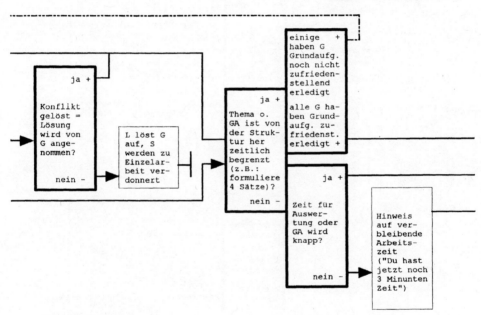

AW

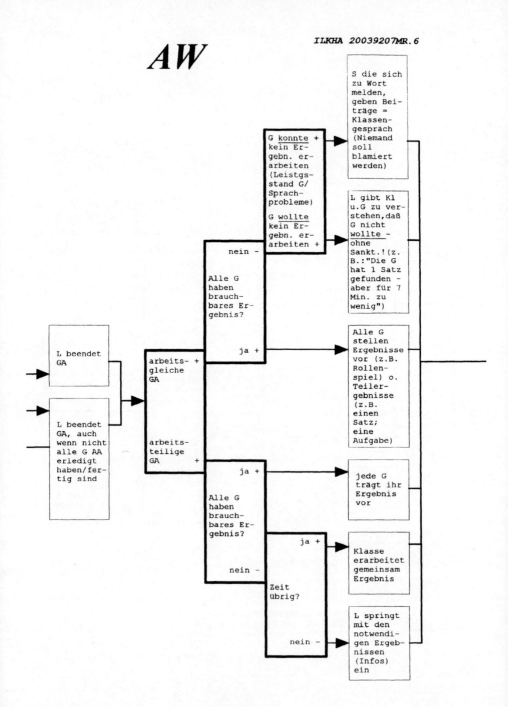

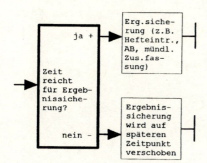

Subjektive Theorie 14

AA

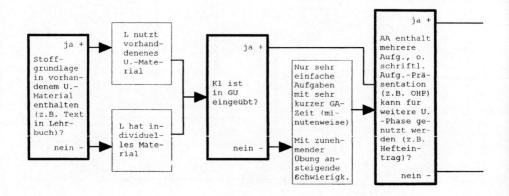

02029514BL.2

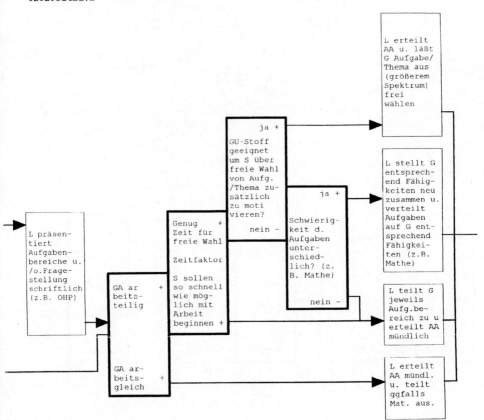

L präsen-
tiert
Aufgaben-
bereiche u.
/o.Frage-
stellung
schriftlich
(z.B. OHP)

GA ar
beits-
teilig   +

GA ar-
beits-
gleich   +

Genug   +
Zeit für
freie Wahl

Zeitfaktor

S sollen
so schnell
wie mög-
lich mit
Arbeit
beginnen +

GU-Stoff   ja +
geeignet
um S über
freie Wahl
von Aufg.
/Thema zu-
sätzlich
zu moti
vieren?
                nein -

Schwierig-   ja +
keit d.
Aufgaben
unter-
schied-
lich? (z.
B. Mathe)

                nein -

L erteilt
AA u. läßt
G Aufgabe/
Thema aus
(größerem
Spektrum)
frei
wählen

L stellt G
entsprech-
end Fähig-
keiten neu
zusammen u.
verteilt
Aufgaben
auf G ent-
sprechend
Fähigkei-
ten (z.B.
Mathe)

L teilt G
jeweils
Aufg.be-
reich zu u
erteilt AA
mündlich

L erteilt
AA mündl.
u. teilt
ggfalls
Mat. aus.

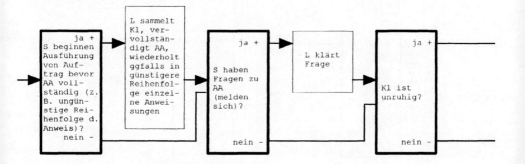

GA

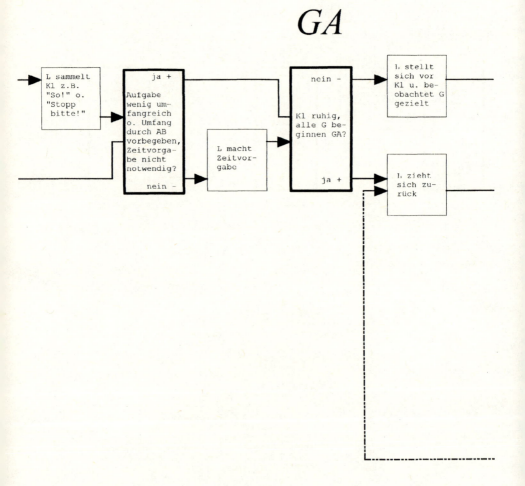

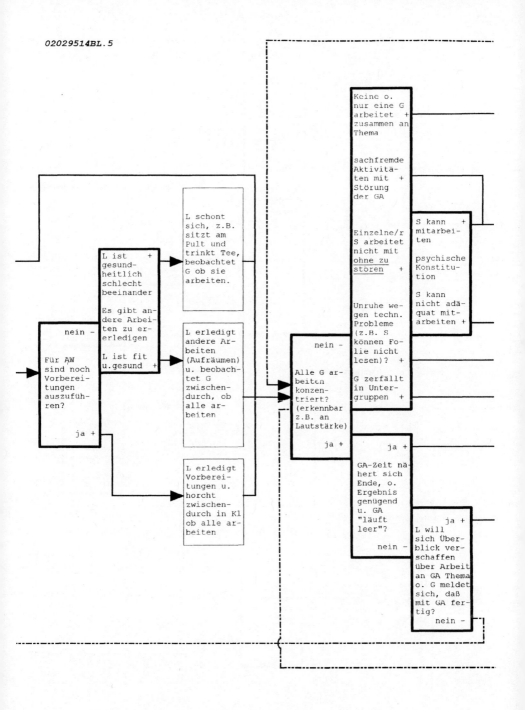

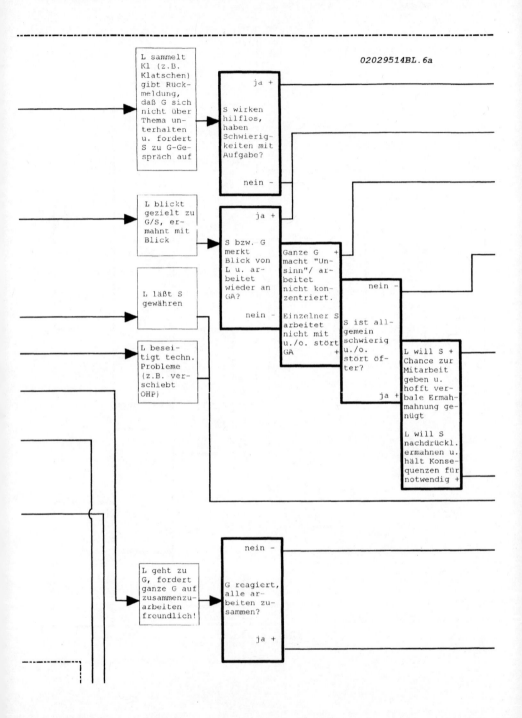

02029514BL.6a

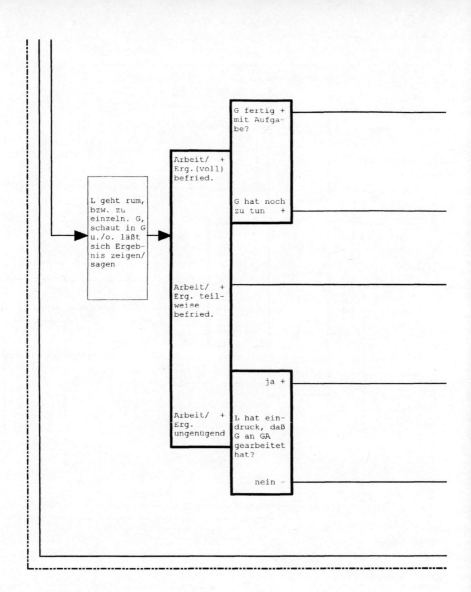

G fertig +
mit Aufga-
be?

G hat noch +
zu tun

Arbeit/ +
Erg.(voll)
befried.

L geht rum,
bzw. zu
einzeln. G,
schaut in G
u./o. läßt
sich Ergeb-
nis zeigen/
sagen

Arbeit/ +
Erg. teil-
weise
befried.

ja +

Arbeit/ +
Erg.
ungenügend

L hat ein-
druck, daß
G an GA
gearbeitet
hat?

nein –

02029514BL.6b

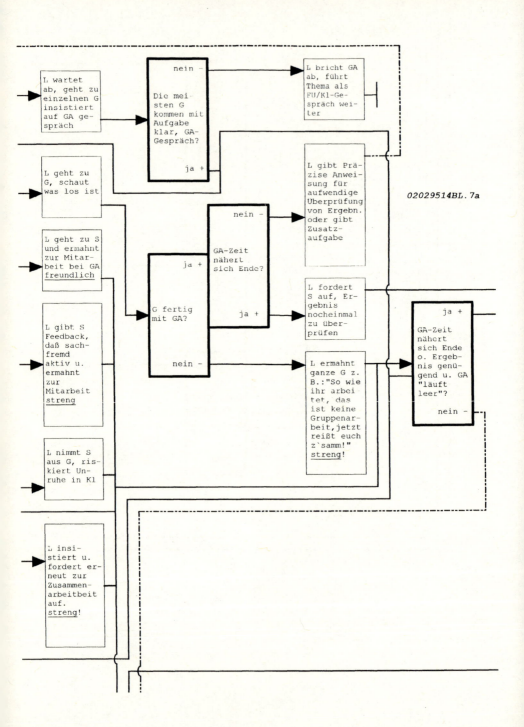

02029514BL.7a

02029514BL.7b

L bestätigt Ergebnis/ Arbeit von G u. gibt präzise Anweisung f. Aufwendige Überprüfung v. Ergebnis o. Zusatzaufgabe

L bestätigt Arbeit/ Ergebnis v. G

L bestätigt Arbeit/Erg. u. gibt zusätzl. Tips /Hilfe/Hinweis

L gibt G Tip/ Hilfe/ Hinweis

L äußert Unzufriedenheit mit Arbeitshaltung, gibt Tip/Hilfe/ Hinweis

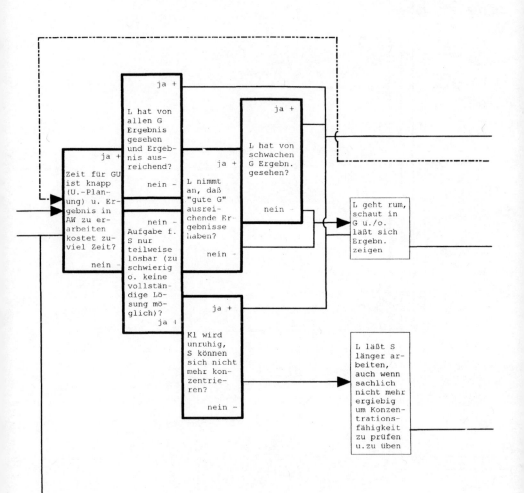

AW

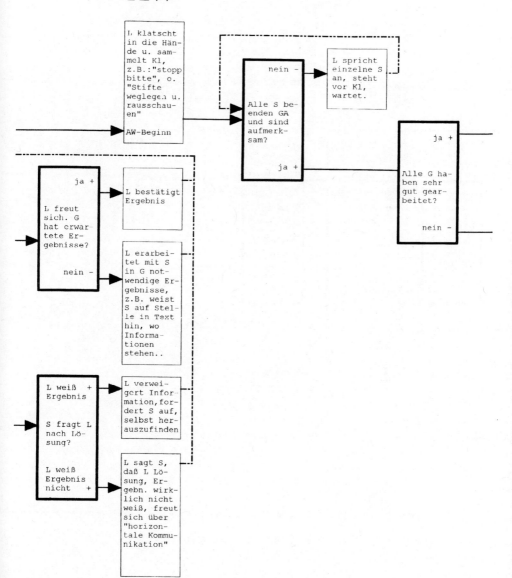

L klatscht
in die Hän-
de u. sam-
melt Kl,
z.B.:"stopp
bitte", o.
"Stifte
weglegen u.
rausschau-
en"

AW-Beginn

L spricht
einzelne S
an, steht
vor Kl,
wartet.

nein –

Alle S be-
enden GA
und sind
aufmerk-
sam?

ja +

ja +

Alle G ha-
ben sehr
gut gear-
beitet?

nein –

ja +

L freut
sich. G
hat erwar-
tete Er-
gebnisse?

nein –

L bestätigt
Ergebnis

L erarbei-
tet mit S
in G not-
wendige Er-
gebnisse,
z.B. weist
S auf Stel-
le in Text
hin, wo
Informa-
tionen
stehen..

L weiß   +
Ergebnis

S fragt L
nach Lö-
sung?

L weiß
Ergebnis
nicht   +

L verwei-
gert Infor-
mation,for-
dert S auf,
selbst her-
auszufinden

L sagt S,
daß L Lö-
sung, Er-
gebn. wirk-
lich nicht
weiß, freut
sich über
"horizon-
tale Kommu-
nikation"

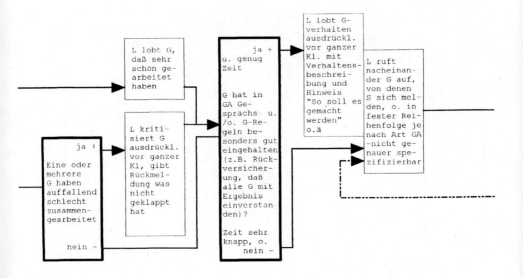

L lobt G,
daß sehr
schön ge-
arbeitet
haben

ja +
u. genug
Zeit

G hat in
GA Ge-
sprächs- u.
/o. G-Re-
geln be-
sonders gut
eingehalten
(z.B. Rück-
versicher-
ung, daß
alle G mit
Ergebnis
einverstan-
den)?

Zeit sehr
knapp, o.
        nein −

L lobt G-
verhalten
ausdrückl.
vor ganzer
Kl. mit
Verhaltens-
beschrei-
bung und
Hinweis
"So soll es
gemacht
werden"
o.ä

L ruft
nacheinan-
der G auf,
von denen
S sich mel-
den, o. in
fester Rei-
henfolge je
nach Art GA
-nicht ge-
nauer spe-
zifizierbar

ja +

Eine oder
mehrere
G haben
auffallend
schlecht
zusammen-
gearbeitet

    nein −

L kriti-
siert G
ausdrückl.
vor ganzer
Kl, gibt
Rückmel-
dung was
nicht
geklappt
hat

02029514BL.11

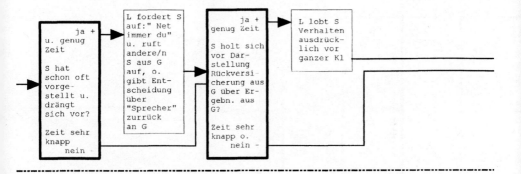

```
                    ┌──────────────┐      ┌──────────────┐                  ┌──────────────┐
┌──────────────┐    │ L fordert S  │      │        ja +  │                  │ L lobt S     │
│        ja +  │    │ auf:" Net    │      │ genug Zeit   │                  │ Verhalten    │
│ u. genug     │───▶│ immer du"    │      │              │─────────────────▶│ ausdrück-    │
│ Zeit         │    │ u. ruft      │      │ S holt sich  │                  │ lich vor     │
│              │    │ andere/n     │      │ vor Dar-     │                  │ ganzer Kl    │
│ S hat        │    │ S aus G      │      │ stellung     │                  │              │
│ schon oft    │    │ auf, o.      │      │ Rückversi-   │                  └──────────────┘
│ vorge-       │    │ gibt Ent-    │─────▶│ cherung aus  │
│ stellt u.    │    │ scheidung    │      │ G über Er-   │
│ drängt       │    │ über         │      │ gebn. aus    │
│ sich vor?    │    │ "Sprecher"   │      │ G?           │
│              │    │ zurück       │      │              │
│ Zeit sehr    │    │ an G         │      │ Zeit sehr    │
│ knapp        │    └──────────────┘      │ knapp o.     │
│     nein -   │                          │     nein -   │
└──────────────┘                          └──────────────┘
```

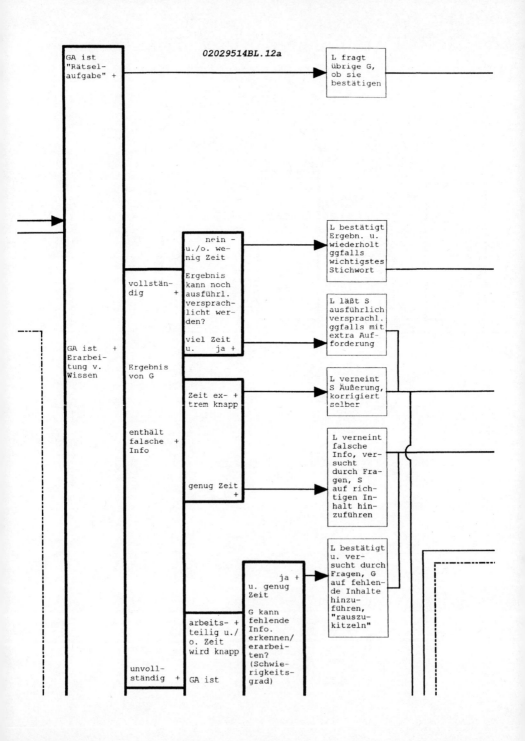

02029514BL.12a

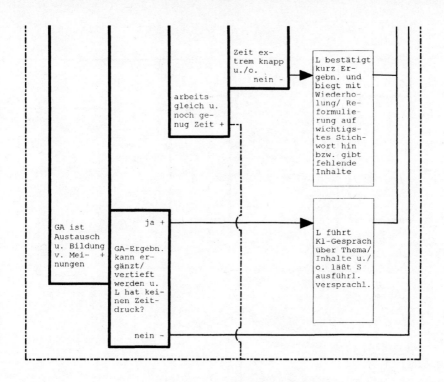

Zeit ex-
trem knapp
u./o.
   nein -

arbeits-
gleich u.
noch ge-
nug Zeit +

L bestätigt
kurz Er-
gebn. und
biegt mit
Wiederho-
lung/ Re-
formulie-
rung auf
wichtigs-
tes Stich-
wort hin
bzw. gibt
fehlende
Inhalte

GA ist
Austausch
u. Bildung
v. Mei- +
nungen

ja +

GA-Ergebn.
kann er-
gänzt/
vertieft
werden u.
L hat kei-
nen Zeit-
druck?

nein -

L führt
Kl-Gespräch
über Thema/
Inhalte u./
o. läßt S
ausführl.
versprachl.

02029514BL.12b

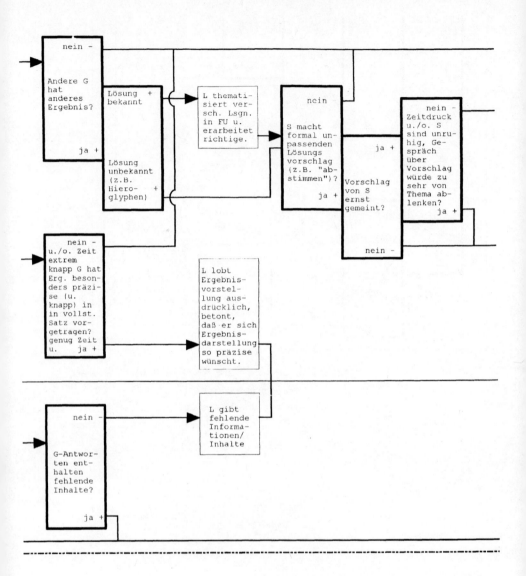

nein –

Andere G
hat
anderes
Ergebnis?

ja +

Lösung +
bekannt

Lösung
unbekannt
(z.B.
Hiero-   +
glyphen)

L themati-
siert ver-
sch. Lsgn.
in FU u.
erarbeitet
richtige.

nein

S macht
formal un-
passenden
Lösungs
vorschlag
(z.B. "ab-
stimmen")?

ja +

ja +

Vorschlag
von S
ernst
gemeint?

nein –

nein –

Zeitdruck
u./o. S
sind unru-
hig, Ge-
spräch
über
Vorschlag
würde zu
sehr von
Thema ab-
lenken?

ja +

nein –

u./o. Zeit
extrem
knapp G hat
Erg. beson-
ders präzi-
se (u.
knapp) in
in vollst.
Satz vor-
getragen?
genug Zeit
u.   ja +

L lobt
Ergebnis-
vorstel-
lung aus-
drücklich,
betont,
daß er sich
Ergebnis-
darstellung
so präzise
wünscht.

nein –

G-Antwor-
ten ent-
halten
fehlende
Inhalte?

ja +

L gibt
fehlende
Informa-
tionen/
Inhalte

02029514BL.13

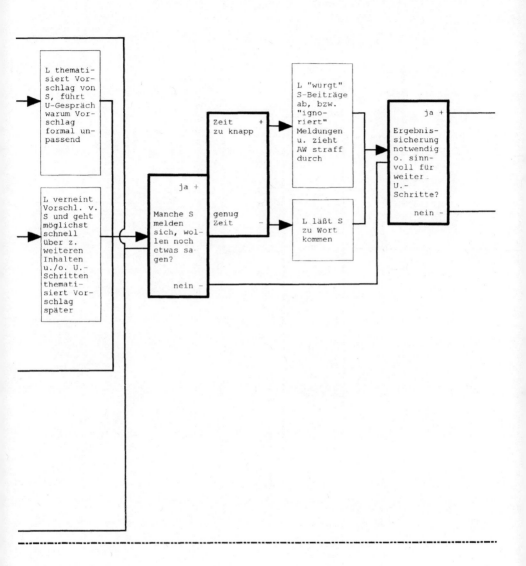

L themati-
siert Vor-
schlag von
S, führt
U-Gespräch
warum Vor-
schlag
formal un-
passend

L verneint
Vorschl. v.
S und geht
möglichst
schnell
über z.
weiteren
Inhalten
u./o. U.-
Schritten
themati-
siert Vor-
schlag
später

Manche S
melden
sich, wol-
len noch
etwas sa-
gen?

ja +

nein -

Zeit
zu knapp

+

genug
Zeit

-

L "würgt"
S-Beiträge
ab, bzw.
"igno-
riert"
Meldungen
u. zieht
AW straff
durch

L läßt S
zu Wort
kommen

Ergebnis-
sicherung
notwendig
o. sinn-
voll für
weiter.
U.-
Schritte?

ja +

nein -

02029514BL.14

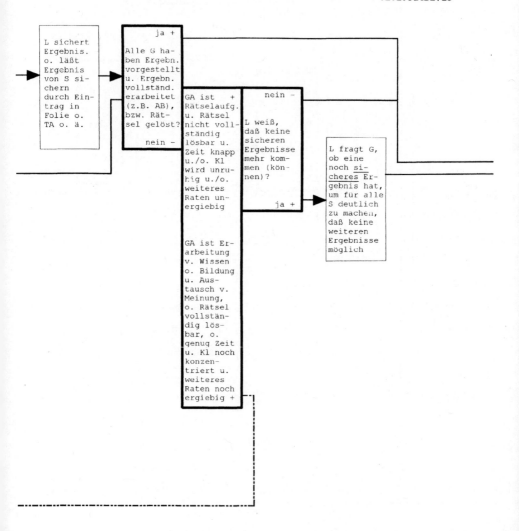

L sichert
Ergebnis.
o. läßt
Ergebnis
von S si-
chern
durch Ein-
trag in
Folie o.
TA o. ä.

ja +

Alle G ha-
ben Ergebn.
vorgestellt
u. Ergebn.
vollständ.
erarbeitet
(z.B. AB),
bzw. Rät-
sel gelöst?

nein -

GA ist +
Rätselaufg.
u. Rätsel
nicht voll-
ständig
lösbar u.
Zeit knapp
u./o. Kl
wird unru-
hig u./o.
weiteres
Raten un-
ergiebig

GA ist Er-
arbeitung
v. Wissen
o. Bildung
u. Aus-
tausch v.
Meinung,
o. Rätsel
vollstän-
dig lös-
bar, o.
genug Zeit
u. Kl noch
konzen-
triert u.
weiteres
Raten noch
ergiebig +

nein -

L weiß,
daß keine
sicheren
Ergebnisse
mehr kom-
men (kön-
nen)?

ja +

L fragt G,
ob eine
noch si-
cheres Er-
gebnis hat,
um für alle
S deutlich
zu machen,
daß keine
weiteren
Ergebnisse
möglich

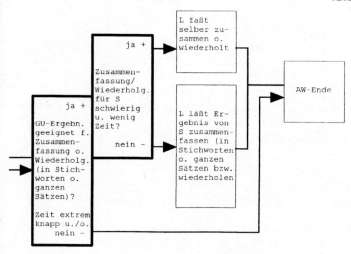

L faßt
selber zu-
sammen o.
wiederholt

ja +

Zusammen-
fassung/
Wiederholg.
für S
schwierig
u. wenig
Zeit?

ja +

GU-Ergebn.
geeignet f.
Zusammen-
fassung o.
Wiederholg.
(in Stich-
worten o.
ganzen
Sätzen)?

Zeit extrem
knapp u./o.
nein –

nein –

L läßt Er-
gebnis von
S zusammen-
fassen (in
Stichworten
o. ganzen
Sätzen bzw.
wiederholen

AW-Ende

Anhang B:

Transkriptionsbeispiel in Partiturschreibweise

Der Ausschnitt stammt aus der Gruppenunterrichts-Sequenz „Sprechweise" der Lehrkraft 12, er dauert zehn Sekunden und findet nach ca. einer Minute Gruppenarbeit statt. Die Gruppe hat vier Mitglieder: E, I, J und C.

Jeweils in der ersten Zeile sind die verbalen Äußerungen eingetragen. In den folgenden Zeilen (N1 bis N3, bei Bedarf auch noch eine vierte nonverbale Zeile) werden simultan zu den verbalen Äußerungen der Gruppenmitglieder deren nonverbale Aktivitäten (in abgekürzter Form) festgehalten.

0.55

E
N1 bl->J
N2 OKÖ über Ti auf UAR->J gestützt
N3

I
N1 bl->J
N2 OKÖ liegt auf UAR über Ti
N3   łleichtes KO-Nicken

J also die Frau sitzt halt im/ im Baum drin, in am Nest, ne?..   Und
N1 °bl->E und I   °°bl->I
N2 °li HA hält Si auf Ti-----   ° Bewegungen der HÄ mit Si darin auf Ti---
N3 °rutscht auf St nach vorne°°re Ha kratzt an MA------ łredeunterstützendes Wedeln der li HA

C
N1 bl->I-----   °°bl->J
N2 OKÖ über Ti->J geneigt, auf UAR gestützt---

1.00/1.05
Realzeit: 11:12
Timecode: 26:24

E
N1 bl->J°żbl->G4->C°bl->J-----
N2 OKÖ über Ti auf UAR->J gestützt-----
N3   °verlagert UAR weiter auf Ti---

I
N1 bl->J---
N2 OKÖ liegt auf UAR über Ti---

J und der Mann .. der fliegt halt grad hoch.. Und die ham jetzt grad
N1 bl->I---   °°bl->E-   °
N2 Bewegungen der HÄ mit Si darin auf Ti--- łredeunterstützende KO-Bewegung->I---
N3 °re Ha gestützt auf Si vor BR---

C
N1 bl->J---   °°bl->I und E
N2 OKÖ über Ti->J geneigt, auf UAR gestützt---

Anhang C:

Gesprächsleitfaden zum Thema Gruppenunterricht
(ILKHA)

H.-D. Dann   März 1992

INTERVIEW- UND LEGETECHNIK
ZUR REKONSTRUKTION KOGNITIVER HANDLUNGSSTRUKTUREN
GESPRÄCHSLEITFADEN ZUM GRUPPENUNTERRICHT (VERSION 6)

Lehrkraft: Frau/Herr   Klassenstufe: Datum:

Interview-Nr.:

An ca. 3 bis 4 Tagen je eine Unterrichts(doppel)stunde mit GU besuchen! Möglichst im Anschluß daran, notfalls am frühen Nachmittag, Gespräch mit der Lehrkraft durchführen!
beim ersten Gespräch ausführlich, später nach Bedarf informieren:

Was ist das Ziel der Gespräche?

Ich wüßte gerne: Was geht Ihnen durch den Kopf und was empfinden Sie, während Sie GU machen?
Mich interessiert nicht, was Sie über die pädagogische Theorie zum GU wissen oder wie Sie sich GU im Idealfall vorstellen; sondern: wie spielt sich Ihre Alltagspraxis normalerweise tatsächlich ab?
Wenn ich Ihren Unterricht miterlebe, habe ich ja nur die Außensicht. Ich kann nicht sehen, was dabei in Ihrem Kopf vorgeht. Ich würde gerne auch Ihre Innensicht kennenlernen. Also: Wie kommen Ihre Entscheidungen zustande?

Wie gehen wir im einzelnen vor?

Unsere Gespräche sollen immer zwei Stufen haben:
In der 1. Stufe gehen wir von konkreten Vorgängen im Unterricht aus, und ich werde Ihnen einige Fragen dazu stellen, was in Ihnen vorgegangen ist.
In der 2. Stufe werden wir versuchen, das in eine graphische Form umzusetzen, um Ihre Sichtweise anschaulich darzustellen, mit Kärtchen, die wir auf diese Platte hier legen.

Worauf kommt es besonders an?

Wir wissen aus bisherigen Untersuchungen, daß bei verschiedenen Lehrkräften sehr unterschiedliche Gedanken, Gefühle und Absichten auftreten. Jeder hat seinen individuellen Stil. Jeder einzelne ist Experte für seinen eigenen Unterricht. Deshalb gibt es auch keine richtigen oder falschen Antworten. Entscheidend ist, daß wir gemeinsam herausfinden, wie es wirklich bei Ihnen war.

Haben Sie zu diesen allgemeinen Bemerkungen noch Fragen?

Falls mehrmals GU vorkam: festlegen, über welche GU-Sequenz gesprochen werden soll.
Voraussetzung: alle 3 GU-Teilphasen müssen durchgeführt worden sein:
- Vorbereitung und Arbeitsauftrag (AA)
- Arbeit der verschiedenen Gruppen (GA)
- Auswertung der Gruppen-Ergebnisse (AW)

Über welchen GU würden Sie gerne sprechen?
Welcher ist Ihnen noch am deutlichsten in Erinnerung?

| a) GU-Teilphase: Vorbereitung und Arbeitsauftrag | AA |

Ich würde jetzt gern mit Ihnen ganz konkret über die Situation sprechen, in der Sie den <u>Arbeitsauftrag</u> an die Gruppen vorbereitet und dann erteilt haben:

Versuchen Sie bitte, sich noch einmal genau in diese Situation von vorhin zurückzuversetzen, als Sie ....

1a. *Was ging Ihnen da <u>durch den Kopf</u>, vielleicht nur ganz kurz und flüchtig?*
Oder: Was haben Sie sozusagen <u>automatisch</u> gemacht, <u>ohne</u> daß Sie im Moment genauer <u>nachgedacht</u> haben?

(ggfs.:) Versuchen Sie bitte, sich zu erinnern: Was ist <u>vorhin im Unterricht</u> in Ihnen vorgegangen? Also <u>nicht</u>, was Ihnen vielleicht <u>nachträglich</u> dazu eingefallen ist oder was Sie <u>jetzt während unseres Gesprächs</u> darüber denken!

Alle folgenden Fragen entsprechend anpassen, wenn Antworten schon vorher spontan kamen!

Wichtig: Falls L zu allgemeinen Ausführungen über GU übergeht, immer wieder auf die vereinbarte Situation zurücklenken!

2a. *Was haben Sie in dem Moment <u>gefühlt oder empfunden</u>?*

3a. *Was haben Sie aus Ihrer Sicht dann <u>tatsächlich im einzelnen gemacht</u>?*

Abgrenzung gegen nachträgliche Gedanken dazu!
Auch später bei entsprechendem Verdacht wiederholen:

War Ihnen das wirklich in der Situation im Unterricht deutlich, oder ist Ihnen das erst nachträglich eingefallen?

Sicher ist es sehr ungewöhnlich, sich über eine Situation so ausführliche Gedanken zu machen,
aber ich würde jetzt gerne noch bei dieser Situation bleiben, als Sie   (AA)

4a. *Wollten Sie etwas Bestimmtes* erreichen oder vermeiden *oder stand in dem Moment* keine be-
    stimmte Absicht *dahinter?*

   (ggfs.:) *Schien Ihnen diese Absicht* leicht erreichbar *oder eher* schwer erreichbar?

5a. *Sind Ihnen* noch andere Möglichkeiten *in den Sinn gekommen, was Sie hätten tun können oder
    war das nicht der Fall?*

   (ggfs:) *Fanden Sie manche dieser Möglichkeiten* eher geeignet, *andere* weniger geeignet?

6a. *Wovon hing es ab, daß Sie* gerade so und nicht anders gehandelt *haben? Was war
    ausschlaggebend für Sie?*

7a. *Haben Sie in dem Moment darauf geachtet, wie die* Schüler reagieren *oder haben Sie darauf
    nicht so geachtet?*

b) GU-Teilphase: Arbeit der verschiedenen Gruppen	GA

Wenn Sie jetzt bitte an die Situation denken, als die eigentliche Gruppenarbeit stattfand. Ich stelle wieder dieselben Fragen:

1b. *Was ging Ihnen da durch den Kopf, vielleicht nur ganz kurz und flüchtig? Oder: Was haben Sie sozusagen automatisch gemacht, ohne daß Sie im Moment genauer nachgedacht haben?*

(ggfs.:) Versuchen Sie bitte, sich zu erinnern: Was ist vorhin im Unterricht in Ihnen vorgegangen? Also nicht, was Ihnen vielleicht nachträglich dazu eingefallen ist oder was Sie jetzt während unseres Gesprächs darüber denken!

Alle folgenden Fragen entsprechend anpassen, wenn Antworten schon vorher spontan kamen!

Wichtig: Falls L zu allgemeinen Ausführungen über GU übergeht, immer wieder auf die vereinbarte Situation zurücklenken!

2b. *Was haben Sie in dem Moment gefühlt oder empfunden?*

3b. *Was haben Sie aus Ihrer Sicht dann tatsächlich im einzelnen gemacht?*

Abgrenzung gegen nachträgliche Gedanken dazu!
Auch später bei entsprechendem Verdacht wiederholen:

War Ihnen das wirklich in der Situation im Unterricht deutlich, oder ist Ihnen das erst nachträglich eingefallen?

Sicher ist es sehr ungewöhnlich, sich über eine Situation so ausführliche Gedanken zu machen, aber ich würde jetzt gerne noch bei dieser Situation bleiben, als Sie (GA)

4b. *Wollten Sie etwas Bestimmtes erreichen oder vermeiden oder stand in dem Moment keine bestimmte Absicht dahinter?*

(ggfs.:) *Schien Ihnen diese Absicht leicht erreichbar oder eher schwer erreichbar?*

5b. *Sind Ihnen noch andere Möglichkeiten in den Sinn gekommen, was Sie hätten tun können oder war das nicht der Fall?*

(ggfs:) *Fanden Sie manche dieser Möglichkeiten eher geeignet, andere weniger geeignet?*

6b. *Wovon hing es ab, daß Sie gerade so und nicht anders gehandelt haben? Was war ausschlaggebend für Sie?*

7b. *Haben Sie in dem Moment darauf geachtet, wie die Schüler reagieren oder haben Sie darauf nicht so geachtet?*

c) GU Teilphase: Auswertung der Gruppen-Ergebnisse   AW

Und wenn Sie jetzt bitte noch an die Situation denken, in der Sie die <u>Ergebnisse</u> aller Gruppen <u>ausgewertet</u> haben:

1c. *Was ging Ihnen da <u>durch den Kopf,</u> vielleicht nur ganz kurz und flüchtig?*
Oder: Was haben Sie sozusagen <u>automatisch</u> gemacht, <u>ohne</u> daß Sie im Moment genauer <u>nachgedacht</u> haben?

(ggfs.:) Versuchen Sie bitte, sich zu erinnern: Was ist <u>vorhin im Unterricht</u> in Ihnen vorgegangen? Also <u>nicht,</u> was Ihnen vielleicht <u>nachträglich</u> dazu eingefallen ist oder was Sie <u>jetzt während unseres Gesprächs</u> darüber denken!

Alle folgenden Fragen entsprechend anpassen, wenn Antworten schon vorher spontan kamen!

Wichtig: Falls L zu allgemeinen Ausführungen über GU übergeht, immer wieder auf die vereinbarte Situation zurücklenken!

2c. *Was haben Sie in dem Moment <u>gefühlt oder empfunden?</u>*

3c. *Was haben Sie aus Ihrer Sicht dann <u>tatsächlich im einzelnen gemacht?</u>*

Abgrenzung gegen nachträgliche Gedanken dazu!
Auch später bei entsprechendem Verdacht wiederholen:

War Ihnen das wirklich in der Situation im Unterricht deutlich, oder ist Ihnen das erst nachträglich eingefallen?

Sicher ist es sehr ungewöhnlich, sich über eine Situation so ausführliche Gedanken zu machen, aber ich würde jetzt gerne noch bei dieser Situation bleiben, als Sie (AW)

4c. Wollten Sie etwas Bestimmtes <u>erreichen oder vermeiden</u> oder stand in dem Moment <u>keine bestimmte Absicht</u> dahinter?

(ggfs.:) Schien Ihnen diese Absicht <u>leicht erreichbar</u> oder eher <u>schwer erreichbar</u>?

5c. Sind Ihnen <u>noch andere Möglichkeiten</u> in den Sinn gekommen, was Sie hätten tun können oder war das nicht der Fall?

(ggfs:) Fanden Sie manche dieser Möglichkeiten <u>eher geeignet</u>, andere <u>weniger geeignet</u>?

6c. Wovon hing es ab, daß Sie <u>gerade so und nicht anders gehandelt</u> haben? Was war ausschlaggebend für Sie?

7c. Haben Sie in dem Moment darauf geachtet, wie die <u>Schüler reagieren</u> oder haben Sie darauf nicht so geachtet?

Verallgemeinerung der Entscheidungsbedingungen:

Nun gibt es diese Situationen <u>bei jedem GU</u>. Ich würde jetzt gern mit Ihnen über solche Situationen etwas <u>allgemeiner</u> sprechen:

Die folgenden Fragen je nach Bedarf stellen:
Dabei die 3 GU-Teilphasen wieder der Reihe nach durchgehen und für jede Situation möglichst viele Bedingungen erfragen!

<u>*Wenn Sie den Arbeitsauftrag erteilen:*</u> (AA)

8a. *Ich habe Sie vorhin so verstanden, daß <u>Ihre Vorgehensweisen davon abhängen</u>, ob .....* (Entscheidungsbedingung = EB1 einsetzen).
Könnten Sie bitte versuchen, genauer zu beschreiben, was Sie <u>bei unterschiedlicher/m</u> ..... (EB1 wiederholen) *dann jeweils tun?*

9a. *Außerdem <u>spielt für Sie</u> bei solchen Situationen offenbar <u>eine Rolle</u>, ob .....* (EB2). *Könnten Sie genauer beschreiben, was Sie bei <u>unterschiedlicher/m</u> .....* (EB2) *normalerweise tun?*

10a. <u>*Wovon hängt es noch ab*</u>, *was Sie dann in solchen Situationen genau tun?*

11a. <u>*Worauf kommt es für Sie noch an*</u>, *wie Sie dann vorgehen?*

12a. (Konkrete Möglichkeiten einzeln anbieten:)
Kommt es <u>eventuell auch</u> auf die jeweilige <u>Klasse</u> an oder auf die <u>Schülergruppe</u> / auf einzelne <u>Schüler</u> / auf den <u>Stoff</u> oder auf das <u>Fach</u> / auf Ihre <u>Planung</u> / auf <u>Störungen</u> / auf den <u>Gesamtkontext</u> des Unterrichts / auf <u>längerfristige Entwicklungen</u> in der Klasse / auf Ihre <u>momentane Befindlichkeit</u>?

(Ausprägung der EB:)   (zugeordnete L-Handlungen:)

Während der eigentlichen Gruppenarbeit: (GA)

8b. *Ich habe Sie vorhin so verstanden, daß Ihre Vorgehensweisen davon abhängen, ob* .....
(Entscheidungsbedingung = EB1 einsetzen).
Könnten Sie bitte versuchen, genauer zu beschreiben, was Sie bei unterschiedlicher/m .....
(EB1 wiederholen) *dann jeweils tun?*

9b. *Außerdem spielt für Sie bei solchen Situationen offenbar eine Rolle, ob* ..... (EB2). *Könnten Sie genauer beschreiben, was Sie bei unterschiedlicher/m* ..... (EB2) *normalerweise tun?*

10b. *Wovon hängt es noch ab, was Sie dann in solchen Situationen genau tun?*

11b. *Worauf kommt es für Sie noch an, wie Sie dann vorgehen?*

12b. *Kommt es eventuell auch auf die jeweilige Klasse an oder auf die Schülergruppe / auf einzelne Schüler / auf den Stoff oder das Fach / auf Ihre Planung / auf Störungen / auf den Gesamtkontext des Unterrichts / auf längerfristige Entwicklungen in der Klasse / auf Ihre momentane Befindlichkeit?*

(Ausprägung der EB:)   (zugeordnete L-Handlungen:)

Bei der Auswertung der Ergebnisse: (AW)

8c. *Ich habe Sie vorhin so verstanden, daß <u>Ihre Vorgehensweisen</u> davon abhängen, ob ....* (Entscheidungsbedingung = EB1 einsetzen).
Könnten Sie bitte versuchen, genauer zu beschreiben, was Sie <u>bei unterschiedlicher/m</u> .... (EB1 wiederholen) dann jeweils tun?

9c. *Außerdem <u>spielt für Sie</u> bei solchen Situationen offenbar <u>eine Rolle</u>, ob .... (EB2). Könnten Sie genauer beschreiben, was Sie bei <u>unterschiedlicher/m</u> .... (EB2) normalerweise tun?*

10c. <u>Wovon hängt es noch ab</u>, *was Sie dann in solchen Situationen genau tun?*

11c. <u>Worauf kommt es für Sie noch an</u>, *wie Sie dann vorgehen?*

12c. *Kommt es eventuell auch auf die jeweilige <u>Klasse</u> an oder auf die <u>Schülergruppe</u> / auf einzelne <u>Schüler</u> / auf den <u>Stoff</u> oder das <u>Fach</u> / auf Ihre <u>Planung</u> / auf <u>Störungen</u> / auf den <u>Gesamtkontext</u> des Unterrichts / auf <u>längerfristige Entwicklungen</u> in der Klasse / auf <u>Ihre momentane Befindlichkeit</u>?*

(Ausprägung der EB:)   (zugeordnete L-Handlungen:)

! Vielen Dank !

Anhang D:

Leitfaden für den Vergleich

Hanns-Dietrich Dann

ANLEITUNG ZUM VERGLEICH ZWISCHEN LEHRERSTRUKTUR UND BEOBACHTUNGSSEQUENZEN (VERSION 5, 4/94)

Die Innensicht einer Lehrkraft über ihren Gruppenunterricht (GU) wird systematisch mit der Außensicht aus der Perspektive der Forscher konfrontiert. Forschungslogisch ist dies - im Rahmen des zweiphasigen Forschungsmodells nach Groeben - eine **explanative Validierung** der Subjektiven Theorie. Jede transkribierte GU-Sequenz einer Lehrkraft wird dem folgenden Vergleichsprozeß mit der Struktur der Subjektiven Theorie unterzogen. Um Einseitigkeiten bei der Interpretation zu reduzieren, sind diese Auswertungen **im Zweierteam** durchzuführen.

1. Bestimmung des Pfads in der Struktur

Die Teammitglieder vollziehen diesen Schritt **zunächst getrennt und unabhängig voneinander!** Jeder legt den Pfad fest, den die untersuchte GU-Sequenz in der Struktur wahrscheinlich durchlaufen hat. Dazu sind sowohl das Transkript als auch die Filme (Lehrer- und Gruppenkamera) heranzuziehen! Primär orientiert man sich dabei an den tatsächlich aufgetretenen Handlungen und - soweit dies dem Transkript/Film zu entnehmen ist - auch an den vorausgegangenen wahrscheinlichen Ausprägungen der Entscheidungsbedingungen. Sind dem Beobachtungsmaterial (Transkript und Filme) keine Hinweise auf die Ausprägung einer Entscheidungsbedingung zu entnehmen, muß von der nachfolgenden Lehrerhandlung und vom weiteren Verlauf des Pfads her auf die wahrscheinliche Ausprägung rückgeschlossen werden.

Es ist auch mit der Möglichkeit zu rechnen, daß der Pfad an bestimmten Stellen **Sprünge (S)** aufweist. Nach einer Entscheidungsbedingung bzw. Lehrerhandlung führt der Pfad dann nicht zu der in der Struktur vorgesehenen Lehrerhandlung bzw. Entscheidungsbedingung, sondern zu einer anderen, zu der hin es keine Verbindung in der Struktur gibt. Das kann eine alternative Handlung bzw. Bedingung sein, die sich vertikal in der gleichen Spalte befindet, oder eine, die sich an einer anderen Stelle der selben GU-Phase befindet. In diesem Fall muß allerdings im Anschluß mindestens eine in der Struktur darauf folgende Lehrerhandlung beobachtet werden, damit ein Sprung konstatiert werden kann.
Wichtig: Jedes Teammitglied notiert sich diejenigen Stellen, bei denen es sich über den tatsächlichen Verlauf des Pfads unsicher ist.

Zweifelsfälle, wo der Pfad der beobachteten GU-Sequenz in der Struktur im einzelnen verläuft, liegen dort vor, wo
(a) beide Teammitglieder zu einem unterschiedlichen Ergebnis gekommen sind oder

(b) beide Teammitglieder zwar zum selben Ergebnis gekommen sind, sich bei ihrer Entscheidung aber unsicher waren.

Die Teammitglieder versuchen gemeinsam, solche Zweifelsfälle mit Hilfe einer **qualitativen Verlaufsanalyse** der betreffenden Transkriptstelle zu klären. Ist die entsprechende Stelle nicht im Transkript enthalten, sondern nur auf dem Lehrerband, entfällt dieser Schritt. Falls die qualitative Verlaufsanalyse keine Klärung herbeiführen konnte oder nicht möglich war, wird eine dritte, mit dem Projekt vertraute Person hinzugezogen, die nach Würdigung aller Fakten und nach Anhörung aller Argumente die Entscheidung fällt (reduziertes Richtermodell).

2. Eigentlicher Vergleich zwischen Struktur und beobachtetem Ablauf

Auch die hier vorgesehenen Prüfschritte vollziehen die Teammitglieder **zunächst getrennt und unabhängig voneinander!** Einzelne Stellen der konkreten GU-Sequenz (im Transkript bzw. Film) können mit der Struktur mehr oder weniger übereinstimmen. Für den **Übereinstimmungsgrad** (Ü) gilt:

Ü = 1: die Übereinstimmung ist vollständig.

Ü = 0: keinerlei Übereinstimmung, wird auch als Abweichung (A) bezeichnet.

Ü = 0,5: partielle Übereinstimmung.

Ü = 0,25 oder 0,75 geringe bzw. weitgehende Übereinstimmung

Alle Handlungen und Entscheidungsbedingungen des Pfads sowie alle separat aufgeführten Prinzipien (für die Durchführung des GU) und Erziehungsziele (die bei den SchülerInnen erreicht werden sollen) werden der Reihe nach unter folgenden Gesichtspunkten geprüft:
- Stimmt die beobachtbar eingetretene **Entscheidungsbedingung** mit der im Pfad vorgesehenen überein oder weicht sie mehr oder weniger davon ab?
- Stimmt die beobachtete **Handlung** mit der im Pfad vorgesehenen überein oder weicht sie mehr oder weniger davon ab?
- Wird das von der Lehrkraft formulierte **Durchführungsprinzip** während des GU beobachtbar (im Handeln der Lehrkraft und der SchülerInnen) verwirklicht oder gibt es mehr oder weniger starke Abweichungen davon?
- Wird das von der Lehrkraft formulierte **Erziehungsziel** im beobachtbaren Handeln der SchülerInnen erreicht oder gibt es mehr oder weniger starke Abweichungen davon? **Wichtig:** Diese Prüfung ist nur möglich, wenn die Erziehungsziele von ihrer Reichweite her prinzipiell noch im Unterricht realisiert werden können und sich nicht auf längerfristige, spätere Zielzustände bei den SchülerInnen beziehen; im letzteren Fall unterbleibt dieser Prüfschritt.

Darüber hinaus können einzelne Abläufe der konkreten GU-Sequenz auf **Blindstellen** (B) in der Struktur hindeuten. In diesem Fall sind im Beobachtungsmaterial Abfolgen von Entscheidungsbedingungen und Handlungen enthalten, die in der Struktur offensichtlich nicht vorgesehen sind.

Auch bei diesen Überprüfungsschritten können **Zweifelsfälle** auftreten. Dabei wird folgendermaßen verfahren (reduziertes Richtermodell):

(a) **Festlegung der Zweifelsfälle:** Die Kriterien dafür sind dieselben wie bei der Bestimmung des Pfads unter 1 (abweichende Ergebnisse der beiden Teammitglieder oder Unsicherheit bei der Entscheidung).

(b) **Rollenteilung und Befragung der Lehrkraft:** Bei Zweifelsfällen, die sich auf den Übereinstimmungsgrad beziehen, wird an dieser Stelle eine Rollenteilung zwischen den ForscherInnen vorgenommen:

Eine Person vertritt die Position der Lehrkraft (und sucht Argumente für höhere Ü), die andere vertritt die Gegenposition (und argumentiert für geringere Ü).

Diejenige Person, die die Subjektive Theorie erhoben hat, befragt die Lehrkraft zu den strittigen Stellen (ZA-KandidatInnen bitte BetreuerInnen einschalten!). Diese Befragung richtet sich in erster Linie auf
- Sprach- und Begriffsverwendungsweisen (Belegung mit Beispielen und Gegenbeispielen)
- Abstraktions- bzw. Subsumtionsstrukturen (Abgrenzung von Nachbarbegriffen).

Es geht hier **nicht** darum, daß die Meinung der Lehrkraft zu ihrem Vorgehen automatisch entscheidet (sie kann sich über Aspekte ihres Handelns auch irren und wird im Gespräch in der Regel zu höherer Ü neigen). Es geht vielmehr darum, mögliche Mißverständnisse über Einzelheiten der Struktur oder über konkrete Handlungen während der GU-Sequenz auszuschließen.

(c) **Qualitative Verlaufsanalyse:** Um auch die Außenperspektive voll auszuschöpfen, wird mit den Turns der Zweifelsfälle - falls die entsprechende Stelle im Transkript enthalten ist - eine qualitative Verlaufsanalyse durchgeführt. Da es sich um die explanative Validierungsphase handelt, wird versucht, aufgrund dieser Analyse die Entscheidung herbeizuführen. Falls dies nicht gelingt bzw. möglich ist, folgt als letzter Schritt:

(d) **Einschaltung eines Richters:** Es wird eine dritte Instanz hinzugezogen (ein weiteres Projektmitglied), das unter Würdigung aller Fakten und nach Anhörung aller Argumente die Entscheidung fällt.

Besonder Schwierigkeiten

Die für den Vergleich schwierigste Phase des GU ist die Phase der eigentlichen Gruppenarbeit, weil hier das Lehrerhandeln nur zum geringsten Teil im Transkript festgehalten ist. Man muß sich also vor allem am Lehrerband orientieren. Auf diesem ist jedoch das Handeln der Lehrkraft, v.a. die verbalen Äußerungen, nicht immer eindeutig zu erkennen, bzw. überhaupt zu sehen. In solchen Fällen können die betreffenden Handlungs- und

Entscheidungsbedingungen nicht in den Vergleich einbezogen werden. Falls allerdings das nicht eindeutig erkennbare bzw. nicht sichtbare Handeln relativ sicher interpretiert bzw. erschlossen werden kann, gilt "in dubio pro reo", d.h. man geht von einer Übereinstimmung mit der Subjektiven Theorie aus.

Falls sich eine Abfolge von Entscheidungsbedingung(en) und Handlung(en) wiederholt, ohne daß dies in der Subjektiven Theorie vorgesehen ist, kann nachträglich eine Rückkopplungsschleife eingebaut werden. Bei der abschließenden Zählung der durchlaufenen Kärtchen werden die wiederholt durchlaufenen Kärtchen mitgezählt, allerdings pro Schleife nur bis zur Anzahl der vorhandenen Gruppen. Falls es Wiederholungen am selben Gruppentisch gibt, bei denen der Pfad unterschiedlich verläuft (das ist im Regelfall nur bei der Zielgruppe eindeutig erkennbar), wird dies bei der Zählung berücksichtigt.

3. Methodologische Überlegungen auf der Metaebene

Grundsätzliche methodologische Probleme dieses Vorgehens und mögliche alternative Vergleichsmöglichkeiten zwischen Lehrerstruktur und Beobachtungssequenz sind am Schluß eigens festzuhalten!

Aus unserem Verlagsprogramm:

VERLAG DR. KOVAČ
FACHVERLAG FÜR WISSENSCHAFTLICHE LITERATUR

Postfach 50 08 47 · 22708 Hamburg · www.verlagdrkovac.de · vdk@debitel.net

Einfach
Wohlfahrtsmarken
helfen!